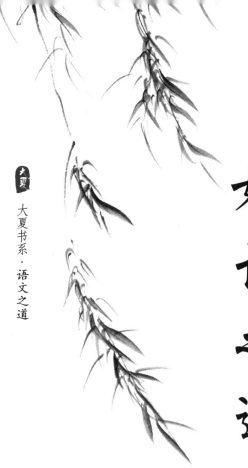

大夏书系·语文之道

好课之道

初中语文名师
教例研习

汲安庆·著

华东师范大学出版社

全国百佳图书出版单位

上海

目 录

第二辑　散文类文本教例研习

第三辑 小说类文本教例研习

第四辑 论述类文本教例研习

第五辑　其他类文本教例研习

语文阅读教育的四重境界

谈境界，人们耳熟能详的是王国维《人间词话》中对做学问三重境界的描述——昨夜西风凋碧树，独上高楼，望尽天涯路；衣带渐宽终不悔，为伊消得人憔悴；众里寻他千百度，蓦然回首，那人却在灯火阑珊处。还有冯友兰《中国哲学简史》中对人生四境界（自然境界、功利境界、道德境界、天地境界）的划分和论述，以及朱光潜《精进的程序》一文中谈到的写作四境界——疵境、稳境、醇境和化境。

对于语文阅读教育境界的研究，极其罕见。人们研究的兴趣点多聚焦于好课的标准或特点，如王荣生的"四标准九层次"说[1]、叶澜的"五实"说——扎实、充实、丰实、平实、真实[2]等。又如，美国的课堂评价标准：（1）是否达成教学目标？（2）学生的表现如何？（3）教与学活动的课程意义何在？（4）教学过程中是否开展评价活动？[3]

---

[1] 最低标准：1.教师对所教内容有自觉的意识；2.所教的是"语文"的内容；3.教学内容相对集中。较低标准：1.教学内容与听说读写的常态一致；2.教学内容与学术界认识一致。较高标准：1.想教的内容与实际在教的内容一致；2.教的内容与学的内容趋向一致。理想标准：1.教学内容与语文课程目标一致；2.教学内容切合学生的实际需要。

[2] 肖占鹏.一堂好课的标准[M].天津：天津教育出版社，2008：122.

[3] 李海林.美国中小学课堂观察[M].北京：教育科学出版社，2015：121-126.

这些标准、特点固然折射了语文阅读教育境界的面影，但并不全面、适切。比如，无法体现语文科与其他科的种差；关注了科学，忽略了审美；关注了共识的达成，忽略了创造性独识的生成；对应世与应性、理性与感性的谐和，更是有不同程度的轻视。

因此，很有必要对阅读教育境界的层次、内涵、特点及其语文学价值进行审视，形成一个真正的思想共同体，并在教育实践中汲汲创构、进阶，不断提升语文阅读教育的品质。

一、稳境——守住语文的体性

"体性"一词源自刘勰的《文心雕龙》，"体"指文章体貌、风格，"性"指作家的才性。我们将之接引过来主指能彰显语文科属性的内容、风貌，亦即语文科区别于其他学科的种差。这里所说的守住语文体性，更多地侧重于从语文教育内容的正确择定层面来谈。所有学科的内容皆可进入语文领域，但萃取出来的一定要属于语文，而不能"种了别人的田，荒了自家的园"。因此，守住语文体性，不致和其他学科混淆，可谓达到语文阅读教育的"稳境"。对语文教师来说，算是入了"行"。

稳境的追求，堪称中国一百多年来现代语文教育探索一以贯之的"草蛇灰线"。从夏丏尊时代的语文内容探讨，学习国文所当注重的并不是事情、道理、事物或感情的本身，而应是各种表现方式和法则[①]，到陈启天、徐特立等学者对语文教育主副目标的定位，如徐特立将学习国语的主目的定为"对语言、文字（文章）的理会和对语言、文字（文章）的发表"，副目的为"从语言、文字（文章）获取知识，涵养德行，养成好的情趣"[②]，到新中国成立时叶圣陶对语文名称的解释——以为口头为"语"，书面为"文"，文本于语，不可偏指，故合言之[③]，以及后来不绝如缕的再阐释——语言、文字（文学、文章、文化），也有人建议将语文叫作"华语"，以保持与国际惯例

---

① 夏丏尊.夏丏尊教育名篇 [M].北京：教育科学出版社，2007：152.
② 张隆华.中国语文教育史纲 [M].长沙：湖南师范大学出版社，1991：198.
③ 叶圣陶.叶圣陶教育文集 [M].北京：人民教育出版社，1994：218.

的一致，还能彰显民族特色，再到肇始于 1963 年延续至当下的语文性质之争——工具性、人文性、工具性和人文性的统一、言语性，还有至今仍为热点的"语文科内容的确定"……这些探究或争鸣无不是在稳境的追求中兜圈子。可见，稳境的层次虽不高，但达致依然有相当的难度。

追求语文教育的稳境，夏丏尊理论探索与教育实践的贡献最为卓著——学习国文，应该着眼在文字的形式上，不应该着眼在内容上[①]。他说的形式，主要指词法、句法、章法以及各种表现方法。无论是对文本的分析，还是与叶圣陶对《国文百八课》的编撰，他都努力探求了。当代学者王尚文继承并发展了夏丏尊的这一思想："语文之外的其他学科所教所学的是教材的言语内容，而语文学科则以教材的言语形式为教学内容；质言之，其他学科重在教材'说什么'，语文学科则重在教材'怎么说'，以使学生从中学习如何具体理解和运用语言文字的本领，培养听说读写等语言能力。"[②]此说更为明确，也更为辩证，因为有语用的驱动，更能使静态的形式表现知识化为灵动的形式表现智慧。夏丏尊、胡适、朱自清、叶圣陶等学者因为学养深厚，在着眼形式的阅读教育中，对形式内涵界定偏颇的弊病（偏于形式表现的知识）尚未显露出来，后世语文教师则因学力不济，不知引领学生在生命融合的过程中体悟作者独到的言语表现智慧，牧养学生的言语人格，只知机械关注字词句篇，语修逻文，抽绎鸡零狗碎的文章学、写作学知识，所以将语文课上得枯窘、僵死就成了必然。从这个角度说，语文教育稳境的达致，必须注意形式知识和形式智慧的统一，并在言语形式与言语内容的统一中突出言语形式，遵循由言语形式到言语内容，再返回言语形式的解读路径。

遗憾的是，这一常识不是被漠视，就是遭遇强劲的抵制。过度政治化、历史化的解读就不用说了，其他形态的解读也令人匪夷所思。

第一，文学解读。批文入情，得意忘言，走的永远都是"言语形式—言语内容"的解读路径，所谓"观—味—悟"是也。"观"固然更多地偏于形式，如刘勰的"六观"——观位体、置辞、通变、奇正、事义、宫商（《文

---

① 夏丏尊. 夏丏尊教育名篇 [M]. 北京：教育科学出版社，2007：152.
② 王尚文. 人文·语感·对话 [M]. 上海：上海教育出版社，2010：12.

心雕龙·知音》），但"味"侧重的则是文本深层之意、之情、之趣的开掘，一如苏轼所说的"夫诗者，不可以言语求而得，必将深观其意焉"（《既醉备五福论》），而"悟"更偏向于对"道"的体悟，用宗白华的话来说，就是在审美的瞬间。"接受者不仅体味、把捉到了作品微妙至深的情趣和韵味，而且也实现了对作品的'最高灵境'即艺术所表现的那个通达万物、含囊阴阳的'道'的把握。"① 当下语文教师过分倚重文本情思的挖掘，也属此列。虽然他们偶尔也会关注形式，但形式只是获取道、情、意的一种手段。

第二，文化解读。以阐发文化意蕴为终极旨归，以为这一层次达到了，语文味、个性气息就会散逸而出，文化的理解与传承的重任才算完成，语文教学的深度、新意、厚重感才会真正具备。由于"国学热"的推波助澜，文化解读目前备受推崇，连一些知名学者都在呼吁从"文学解读"走向"文化解读"②，强调文言文学习"最终的落点是文化的传承与反思"③。

第三，科学解读。此类现象多发生于信息类文本的教学中，将获取信息作为重点目标，于是速读、跳读等方法的操练成为教学的主流，至于信息是如何被传递的，传递得如何，则不置一评。

第四，伦理解读。不是谈全人教育吗？不是谈情感、态度、价值观吗？于是，所有文本的阅读教育都朝思想情感、信念操守等方面靠，牵强、偏离在所不惜，将求善的维度高高亮起，求真、求美的维度统统靠边站或全部为求善服务。比如，将《氓》上成一堂驭夫之术的课——和学生不厌其烦地探讨：女主人公为什么会被那位渣男抛弃，怎样才能不被抛弃？将《智取生辰纲》上成一堂保镖之术的课——杨志押送生辰纲为什么会失败？怎样才能避免失败？将《老王》上成一堂吐槽的课——教师就是当代版的老王，没地位、工资低、整天在生存线上挣扎……

上述问题的产生，与我国古代重意轻形的文化传统有密切的关联。"文以载道""文以明道""立象以尽意""意先言后""意内言外""得鱼忘筌，得意

① 宗白华.美学散步[M].上海：上海人民出版社，1981：63.
② 常森.文学的解读与文化的解读——以《诗经》学几个个案为中心[J].北京大学学报（哲学社会科学版），2013（5）：115.
③ 王荣生，童志斌.文言文教学教什么[M].上海：华东师范大学出版社，2014：6.

忘言"……说的都是意重于形，或言意是目的，形或言是手段。意何以如此重要？因为关乎人格的锻造。对于这一点，中西教育家几乎没有任何疑义。《大学》中体现的道统："大学之道，在明明德，在亲民，在止于至善。"赫尔巴特、杜威等人强调的"道德是教育的最高和最终的目的"，莫不如此。但是，育人的目标是所有学科共同承担的，并非语文科之独任。语文科之独任是着力于形式秘妙的揭示，培养学生的听说读写能力，牧养他们的"言语生命"（潘新和语），最终使其走向言语表现，不断确证自我的精神生命。落实到具体的语文阅读教育中，就是要在形意统一中突出"形"。普通读者、文学评论家可以走"言语形式—言语内容"的解读路径，但语文教师不行。语文教师必须再多走一步：返回形式，引导学生对作者言语表现的力、智、美等方面进行深度玩绎，并作出客观的估衡和评判，进而激发学生言语表现的兴趣，牧养他们言语表现的意识。如此，才能真正守住语文的阅读，上出语文的体性。

有人说，艺术家和疯子最根本的区别就是：艺术家懂得从现实世界进入理想世界，再返回现实世界，但是疯子不懂返回。同理，语文老师在文本解读或教学过程中，如果不懂得从形式到内容再返回形式，很可能就是在自鸣得意地疯行疯语。如此，稳境的达致就无异于痴人说梦。

二、醇境——体认文本的类性

注意辨体，上出文本的类性，可谓达到语文阅读教育的醇境。对语文教师来说，算是入了"门"。

文本类性是指文本的文类特性。强调体认类性，区分文章视域下的各种文类差别，针对的是语文阅读教育中文类意识模糊、将各种文类一锅煮的盲目教学现象。

体认类性，缘于适类的写作传统。无论中西，作家们大都有鲜明的文类意识——这是规训写作的一种极好方式。作为特定规范组成的系统，文类也是写作传统或惯例的载体。适类写作与辨类阅读是相辅相成的。离开文类的规范，接受中肯定会遭遇自觉或不自觉的抵制。比如，诗歌中可以写"白发三千丈，缘愁似个长"，现实主义小说中就不能，任何一个细节的失真都会影响读者对其整体艺术效果的评价。缘于此，古人在阅读、写作时是非常注意辨类或适类的。比如，近代刘师培所著的《中国中古文学史讲义》、现代吴承学撰写的《中国古代文体形态研究》，对"辨类"或"辨体"都下了很大的功夫。宋代学者倪思在谈写作时特别强调："文章以体制为先，精工次之；失其体制，虽浮声切响，抽黄对白，极其精工，不可谓之文矣。"（明代吴纳《文章辨体序说·诸儒总论作文法》）

落实到语文阅读教育中，则必须遵类。遵类而教，既是对文本的尊重，也是对语文教学专业性的严苛。从语文课程知识传授与建构的角度来说，更要遵类。当代学者曾祥芹明确指出："离开'辨体'，抽象地谈论'阅读能力'，宽泛地讨论'语感'将失去其操作指导意义。"[①]他说的"文体"是"文类"的下位概念，同样体现了对类性的重视。遗憾的是，当下的阅读教育，无论是适类教学还是跨类教学，都做得不是很自觉，更谈不上有所建树。

即使有基于文类辨析和研究的语文教学，也多停留在传统类性特征的灌输上，如小说的"三要素"、散文的"形散而神不散"、戏剧的"情节冲突""语言个性化"等，鲜有批判性建构。对于人物、环境、情节三要素，一些新闻故事都具有，还算是小说的类性吗？散文类性真的是"形散而神不散"吗？如果没有意脉、情脉的贯穿，真的"形散"了，还是"神不散"的散文吗？"情节冲突""语言个性化"，小说、史诗都具有，凭什么说这些就是戏剧的类性？教学古典诗词，似乎能遵循文类特征，但是同一文类下文体再细分的教学，如写景诗、咏史诗、送别诗的教学如何区分文体的精细差别，是很少有人问津的。这种现象，连语文名师都不能幸免。在他们的课堂上，上曹禺的话剧《雷雨》和曹雪芹的《林黛玉进贾府》，讲朱自清的《荷塘月色》与戴望舒的《雨巷》，看不出有任何文类（或文体）的区分度，这怎能不引起别科教师对语文教师专业含金量的质疑呢？

当然，体认文本类性并不意味着死守类性，不能越雷池一步。在特殊情况下，也是可以破类而教的。破类而教本于作者的破类（或跨类）写作。大凡优秀的作家，多有破类现象，如鲁迅小说中的戏剧性、郁达夫散文中的诗

---

① 曾祥芹.文章阅读学[M].郑州：大象出版社，2009：292.

性、叶圣陶说明文字中的文学性，可以说做到适类与破类的统一。钱钟书说过："文学有各种文体。大致有体，死守则自缚。贾谊的论文像赋，辛弃疾的词似论。真正的大家总是在文体形式上有突破创新。"①阅读教育中如果忽略这种创造性的存在，引导学生在审美接受中定然会丧失二度创造的宝贵契机。一位学者认为《故都的秋》开头谈南国之秋怎样不如北国之秋有味，结尾又抒这种情，而且特别夸张，完全是逻辑混乱的结果。殊不知，这种呼应结构，正是郁达夫诗性写法的体现——通过呼应中进阶的结构、排比、夸张的写法，将极化情感铺天盖地地渲染出来。

那么，如何体认文本的类性呢？通常有两个角度：一是历史角度，即从文类发展史的角度去审视文类的特性，因为任何文本或多或少都回荡着其他文本的声音，如《堂吉诃德》之于一大批骑士小说，《包法利夫人》之于一大批浪漫小说，后继的文学之中永远包含已有文学的折射②，这便需要在解读中从历史的视角关注文类的承变状况。二是空间角度，即与同时期的其他文类、文本互相烛照，使文本的类性更为突出。两种角度兼顾，往往能将遵类教学做得颇为到位。

比如教学柳宗元的《黔之驴》，从历史的角度审视，将先秦诸子的寓言作为参照物，便会发现《黔之驴》的含蓄之风，作者对情节细腻性、曲折性所作出的贡献。从空间的角度审视，联系柳宗元同时期所写的诗文便会发现：他的寓言在戒他的同时，也在戒己，甚至有自我拷问的色彩——黔之驴、临江之麋身上真的没有柳宗元自己的影子吗？他在诗词中用践乌（《践乌词》）、木炭（《行路难》其三）自况、自怜、自省——"左右六翮利如刀，踊身失势不得高。支离无趾犹自免，努力低飞逃后患""盛时一去贵反贱，桃笙葵扇安可当"。为什么寓言中就没有呢？

进一步比较还会发现：寓言和寓言故事、寓言与 fable 都是有差别的。

寓言是从情节与思想的关系角度来说的，有情节贯穿，但主要为表达寓意服务；寓言故事是相对于动物、风物、童话类故事而言的，不仅会关注情

---

① 钱钟书. 钱钟书论学文选（第 3 卷）[M]. 广州：花城出版社，1988：137.
② ［美］乔纳森·卡勒. 文学理论 [M]. 李平，译. 大连：辽宁教育出版社，1998：29–36.

节中的寓意，更关注情节本身。即寓言是借故事的形式表达寓意，着眼点在寓意；寓言故事借寓言的形式表达思想，着眼点不仅在寓意，更关注故事性。

"寓言"一词最早见于《庄子·寓言》："寓言十九，藉外论之。"唐人成玄英《庄子注疏》云："寓，寄也。世人愚迷，妄为猜忌，闻道己说，则起嫌疑，寄之他人，则十言而九信矣。"莱辛认为："要是我们把一句普遍的道德格言引回到一件特殊的事件上，把真实性赋予这个特殊事件，用这个事件写一个故事，在这个故事里大家可以形象地认识出这个普遍的道德格言，那么，这个虚构的故事便是一则寓言。"①寓言是表达己意，fable 是表达众意，内涵指称是不一样的。

语文阅读教育中，如果灵活地运用历史和空间的角度，对文类／文体加以仔细辨析，让学生对其实用和审美的功能有具象的体认，达致醇境并非难事。

至于悖类现象，也要审视——杨朔的《荔枝蜜》等散文，之所以矫情得让人直起鸡皮疙瘩，正是跨类写作不成功所致。课本中的文章虽多为经典，但仍然要保持对悖类的审视，尤其是课外阅读时。

三、化境——揭秘文本的篇性

文本篇性指文本中体现的作者独特的言语表现个性和智慧，这是在同文类视域下区别不同作者的不同文本，或同一作者的不同文本个性化表现力的表征。揭示文本的篇性，是阅读教育的巨大挑战，更是阅读教育的无穷魅力。

能深度揭秘文本的篇性，实现阅读主体与作者言语智慧、言语生命的化合，与社会历史、现实生活的会通，为言语表现与创造充分蓄势，才算真正步入语文教学的化境。对语文教师来说，可以说是真正入了"境"。

具体来说，揭示篇性是审美的需要。篇性不仅存在于文学文本中，也存在于非文学文本之中，这便构成审美的资源与核心。歌德说："内容人人看得见，其含义则有心人得之，而形式却对大多数人是秘密。"②王国维指出：

---

① ［德］莱辛.论寓言的本质 [M] // 古典文艺理论译丛.北京：人民文学出版社，1964：77.
② 李泽厚.美学三书·美学四讲 [M].合肥：安徽教育出版社，1999：563.

"夫境界之呈于吾心而见于外物者，皆须臾之物，唯诗人能以此须臾之物镌诸不朽之文字，使读者自得之。遂觉诗人之言，字字为我心中所欲言，而又非我之所能自言，此大诗人之秘妙也。"①鲁迅的秘诀观更是强调：（1）多看大作家的作品；（2）看出"应该怎样写"，领悟"极要紧处，极精彩处"；（3）须知道不应该那么写。他们说的秘密、秘妙、极要紧处指的正是文本的篇性。因为篇性是文本的最新颖处，作者言语创造的最见匠心处，是"美点"中的"美点"，所以审美中关注篇性，更能激发解读的兴趣，攫住作者言语创造的枢纽。认为非文学文本无篇性，不去审美，是很容易暴殄天物，将自己和学生都培养成美盲的。语文阅读教育，不仅要实现知识的结构化、动态化，还要实现教学的审美化，让师生共同感到学习之旅不仅充满智趣、情趣，也充满美趣。要进入这样的化境，篇性审美是无法绕开的。

揭示篇性也是语文教学的需要。篇性是作者言语创造的枢纽，所以教学中围绕篇性的审美攻坚往往可以使教学提领而顿、百毛皆顺。孔子讲"不愤不悱，不启不发"（《论语·述而》），《学记》中说"君子之交，喻也：道而弗牵，强而弗抑，开而弗达"，通达学习理论的代表人物、美国学者布劳姆（Benjamin Bloom）强调"增润"（enrichments），对达成学习目标的学生，采取一套行之有效的学习程序予以奖励、点拨、提升②。学生的愤悱处、教师的开导处、增润处在哪里？其实就在篇性，因为篇性是美点，也是重点、难点。孙绍振先生说"文本解读不应着眼于一望而知的、表层的意象群落，而应着力于中层的情志脉以及更深层的形式规范"③，说的也是这个意思。因为这样更有利于实现不同精神生命的融合，启悟学生言语表现的智慧，增强他们言语表现的兴趣和热情，从而不断邂逅更加优秀的自我。染色工人能区分上百种的蓝色，我们的文本解读为什么不能剖析出文本的篇性？语文老师在和学生一起赏析李清照的愁，却无法区分李煜之愁、辛弃疾之愁或苏轼之愁与之在抒情艺术上的微殊，我们能说他的课十分成功、富有独创性吗？

基于此，揭秘篇性更是言语生命生长的需要。因为篇性的揭秘越充分，

① 李铎.中国古代文论教程[M].北京：北京大学出版社，2000：359.
② 霍秉坤.教学方法与设计[M].香港：商务印书馆，2004：171.
③ 孙绍振，孙彦君.文学文本解读学[M].北京：北京大学出版社，2015：23-25.

为言语表现蓄积的势能就越强旺。优秀的作家，阅读时对篇性都是非常敏感，且不断琢磨、内化的，所谓"书亦国华，玩绎方美"（《文心雕龙·知音》）是也。即使是模仿，在遵循规矩的同时，也是不断朝"巧"之境迈进的，韩愈说的"醇而后肆"就是这个道理。醇的是写作技巧，达到化境之后，写作自然会酣畅雄肆，鬼斧神工。华兹华斯说："一个诗人不仅要创造作品，还要创造能欣赏那种作品的趣味。"[①]语文阅读教育正好相反，首先应该竭力培育学生欣赏作品的趣味，再去创造有趣味的作品，而培育趣味，篇性的揭秘是不二法门。

这个道理已经被世界上的很多有识之士意识到了。20世纪70年代，法国的作文教学特别是议论文写作，多以法国的文学精髓为素材进行细致解释，要求学生用自己的话加以论证，从而培养学生具有敏锐的感受能力和一定的推理能力[②]。苏霍姆林斯基也把语文教学的整个体系建立在"鲜明的思想""活生生的语言"和"儿童的创造精神"三根支柱上。日本的国语科新大纲为了适应情报社会的需要和国际上所谓"表达世纪"的发展趋势，也要求语言教育能加强语言事项（主要指语言规律和法则，亦即形式表现与创制的知识和智慧）的领悟和掌握，以及表达和理解能力的提升。这些思想无一不是要求学生具有精致的内审美能力和极具个性的批判性阅读能力，而言语表现指向下的对形式表现与创制知识和智慧的感悟、掌握，更是对篇性的审美开掘有了更高的规范和期待。眼下炒得较热的"后喻文化"[③]——以开拓未来为使命的文化类型，更是为着力于篇性特征审美开掘的语文阅读教育带来难得的创新契机。

但是现实中的语文阅读教育，篇性的揭秘几乎是一片荒寒。教材说明、

---

① 朱光潜.谈文学[M].漓江：漓江出版社，2011：22.

② 倪文锦、欧阳汝颖.语文教育展望[M].上海：华东师范大学出版社，2002：16.

③ 美国文化人类学家玛格丽特·米德在《文化与承诺》一书中将人类社会划分为"前喻文化""并喻文化"和"后喻文化"三个时代。在前喻文化中，晚辈主要向长辈学习；并喻文化中，晚辈和长辈的学习发生在同辈人之间。在第二次世界大战后，科技革命的蓬勃发展使整个社会发生了巨大的变革，社会由此进入长辈反过来向晚辈学习的后喻文化时期。简言之，前喻文化指称以重复过去为使命的文化类型，后喻文化指称以开拓未来为使命的文化类型。在后喻文化时代，由于信息科技的飞速发展，知识传授方式、教学中的主客体关系均发生重大变化。无论师生，皆会遭遇前所未有的挑战。唯有不懈吸纳知识，更新自我，创造自我，开拓未来的使命才有可能得以完成。

专家解读要么在形式的共性上泛泛而谈，要么撇开形式秘妙大谈主题意蕴。一线教师更是疏于追问文本形式表现上独特的"这一个"是什么。这简直是语文界的百年难题。夏丏尊、叶圣陶当年编著《国文百八课》倒是涉及了篇性的审美开掘，但为了贯彻"给国文科以科学性，一扫从来玄妙笼统的观念"的编辑旨趣[①]，在"立足揭秘的艺术形式知识体系"的建构上并未贯彻到底。赖瑞云教授认为，"可能的原因之一就是一般的形式知识体系较好建构，而旨在揭秘的形式体系，并且还要与选文的解读构成对应关系就难度大多了，也许就此导致了夏丏尊避难就易的选择"[②]。语文大家尚且望而却步，更遑论学养不深的普通教师了。

当然，也有做得较为自觉，且取得一定成效的，如黄玉峰、童志斌、黄厚江、肖培东、王君等一批优秀的教师。他们或通过互文性的观照——如在"六王毕，四海一，蜀山兀，阿房出"中见出铁锤敲打般斩钉截铁的节奏，如同贝多芬的命运交响，一开始就交代阿房宫建造的历史背景是建筑在无数劳动人民的苦难之上的，定下了悲愤的基调。或通过艺术的还原——为什么称项脊轩开始是"室"，继而是"轩"，后来又是"室"？为什么老妪讲先姊问寒问暖的往事，余"泣"，到回忆大母期待，瞻顾大母遗迹，却是"长号不自禁"？或通过矛盾追问，进行熟悉与陌生的相乘——"老虎的故事比驴的故事生动全面，那课题怎么是黔之驴，不是黔之虎呢？"作者说的是"至则无可用"，不是说驴没有用，这怎么理解？他们将文本篇性的审美开掘做得风生水起，令人耳目一新。

不过，较之语文界沉默的大多数，文本篇性的审美开掘尚有一段很漫长的路要走。因此，化境的达致，需要更为艰辛的努力。

四、至境——实现言语性高蹈

如果说"稳境－体性"着眼于语文阅读教育教什么，"醇境－类性"和

① 夏丏尊，叶绍钧.国文百八课 [M].北京：生活·读书·新知三联书店，2008：1.
② 赖瑞云.文本解读与语文教学新论 [M].北京：北京师范大学出版社，2013：204.

"化境－篇性"更着眼于语文阅读教育怎么教，那么"至境－言语性"考虑更多的则是语文阅读教育为何教。

语文阅读教育至境是化境的再升华。化境强调的是阅读主体与作者言语智慧、言语生命的化合，与社会历史、现实生活的会通，至境则强调蓄满言语表现的势能，念兹在兹地走向言语创造，不断确证自我的精神生命，不断开辟言语人生、诗意人生的境界。所以，言语性成为语文阅读教育至境的一个鲜明标识。达致语文阅读教育的至境，对语文教师来说，可谓入了"道"。

言语性并非仅限于语用性，也不纯指言语表现的知识、智慧，言语人格、言语理想、言语信念、言语激情、言语习惯……凡是与言语生命培育与创造，言语人生、诗意人生开辟相关的一切因子，都在言语性的内涵之中。言语性实质上就是基于体性、类性、篇性之上的言语创造性。

语文阅读教育强调言语性的高蹈，是对立德树"人"内涵的进一步明确与丰富——这个"人"不仅要区别于动物，更要区别于他人，区别于旧我。不断与最新、最优秀的自我相遇，此乃教育大道的应然需求。从语文学习的角度说，弘扬言语性是对文本的知音礼遇，更好发现作品中的本真生命，谛听伟大心灵的回声，体悟最独特的精神存在。从学科史的角度说，更是对百年以来语文阅读教育生活本位、应世价值取向的一种反拨，努力向表现本位、应性价值取向归趋。

传统的阅读能力偏于信息的获取、整理、归类、转述、联结、阐释、反省，独独缺少言语表现与创造的维度——这一缺陷，西方学者也有。比如，希恩和奥莱利（Sheehan &O' Reilly）阅读技能发展的三个层次：（1）学会阅读（learning to read）；（2）在阅读中学习（reading to learn）；（3）超越阅读，学会思考（reading to do）[①]，还有杜威的学习内涵："共同体""活动性交往""反省性思维""建构环境""建构经验"[②]，反省、探究、建构的维度都有了，就是缺少言语创造，给人感觉内涵界定的火候总是差了那么一点儿。事实上，如果不指向言语表现与创造，阅读教育永远只能停留在占有式学习的

[①]　引自北京师范大学刘嘉教授在语文学习科学专业委员会举办的"语文核心素养下的学习素质培育"2018年学术研讨会上所作的报告《中小学生核心素养与分级阅读》。

[②]　［日］佐藤学.学习的快乐——走向对话[M].钟启泉，译.北京：教育科学出版社，2004：29.

层面，无法步入存在性学习的境地。仅低头忙于为阅读而阅读，而不指向言语生命的牧养与创造，言语人生、诗意人生的营构与开拓，阅读教育的境界是很难提升的。

那么，怎样彰显言语性，步入语文阅读教育的至境呢？

首先，在价值取向上，一定要将言语生命的牧养与创造，言语人生、诗意人生的营构与开拓放在第一位，所有的阅读教育都要为这一目标蓄势。在这一点上，潘新和教授的阐述非常到位："语文教育从表层看，是培养'言语表现性和创造性'；从深层看，是培育人的'存在性的言语生命意识'。语文教学就是对人的言语生命潜能的发现与唤醒。因为人是言语的动物，写作的动物。言语能力的发展是基于人的言语潜能，是一种生命冲动，是言语生命的自成长、自生长、自发展。"[①]作为一名想在语文阅读教育中创造更高境界的老师，的确不能只顾了语文知识、能力、语用、应试、应世，而忘却言语人、精神人的发展与提升。

其次，在内涵理解上，一定要认识到言语性的丰富性，注意言语知识、言语能力、言语智慧、言语信念、言语人格等的综合培育、立体培育、有机培育，虚实相生，入势而化。看上去很虚的言语信念、言语人格，一旦形成，比语文课程知识更能产生超越现实的力量。学生如果在言语生命的培育中做到虚实相谐，还用得着担心他们被动学习，语文学习质量不高吗？司马迁身受耻辱的官刑还坚持写《史记》，曹雪芹在穷困潦倒、举家食粥甚至连这也无法维持的情况下坚持写《红楼梦》，这种无利可图的反熵行为，不正是因为有崇高的言语信念、言语人格在支撑吗？朱光潜说："许多轰轰烈烈的英雄和美人都过去了，许多轰轰烈烈的成功和失败也都过去了，只有艺术作品真正是不朽的。数千年前的《采采卷耳》和《孔雀东南飞》的作者还能在我们心里点燃很强烈的火焰，虽然在当时他们不过是大皇帝脚下的不知名的小百姓……悠悠的过去只是一片漆黑的天空，我们所以还能认识出来这漆黑的天空者，全赖思想家和艺术家所散布的几点星光。"[②]语文阅读教育中，

---

① 潘新和．存在与变革：穿越时空的语文学 [M]．济南：山东教育出版社，2012：291.
② 朱光潜．无言之美 [M]．北京：北京大学出版社，2005：57.

如果让学生树立历史"星光"创造者的自我心像，还用得着担心他们的言语生命不会茁壮成长吗？

在原则把握上，应注意解读指向解写——聚焦文本的篇性揭示，带动体性捍卫、类性辨识，实现言语智慧、言语生命的不断拔节。同时，注意言语人格、言语动机、言语操守等的牧养，巧妙落实立德树人的思想。阅读教育中，自然要赏析主题、情感。"这里当然有语文知识，但不是主要的语文知识。从一篇课文所获得的语文知识应该是作者通过课文所呈现的认知世界的方式和视角，表达思想情感的方法和手段，艺术构造的匠心和艺术。"[①]这些都要以篇性为轴心，以解写为指向，加以不断探析与建构。

在方法择定上，应自觉突出"活的教学法"——质疑、讨论、辩驳、演讲，充分激活学养，化知成智，不断让精神出场，走向创造，努力追求实然对话与隐喻对话、大型对话与微型对话、单调对话与复调对话的有机统一，以形成言语表现的浓厚氛围和强大气场。

总之，语文阅读教育的四重境界呈现了一种不断融合、累进、升华的诗意状态。稳境强调的是对语文体性的坚守，对语文课程知识的正确择定；醇境强调的是对类性的辨识，注意适类与跨类的统一；化境则突出对篇性的玩绎与揭秘，实现不同阅读主体间生命的深度融合；至境更强调语文学养与言语人格、言语信念、言语胸襟的融为一体，并葱郁地生长，满蕴言语表现的势能，念兹在兹地把握语文教育之道，走向言语创造，进而不断确证自我的精神生命，开辟自我言语人生、诗意人生的新气象。稳境是语文阅读教育的基础境界，醇境则步入了语文专业化的境界，化境和至境则逐步进入言语生命彰显华彩的美境。但是不管出于哪种境界，阅读主体间的对话都不是对抗的、妥协的乃至奴性的，而是融合的、生成的、创造性的。另外，四重境界并非各自独立、各自为政，而是相互渗透、相互促进的。唯其如此，语文核心素养的积淀、言语生命的牧养才能有章可循，创造性得以落实，从而使语文阅读教育走出致用困境，向更高的致美、致在之境迈进。

---

① 黄伟.阅读教学中语文知识的提取、激活与内化[J].中学语文教学，2018（4）：8.

第一辑 ◆ 诗词类文本教例研习

指示与非指示，皆应顺需而为

——郑逸农《祖国啊，我亲爱的祖国》教学实录

郑逸农

中学语文特级教师，浙江师范大学硕士研究生导师，浙江师范大学语文教育研究中心研究员，"非指示性"语文教育观的提出者。长期从事"非指示性"教育理念及教学策略的研究，探索教师引导下学生自主学习、自主判断、自主反思、自主纠错、自主成长的机制和对策，研究成果获得浙江省第二届基础教育教学成果奖一等奖。著有《"非指示性"语文教育初探》《中学生学习策略》等。在《语文学习》《语文建设》《中学语文教学》《语文教学通讯》《中学语文教学参考》等重要语文刊物发表文章 120 余篇。

一、分享读诗的原初体验

师：歌颂祖国，是文学作品中永恒的主题。历代诗人一路高歌，从古到今，留下了不少名篇佳作。1979 年 4 月，从十年动乱的坎坷中走来的青年诗人舒婷，面对获得新生的祖国，感慨万千，热血沸腾，用自己的青春与激情，写下了感人的诗章《祖国啊，我亲爱的祖国》。今天，让我们一起用心学习，用心体验。

师：请各位自由诵读两遍。

（生读）

师：现在，请各位用一句话说说自己的初读体验。

（生先书面表达，然后师随机抽取一个纵排的同学口头表达。）

生1：这首诗让我感到诗人与祖国那水乳交融的感情和诗人立志要为国争光的赤子之心。

生2：作者用各种不同的比喻来写祖国，形象地写出祖国的发展过程，用形象的意象，从不同角度揭示了自己对祖国深深的眷恋与热爱。

生3：无私的爱国情结，平凡、真挚，但又恰恰因此而显得感人。

生4：初读此文，我就为诗的雄壮所倾倒，不敢相信一个女诗人能写出这样激昂的诗。

生5：我可以感受到作者浓厚的感情，但对于许多地方不能理解。

研习

注重原初体验分享，是语文阅读教学诊断性评价的基础。遗憾的是，当学生的体验敞开，显露粗糙或舛误时，教者的评价并未跟进。水乳交融的感情，何以见出？诗歌是怎么写出"祖国的发展过程"的？这真的是一首"雄壮""激昂"的诗吗？

生4发言中流露的"大男子主义"色彩（女诗人就不能写"激昂"的诗吗？），教者也未敏感地指出，导致错过了一次极好的言语人格熏陶的时机。

教者似乎很热衷于赶场子，展现跌宕多姿的组织形式。如是，组织形式再丰富，导语再漂亮，策略性知识再精约，恐怕都是买椟还珠之举。

让学生先书面表达，再口头表达，体现了罕见的教学精致。因为通过书写，更能促进学生思维的整体观照和局部审视，从而使思维更缜密、体验更精约。

二、分享读诗的深度体验

师：请认真地再读一遍，读完后想一想：你最想从本文中学习的是什么？请确定一两个主题作为学习目标，写在备用纸上。写完后以前后桌为一小组，互动交流，可以坚持自己的学习主题，也可以调整。

（教师随意抽取四五个小组的代表，介绍自己及本组的学习主题。交流中发现，学生的学习主题主要是：思想感情、意象含义、语言表达、整体构思。也有不少同学选择的学习主题更具体，如修辞手法。）

师：请各位按照既定的学习主题，运用自己的知识和经验，以研究性阅读的方式去欣赏、去发现，用自己的心灵去感悟，用自己的方法去判断，用自己的思维去创新。研读过程中，请随时写下感悟，即时捕捉灵感，用笔来深化、细化自己的研读。

（时间约 10 分钟）

师：现在请同学们说说自己的研读体会，可先在小组内交流，每人不能少于 1 分钟，说完后小组内的同学可以质疑、商讨。

（小组交流）

师：刚才在小组交流的过程中，肯定有一些较为成熟乃至有新意、有个性的观点，现在请每个小组推荐一位，也欢迎毛遂自荐，向全班同学作介绍。

生 1：我的学习主题是体会作者的思想感情。我的研读体会是：全诗用四个"祖国啊"体现作者对祖国的感情。第一个"祖国啊"之前，作者借用许多事物，描写了一个穷困潦倒的祖国，表达出对祖国现状的悲伤和无能为力。第二个"祖国啊"之前，"我是你祖祖辈辈痛苦的希望啊"，作者将自己与祖国联系在一起，表达出自己的内疚和失望。第三个"祖国啊"之前，连用几个"我是……"的句式，表达出作者对祖国的新生充满信心，突出欣喜的思想感情。最后一个"祖国啊"之前，作者热情歌颂祖国的养育之恩，表现自己献身祖国、报效祖国的坚定信心，激昂的情绪中透出强烈的责任感。

生 2：我的学习主题是感情和语言。一首诗要让读者产生共鸣，诗人必须投入真挚的感情，诗的语言就是作者情感的流露。作者对祖国的感情一定很深，我有时甚至觉得她是在写一位历经磨难的母亲，如"我是你挂着眼泪的笑涡"。前面"我是你祖祖辈辈痛苦的希望啊"，也给了我很大的震撼。我好像感觉到人们在黑暗中痛苦地挣扎着，痛苦地盼望着，这希望又是很遥远的，不知道在何方。在第一节，诗人说："我是你河边上破旧的老水车，数百年来纺着疲惫的歌。"老水车破旧而疲惫地纺着她的歌，她的儿女静静地听着，她落后，她贫穷，可是她的孩子依旧热爱着她，这像是在讲述一个古老而感人的故事。这位伟大的母亲第一次在我的心里留下了慈祥的印象，她不再是一个由地图上的国界线围成的抽象区域，而是一个有血有肉的灵魂，让我感觉到她的痛苦、她的笑容、她的幸福。

生3：初看这首诗的题目，以为是那种口号式的诗，赞颂祖国怎样伟大，将来会变得怎样美好。但读了几遍全诗，便觉得这首诗与众不同。全诗脉络清晰，写了祖国的沧桑历史，从苦难写到新生，作者的感情也从迷惘到深思再到沸腾。作者借助意象来抒情，把主观感情寄托在客观事物上，显得形象、具体，不让人感到空洞、抽象、俗气。

研 习

注重读、思、写的紧密结合，并给足学生体悟、思考的空间。小组研习、交流，规定每人发言不少于 1 分钟，更是倒逼学生自我思想出场的智慧之举。与表演型的公开课判然有别的是，教者始终高扬说和写，将非指示性教学"培养具有独立人格和创造能力，能适应时代变化的新人"的宗旨非常扎实地贯彻了，因而存在性学习的色彩特别鲜明。

不过，"非指示性教学"并非完全放弃教师的作用，对便于习得真切知识的学习气氛的创设，对学生学习情感问题的重视，还有以平等地位参与讨论，其实都是有"指示"在悄然运行的。即使强调评价应主要由学生本人作出，但教师的亮见，或者"产婆术"式的讨论，何尝不能促使对学生的评价更客观、全面、深刻呢？

然而，教者在吸纳"非指示性教学"理论的精华时，将糟粕也完全内化了。学生文本解读出现明显偏颇时——四次呼告中，"我"与祖国始终是血肉相连的，"破旧的老水车""熏黑的矿灯"等既指"我"，也象征祖国，并非仅是第二次呼告才"联系在一起"；说"老水车破旧而疲惫地纺着她的歌，她的儿女静静地听着"，不仅引用出错，而且完全颠倒了"我"和母亲的关系——教者竟然未果断指出。

学生敏锐地捕捉到篇性时——把祖国当作母亲来倾诉，形象、不俗地写出祖国"从苦难到新生"的历史、作者"从迷惘到深思再到沸腾"的情感史——教者也未热情肯定其审美的纤敏及对诗歌复合情脉的精准把握。

"非指示性教学"真的要求教者课堂上只以零度情感者出现吗？放弃多次将学生审美体验引向深入的契机，岂非对教师启悟职责的辜负？

三、交流读诗的审美困惑

师：在研读和交流过程中，我们肯定会产生一些疑问。请大家在小组内交流一下自己的问题，然后每个小组确定一个最需要解决的，写在纸上提交。

（问题提交上来后，教师让学生推荐一位打字快的同学，把问题即时输入电脑，投影到屏幕上。汪钰同学被推举出来，以下问题出现在屏幕上。）

1. "把纤绳深深勒进你的肩膊"有什么含义？
2. "飞天袖间千百年未落到地面的花朵"是什么意思？
3. 怎样理解第二诗段？
4. "刚从神话的蛛网里挣脱"中的"神话的蛛网"有什么含义？
5. "绯红的黎明正在喷薄"，黎明如何喷薄？
6. 为什么一会儿说"我是你的十万万分之一"，一会儿又说"你九百六十万平方的总和"？

（六个问题中，有五个是关于字词句理解的。看来学生首先关注的是自己有阅读障碍的细节问题。细节问题解决了，才会关注到构思、韵律等全局性的问题。其中，第六个问题有四个小组同时提到，说明学生对这句话的理解普遍感到困难。）

师：现在，我们集中讨论提交上来的问题。因为时间很紧张，无法对每个问题逐个讨论，每个组讨论三个问题，其中自己小组提出的为必选题，另外两个为自选题。

（小组讨论后，全班自由发言，各抒己见。）

研 习

分享审美的深度体验后，依然有六分之五的问题聚焦在文本词句上，可见这一环节的教学是有问题的。将之与第二环节对调，断不会出现如此尴尬的现象。第二环节中生2对老水车指称内涵的似是而非，也会随之销声匿迹。

问题6提得精彩！因为"我是你的十万万分之一""你九百六十万平方的总和"这两句，将"我"与祖国你中有我、我中有你的深情及你就是我、我就是你的痴情（极化情感）也表现出来了。这一点，在第一环节中，生1已经意识到了，可是因为教者太迷恋非指示，这个问题其实一直没有得到很好的解决。

学生问"怎样理解第二诗段"——没有用"诗节"，说明他对"诗"与"文"的文类特征辨识是没有自觉意识的，可是因为"非指示"作祟，教者依旧没有纠正。

四、升华读诗的审美收获

师：我在研读过程中也产生了几个疑问，现在提出来请大家帮我解难释疑。刚才同学们是针对有疑处发问，我是朝无疑处发问，或许比较简单。

（课前教师准备了六个问题，但其中有两个学生已经提出并解答，所以教师只提出其余四个。）

1. 诗中四处"祖国啊"，在感情表达上有什么差异吗？
2. 朗读本诗时，要正确传达出诗人的感情，最巧妙的方法是什么？
3. 本文作为一首抒情诗，是借助什么来抒发感情的？口号式的直白抒情效果会不会更好？

4.诗歌一开始就是"我是你河边上破旧的老水车",用"我是……"的句式贯穿全诗,这里的"我"指谁?能否换成"你"?"我是……"的句式有什么效果?

(四个问题抛出后,学生先独立思考,再小组讨论,最后班级交流。回答第二个问题后,教师播放了一段朗诵录音,让学生来评判朗读得怎样。该录音前三段朗诵得很成功,鲜明地读出痛苦、沉重和欣喜的感情,但末句读得很肤浅、很轻率,深沉激昂的感情没有读到位。没想到学生很快就听出来了,马上作出比较一致的评价。)

研 习

终于以平等者身份、以提问方式参与讨论了,可是仅在此处参与是否机械而单薄?语文课上,优秀的教师一定是"耳朵在侦查、眼睛在谛听",并适时亮见的。《学记》中"记问之学,不足以为人师,必也其听语乎",说的就是这个道理。即使非让学生自主评价不可,教师也完全可以在其审美的薄弱处组织学生仔细审辨,或加以纠偏,或加以丰富,而不是让学生自说自话,毫无思维的交锋。

再看教者的提问:对第一问的阐析,在第二环节生1的发言中已经完成,为什么此处还要重提?是纠正学生回答中的瑕疵吗?从实录看,显然不是——教者只是让学生"先独立思考,再小组讨论,最后班级交流"。可见,生1用心良苦的发言,教者极有可能没有聆听,才会出现如此的不良冗余。

第三问与此同类,因为第二环节中生3已有阐述。

五、反省优劣,总结所学

师:反省是一种高贵的品质,这两节课就要结束了,现在请你反省一下,看看自己在这次学习中有什么优点和不足,并提出相关调整措施。

生1:可能是听课的人太多,没有很好地把握住机会站出来回答问题,其实只需要一点儿勇气和自信就行了，思考、讨论还是挺积极的。

生2：上课时太紧张，词不达意，不敢站起来回答问题，有时明明觉得自己的观点是正确的，可就是担心自己理解得不够深入，有些东西只停留在表层，如"驳船"就没想到象征祖国的落后。

生3：不善于发现问题，很少提"为什么"，思考问题时思路不开阔，太注重细节。

生4：思维深度不如别人，语言表达更是如此。不过，我已经在努力改变。

师：这首诗的学习就要结束了，现在，请你代老师做一个结束语，好吗？

（学生发言）

研 习

这是在贯彻"学生自主评价"理念。学生围绕学习心理、听课习惯、思维质量等方面展开，反省还是比较全面、真切的，利于建构优秀的自我心像（selfimage），更好地实现自我精神生命的拔节。

请学生代作结语，也是培养学生反省意识、表现意识、存在意识的极好方式。但是，如果依然心安理得地非指示，很可能使这种学习方式的效力无法得以充分发挥。

总 评

这是郑逸农老师贯彻"非指示性教学"思想的一堂"标本"课。

郑老师的"非指示性教学"源自美国教育家卡尔·罗杰斯的人本主义学习理论：教学目标上，提倡培养"完整的人"；学习观上，强调"以学生为中心"的意义学习；教学方法上，提倡围绕学生个人或小组的目标而展开，构建真实的问题情境，创设良好的学习氛围，教师可参与讨论，但要节制自己的发言，对同伴教学和分组学习情有独钟；教学评价上，注重以学生自我批判和自我评价为主，把他人评价放在次要地位。这些思想要旨在本则实录中均有所体现。

但整体来看，郑老师贯彻得严谨有余，灵动不足。该指示的，没有适时指示；不该指示的，反而越俎代庖了。究其本，郑老师可能并未真正理解"非指示性教学"的内涵，对其不足更是缺少批判，因而顺应学生之需的教学尚未达到灵活自如、触处生春的境界。

一、非指示性教学中的"应需"原则

罗杰斯认为，意义学习主要包括四个要素：第一，学习具有个人参与（personal involvement）的性质，即整个人（包括情感和认知两方面）都投入学习活动。第二，学习是自我发起的（selfinitiated），即便在推动力或刺激来自外界时，但要求发现、获得、掌握和领会的感觉是来自内部的。第三，学习是渗透性的（pervasive），也就是说，它会使学生的行为、态度乃至个性都发生变化。第四，学习是由学生自我评价的（evaluated by the learner），因为学生最清楚这种学习是否满足自己的需要，是否有助于导致他想要知道的东西，是否明了自己原来不甚清楚的某些方面①。

这表明，在学习过程中，教师至少应该关注学生认知和情感两方面的需求，因为这会直接影响学生行为、态度、个性的养成。无独有偶，当前国际阅读评价项目除了认知能力方面，也涉及阅读行为与态度。《义务教育语文课程标准（2011 年版）》更是强调：阅读教学除了重视阅读过程与方法，也要重视情感、态度、价值观方面的内容。可见，顺应学生学习需求是世界性的教学趋势。

非指示性教学本质上很看重顺应学生之需，但绝非无原则地放弃任何指示。灵动健康的非指示，也应审时度势，顺需而为。

一是学生有能力解决时。词句理解、内容疏通、简单赏析、困惑提出、资料搜集、探究专题择定……诸如此类，完全可由学生自行解决，以培养

---

① 施良方. 学习论 [M]. 北京：人民教育出版社，2001：385.

他们的自学能力，不断体验确证自我的喜悦。课堂上，学生对某些问题的阐述，视角独到，分析缜密，且能相互激发，教师也无须指示。即使学生回答不全面，甚或存在舛误，也不用急于指示，而应多听听其他同学的看法，力求最大限度地发挥同伴教学的效能——学生力不能至除外。只有经常这样训练，教是为了不教的理想才有可能实现。

郑老师让学生先写下读诗的原初体验，再集体分享；按既定主题研究，分享深度阅读体验；汇报审美困惑，探究教者提出的问题；反省两节课中学习的优缺点，代老师作教学结语……形式多变，读、思、说、写张弛有致。在宏观上，将"学生为中心"的思想发挥到极致。因给足学生体验、想象、思考的时空，所以言说质量特别喜人——不是碎片化的一两句感发，而是多角度、有条理、大容量地阐发，令人切实感到"非指示性教学"的魅力。

二是学生有条件攻克时。语文教学中，学生发言出现冷场，或肤浅片面、套话横行，甚至有明显的舛误都纯属正常。对此，我们不必惊慌，而应学会分析——为什么会出现这种状况？学生还缺少哪些脚手架知识？学生中是否会有高手代替我们扛起解答的重任？学会等待——大家还有别的补充吗？都认同他的说法吗？还有没有更全面、更深刻的阐释？汽车过坎都要慢行，更何况学生的思维过坎？此时，他们最需要相互探讨，不断反观自身。

郑老师的导入为什么不是很理想，就是违背了上述原则。学生既然会自学、会探究、会阐析、会总结，何不一开始就了解他们的自学成果呢？写作命题，讲究不要命意，给予学生辽阔的思维空间，教学何尝不是如此？

三是学生有兴趣探究时。任何学习，兴趣的激发都是第一位的。兴趣萌生，教师的指示才会更给力，非指示才有望最高层次地实现。但这一常识，常被老师们忽略。导入激趣成功，突然来个字词检测；学生围绕一个问题谈兴正浓，被老师硬拽出来，赶往下一环节，此类现象夥矣。这些都是无视学生需求的表现。

相比之下，郑老师的非指示性教学显得很高明。围绕学生提出的主题展开，重点瞄准学生的审美困惑，还有学生发现的问题——如课文朗诵录音，有学生听出末句"读得很浮浅、很轻率，深沉激昂的感情没有读到位"，他趁势组织学生评价，因而尽享了"非指示"的甜蜜。

二、指示如何顺应学习之势、之需

"非指示性教学"只有在贴切指示的映衬下，才会实现教学的虚实相生、灵动多姿。片面强调任何一方或唯我独尊，只能导致语文教学走向枯窘和僵化。

结合学科特点，我们认为语文教学中的指示至少要顺应学生的下列需求：求知、练能、言语创造。

顺应学生求知需求时，必须注意三个统一。

一是体性、类性、篇性、言语性的统一。在言意统一中突出形，不仅关注作者写了什么，更要关注作者如何写，绝不让语文课变成思政课、历史课、文化课之类，此之谓守住语文的体性。注意文类的辨识，不让各种文类"一锅煮"，同时能敏锐把握作家充满创造性的破类之处，此之谓遵循了类性。能引领学生精准体悟到作家言语创造上的独特个性和智慧，此之谓开掘出文本的篇性，让学生体悟了作家的言语表现智慧，很好地牧养了言语人格、言语生命意识，并很自觉地走向言语表现与创造，此之谓贯彻了语文的言语性。

本首诗的学习中，学生将思想感情、意象含义、语言表达、整体构思、修辞手法作为主题，突出形式表现，有力地守住语文体性。发现四次呼告有不同的情感内涵，追问为什么一会儿说"我是你的十万万分之一"，一会儿又说"你九百六十万平方的总和"。还有对"我是……"句式的敏感，能否换成"你"？都是对诗歌篇性的发现。让学生多说多写，是将言语性落到了实处。美中不足的是，对朦胧诗类性的辨识似未引起足够的重视——学生提的六个问题已涉及语言的陌生化和意象朦胧，可惜郑老师当时只是将之定位为字词句理解问题。

二是课眼、课脉、细节的统一。好课无论怎样随机生成，必有课眼统摄、课脉贯穿、精彩细节支撑。这是知识结构化的内在需求，也是教学精致化、整体化、生命化的需求，更是学生高效学习、幸福学习、创造性学习的需求。但是本节课中，郑老师显然没有三者统一的意识。没错，对祖国的四次呼告，师生都触及了，这是诗眼，也可以将之转换成课眼来设计教学。

1. 对祖国的呼告，诗中出现了四次，每次出现的情感一样吗？

2. 在"苦难与共的深情—痛苦美好的希望—面向未来的生机—奉献祖国的决心"这条情脉背后，作者还写出了什么？

3. 这种复合的情脉矫情吗？作家陈村多年后采访舒婷再读《祖国啊，我亲爱的祖国》的感受，舒婷坦言："这不能读，受不了受不了。"① 当下有语文老师称这首诗"情感跟所属时代的主流情绪过于紧密，而超越性与私人性又相对不足"②，您怎么看？

4. 舒婷的这种集无奈、痛苦、深爱、憧憬、坚信于一体的线团化抒情方式，同时期其他诗人的朦胧诗作品中有呼应吗？舒婷的独特性在哪里？此诗与以前神话式、口号式颂歌的本质区别又在哪里？

5. 舒婷这种旋律式的呼告方式，还有第一人称"我是……"的抒情方式，你能化用吗？

这样，课眼、课脉、精彩的细节都会在探究、对话中和谐共生。

三是陈述性知识和程序性知识的统一。从实录来看，郑老师非常看重程序性知识。五大环节中，除第一环节不太适恰地引入了陈述性知识，其他环节全是程序性知识的呈现，这对学生自学能力、合作能力的培养无疑大有裨益。不过，学生发言中出现陈述性知识的偏差，郑老师一直不予指正，使陈述性知识和程序性知识失去有机相融的契机，殊为可惜。

顺应学生的练能需求，需要敏锐捕捉他们学习的"愤悱"状态。罗杰斯也坚信：涉及整个人（包括情感与理智）的自我发起的学习，才是最持久、最深刻的。遗憾的是，在这一点上，郑老师似未引起高度重视。比如，第一环节中，生5明确说"感受到作者浓厚的感情，但对许多地方不能理解"，照理应该追问"哪些地方"，再针对性地解决。即使当时不解决，后来的教学环节中也要有所回应。可是郑老师既不问，也不回应，却忙着进入下一环节，让学生深度研究，分享各自收获，到第三环节才返回来问学生有哪些困

---

① 舒婷 VS 陈村. 我已是狼外婆 [J]. 收获，2002（6）.

② 孙文辉. "受得了"抑或"受不了"——《祖国啊，我亲爱的祖国》情感处理评析 [J]. 语文学习，2010（2）：21.

惑，结果时间紧，只能选择性探讨，因而错过学生自我发起学习的最佳时间。至于学生回答中的偏颇，更没有及时纠正——郑老师大概觉得学生自圆其说，如行云流水，所以丧失了太多磨砺能力的机会。

磨砺能力，还可就地取材，让学生多说多写，这样更能深化理解。比如本诗中层累性的呼告方式，一分为三却又杂以变化的"我是……"的抒情方式，"我"与祖国时分时合的极化情感表达，都是可以让学生仿写以内化的。郑老师也注重写，但多限于学习收获的整理，对篇性开掘后的化用则在实录中阙如，或许别的课堂上会有所呈现吧！

说到言语表现与创造，这是学生语文学习的本质需求，最能确证其精神生命，所以更应引起每一位老师的高度关注。顺应学生言语表现与创造的需求，不仅要关注他们言语表现知识的习得、技能的磨砺，还要关注他们言语表现人格、情操的牧养——比如，落实到本诗的教学中，对舒婷与祖国苦难与共，并真诚渴望为之奋斗、奉献的高尚言语人格，就应该让学生好好感受。可惜，这成为郑老师教学的空缺。

三、理想之境：指示与非指示的相乘

理想的语文教学必然是指示与非指示的相乘。

如何相乘？让"四性"（体性、类性、篇性、言语性）成为主体性存在或背景性存在是必须恪守的教学原则。远离这四性，语文教学魂飞魄散，教学力气用不到点子上是必然的。然而，语文教师的专业性、教学智慧正是在这四大范畴下展开或生长的，所以必须认真面对。

指示还是非指示，要因"需"而定，遵循的是学生的"需"，而非教者走过场的"需"。指示与非指示太极般的不断转化，学生学习之"需"永远是轴心。培根有言，艺术是人与自然的相乘，强调的是盐水般相融，而非机械般组装，指示与非指示的相乘亦然。郑老师有浓郁的人本主义情怀，对文本的篇性也有独特的体悟，但因为偏执地让"非指示"蔓延，所以学生语文素养的积淀、言语生命的生长在本次课上并未得到绚丽的绽放。

其实，指示与非指示的相乘不一定完全依次进行。在同一时间，实现两

者的和弦式共生共进也是有可能的。比如，当学生将这首诗的风格定位在"雄壮"或"激昂"时，我们完全可以发问：你是怎么得出这个结论的？同学们认同他的结论吗？这样一来，学生不仅能识别诗中激昂的因子，也能识别诗中婉约、深情的因子，因而对诗人线团化的情感特征有更真切的把握。

上述对话，看似非指示，其实有更高层次的指示渗透其中。就像姜夔词作《扬州慢·淮左名都》中历史意象与现实意象形成和弦一样，完全融为一体了。这种自然相乘的方式，对学生言语表现智慧的启悟，应该会产生更深远的影响。

不知郑老师以为然否？

诗歌教学中的理论审视及应对策略

——宦振宇《饮酒》（其五）教学实录研习

宦振宇

　　教育硕士，毕业于北京师范大学，兵团初中语文名师工作室成员，乌鲁木齐市"优秀青年教师"，原新疆生产建设兵团第二中学教师，现为上海师范大学课程与教学论专业博士研究生。参加工作至今，多次在各级各类比赛中获奖。2015 年获兵团首届青年教师基本功大赛一等奖。2016 年获乌市微课大赛一等奖，论文评比一等奖，新疆初中课堂教学改革第三届高效课堂大赛省级一等奖。2017 年获乌鲁木齐市中青年教师课堂教学大赛市级一等奖，兵团中学语文教师录像课大赛一等奖，第六届全国语文教师基本功展评优秀课例评比全国一等奖，论文全国一等奖。第十九届、二十届"语文报杯"作文大赛指导老师特等奖。2018 年获中国陶研会现场课大赛一等奖，自治区第三届初中语文青年教师现场课大赛一等奖。多篇论文获奖，发表于核心期刊。

一、整体阅读，捕捉诗眼

　　师：酒，与我们的生活息息相关，更是一种文化。诗与酒，自古就结下了不解之缘。"何以解忧？唯有杜康"，抒发的是曹操想要结束战乱，统一中国的愁绪；"莫笑农家腊酒浑，丰年留客足鸡豚"，抒发的是农家待客想要尽其所有的一片盛情；"三杯两盏淡酒，怎敌他晚来风急"，道出了国破家亡时李清照的凄苦、冷寂……可以说，酒可以催发诗的灵感；诗可以增加酒的韵味。今天，我们一起来学习陶渊明的这首《饮酒》，感受诗人在酒后想要抒发的情感，走进陶渊明的精神世界。

（板书题目、作者。）

师：根据我们的学习经验，学习诗歌最好的方法就是朗读。我们先来初读诗歌，要求大家读准字音。

（生齐读。师指导生认读字词，疏通诗意，读出节奏。）

师：接下来咱们赏读诗歌，结合刚才同学们对诗歌意思的理解，再来齐读一遍诗歌。

（生齐读）

师：读完了这首诗，同学们觉得这首诗给你一种什么样的感觉？试着用一两个形容词来表达。

生：我从"采菊东篱下，悠然见南山"中看出作者的悠闲自在。

生：我从"山气日夕佳，飞鸟相与还"中感受到作者与自然的和谐。

生：我从"结庐在人境，而无车马喧"感受到作者内心的平淡。

师：请同学们想一想，这首诗中最能体现作者思想感情的是哪几句？

生：此中有真意，欲辨已忘言。

师：那么，咱们再来缩小范围，最能体现作者思想感情的词语是哪个？

生：真意。

师：这个"真意"是什么意思？咱们先根据自己的理解来猜一猜。

生：人生的感悟。

生：作者不追求世俗，反而归隐田园的一种高尚的情操。

师：你对诗歌的理解非常深刻，还有吗？

生："真"可以理解成返璞归真。

研 习

导入成功发挥了三大教学功能：激发兴趣、群诗会通和交代任务。但是，语言还可再精炼——开头两句实属多余，因为下面要学的内容并非受酒功能和酒文化统摄。即使有，也应克制这一观点的直接亮出，多让学生体悟。

在分层朗读（字音—意思—节奏—感觉—思想情感）的基础上捕捉诗眼，遵循了由感性到理性、整体把握与细节审美统一的语文学习规律。不过，教者的措辞还须严谨。导入时强调的是"感受诗人在酒后想要抒发的情感，走进陶渊明的精神世界"，但在启发学生时提的却是"思想感情"。思想和情感、情感和感情的内涵毕竟有差别。陶渊明的《饮酒》（其五）受玄言诗的影响，固然有言理的一面，全诗也的确呈现了情理交融的特色，但毕竟是以抒情为主，教者围绕"自豪—自得—自失"这条情脉展开教学，说明走对了审美的路子。但是概念内涵不清，措辞不一，对学生高阶思维的训练肯定不利，有效教学的质量必然大打折扣。

对学生的观点也应注意辨析，而不是直接下一个空泛的结论"非常深刻"了事——为什么归隐田园就是高尚？假归隐呢？相较于归隐，知其不可为而为之，在黑暗中开垦光明不是更高尚吗？完全可以激疑。

二、具象阅读，体悟诗眼

师：同学们的理解各有千秋。接下来，咱们从具体的诗句中去寻找、发现陶渊明诗中的"真意"。哪些词句可以表现出陶渊明这种恬淡生活的"真意"呢？请同学们以四人为一组讨论。

师生讨论如下。

（一）采菊东篱下，悠然见南山

1.这两句主要写的是诗人采菊时的情景，有一种漫不经心的感觉，写出作者陶醉在自然之景当中，属于寄情于景的写法。"悠然"写出了作者并非有意追求要怎么样，"见"就是偶然中遇见。如果改成"悠然望南山"，感觉是有计划、有目的的。"我"把花先摘完了，想看南山了，然后再抬头去看南山。

2. 课前预习时查到了辛弃疾说过："看渊明，风流酷似卧龙诸葛。"这句话也非常能体现出陶渊明悠然自乐的心境和品格。

3. "采菊"一方面是指陶渊明在山下采摘菊花这件事，另一方面也暗示着他喜欢的生活。"采菊"其实是他向往和喜欢的生活方式。

4. 高雅的花有很多，为什么陶渊明不去采莲花或者兰花呢？因为陶渊明喜爱菊花——周敦颐《爱莲说》里说"晋陶渊明独爱菊"。

5. 从诗人的无心之举——不经意间看到南山，感受到他对自然风光的喜爱，更感受到他归隐的情怀。这在《归园田居》（其一）中有描写——少无适俗韵，性本爱丘山。

6. 这种情怀是诗人小时候就有的。这种喜欢山水的乐趣就是他生命的因子。作者不经意间看到南山，是因为他和周围的环境融为一体，所以才会有这种悠然自得的感觉。

对话过程中，教者发现了学生读出的丝丝惊喜，又引导学生读出悠然自得的感觉。

（二）山气日夕佳，飞鸟相与还

1. 当我们看见鸟儿在天空飞着，就只是看到鸟儿在飞。但是在陶渊明眼里，这些鸟儿陪伴自己回家，这种意境特别有诗意。"鸟儿""采菊""南山"都是陶渊明生活的一部分。他与周围完全融为一体，就是一种物我合一的状态。

2. 这两句诗是写景的。我们在陶渊明的诗中经常可以发现写景的句子。比如，《归去来兮辞》中"云无心以出岫，鸟倦飞而知还"，这虽然是写景的句子，但是可以感觉到诗人与山林为伍的情趣。这两句诗中能够体现"真意"的词语是"还"。"山气日夕佳"，我们知道早晨山林间的烟雾是散开的，到傍晚就聚拢了。这种现象的描述在《醉翁亭记》里也遇到过——"日出而林霏开，云归而岩穴暝"，烟云聚拢了，傍晚也要到了。这是一种云的"归"。"飞鸟相与还"是一种群鸟回归山林的"归"，同时还可以看到诗人的"心归"。

3. 作者想回到哪儿呢？回到自然，回到自己的精神家园中去。

4.“日夕”是傍晚的意思。也就是说，作者已经在田园中待了很长时间，一直到了傍晚才离开。这也源于作者内心对田园生活深深的眷恋。

（读出眷念的感觉）

（三）结庐在人境，而无车马喧。问君何能尔？心远地自偏

1.“而无车马喧”可以看出作者想要远离官场生活，不与世俗同流合污的高洁傲岸的志趣，表现出他高尚的人格。有车有马是再正常不过的事情，人生中的嘈杂和喧闹在所难免。作者之所以感觉不到，是因为他内心的一种宁静，高洁傲岸的品质使他的心灵沉浸在宁静的氛围中。这从“问君何能尔？心远地自偏”中可以见出。

2.古人云：“近朱者赤，近墨者黑。”这句话是说人会受到环境的影响，陶渊明的诗则写出了由自身影响到了环境。上句“结庐在人境，而无车马喧”，意思就是只要自己的内心平静，周围的景物在他的眼中也是平静的，体现了陶渊明恬淡的心境。

3.既然这是一个问句，那这句诗是在问谁呢？可能这个问题是有人向他提出的，作者自己思考之后回答了。它是用别人的语气来写的，所以说“问君”。

4.想象一下，如果有人这样问你，你会有什么样的感受？会有点儿开心，有点儿自豪。

（读出“问君何能尔”的上扬语调、自豪之情。）

（四）山气日夕佳，飞鸟相与还。此中有真意，欲辨已忘言

1.“山气日夕佳”中的“佳”字，应该带有赞美的意思，表明作者对于自然景物的喜爱，这样就可以表现出作者回归自然的喜悦之情。

2.“相与”就是“一起”的意思。在苏轼的《记承天寺夜游》“相与步于中庭”中，“相与”就是“一起”的意思。“飞鸟”仿佛就是陶渊明的朋友，也体现出陶渊明物我合一的境界。

3.“欲辨已忘言”真的是不知道怎么表达吗？不是，应该是“此时无声胜有声”。这一份“真意”在此之前已经表达过，写到这里希望读者自己去

体会，有一种"言有尽而意无穷"的感觉。

师：通过同学们的分析，我们可以看到，这份"真意"源于陶渊明的心境，源于陶渊明的率真，更源于陶渊明想要追求的返璞归真的境界。刚才我们用"自豪""自得"概括了前文作者的心情，那么作者此时的心情应该怎么去概括呢？在这种美好的景物中，陶渊明都陶醉了，忘记了自我，迷失了自我。

生：忘我。

师：其实，我们可以用《社戏》中的一个词——"自失"来概括。试着把这种感觉读出来。

（一男生朗读）

师：你的朗读真的有种言有尽而意无穷的感觉。谁还想再来体会一下？

（一女生朗读）

师：你把"真意"重读了，我觉得也很有道理。因为这一份"真意"在作者心里的分量是很重的，是作者一生的追求。咱们全班同学来试一下。

（全班齐声朗读）

研 习

引导学生抓住具体诗句，从悠然的心境、率真的个性、返璞归真的理想追求，还有"自豪—自得—自失"的情脉，来具象感受"真意"，目标明确，用力集中，体现出一种独到的教学精致。

在云、鸟意象的赏析中，不仅看到云归、鸟归，还见出心归，更是体现了审美的细腻和敏锐。值得称道的还有学生互文阅读的意识和功力，发言中体现的思维之开阔，阐述之精微、详尽，颇为罕见——公开课上，我们见到更多的是三言两语随感式的回答，鲜见纵横捭阖的议论、分析。

不过，因为教者对概念内涵的辨正不是很严苛，对话中的很多结论有待商榷："自失"真的是心情吗？为什么不以"超然—悠然—陶然"来梳理呢？（诗中直接揭示的情感是"悠然"，"结庐在人境"体现仙人般的超然，"忘言"揭示的是陶然的情感状态。）"忘却了自我"等于"迷失自我"吗？"看渊明，风流酷似卧龙诸葛"，悠然自乐的心境相似，品格真的相似吗？"结庐在人境"的淡然心境是天然的吗？飞鸟既然"仿佛就是陶渊明的朋友"，为什么还体现出陶渊明"物我合一"的境界？

三、立体阅读，融通诗眼

师：我们刚才既疏通了诗意，也分析了诗歌，同学们能不能给这首诗划分一下层次？可以分为几层？

生：三层，第一层是前四句，第二层是中间四句，第三层是最后两句。

师：每一层分别写了什么内容？

生：第一层写了作者构筑房舍及其心境。

生：第二层写了田园生活中的美景。

生：第三层写了作者的追求和人生理想。

师：同学们概括得都非常到位。我们学习诗歌，除了朗读、疏通诗意、遣词造句外，还要关注知人论世这个方法。什么是知人论世呢？我们一起朗读大屏幕上的这段文字。

文学作品和作家本人的生活思想以及时代背景有着极为密切的关系，因而只有知其人、论其世，即了解作者的生活思想和写作的时代背景，才能客观正确地理解和把握文学作品的思想内容。

师：我们要想更好地理解《饮酒》这首诗的思想内涵，更好地走进陶渊明的精神世界，就要从诗人的生平经历中去挖掘。其实，陶渊明对我们来说并不陌生，我们已经学过他的一些诗文，有哪些呢？

生：（齐）《桃花源记》《五柳先生传》《归园田居》（种豆南山下）。

师：那么，老师现在想考一考大家，请尽量用学过的诗文回答。陶渊明的性格是什么样的呢？

生：闲静少言，不慕荣利。

师：爱好呢？

生：好读书、性嗜酒、常著文章自娱。

师：最喜欢的花卉是什么？

生：晋陶渊明独爱菊。

师：他的理想追求呢？他想过一种什么样的生活？

生：世外桃源般的生活。

师：基于学过或者平时阅读过的陶渊明的作品，谈谈你对陶渊明的认识。

生：《归园田居》中的"衣沾不足惜，但使愿无违"，到《五柳先生传》中的"不戚戚于贫贱，不汲汲于富贵"，让我认识到陶渊明不喜欢世俗的污浊，他向往的只是一种桃源生活，一种内心的宁静。

师：所以他不愿意在官场上争斗。还有吗？

生：陶渊明是不言教化，从"不为五斗米折腰"可以看出他宁愿受穷，也不愿意和世俗同流合污。

师：也不愿意向权贵卑躬屈膝。

生：是的。他对于社会的黑暗有着非常清晰的认识，我觉得他的这种隐逸并不是一种逃避现实，而是从自身的行为来坚决地批判社会的黑暗。

师：我觉得你的见地非常深刻。还有吗？

生：他有首诗中说"泛此忘忧物"，就是说他喝着菊花茶，忘记了一切的烦恼，感觉他心中住着山水的世界，他的内心是十分平静的。

师：这正好印证了咱们今天学习的"心远地自偏"，这种认识完全来自作者的心境。咱们一起来看看陶渊明的生平经历。（屏显）老师给大家拓展陶渊明的另一首诗歌《归园田居》（其一），我们一起来感受一下他的田园生活。（屏显，生齐读）读完这首诗，结合今天所学的内容和刚才介绍过的陶渊明的生平经历，谈谈你是如何看待陶渊明的生活选择和志趣的呢？

生：他一开始归附田园，首先是一种宁固穷终生也要坚守忠贞的情怀，但是在他归于自然一段时间之后，他可能真正爱上了这种田园生活。

师：他是在享受自己的理想生活。还有吗？

生："误落尘网中，一去三十年"，应该是说他在俗世中打拼了30年。

师：诗中的"三十年"其实是虚指，就是很多年。

生：他在世俗中生活了很多年，但喜欢的还是这种田园生活。

师：所以他才会有辞官归隐的选择。

生："开荒南野际，守拙归园田"，他宁愿自己开荒种地维持生活，也不愿意为了五斗米折腰，这也表现了他高洁的志趣。

师：也是对自己理想的坚守。

生："久在樊笼里，复得返自然"，因为他的心一直被世俗禁锢，现在终于可以返归自然了。

师：你抓住了"樊笼"这个词，很好，感觉官场就像牢笼一样紧紧地把陶渊明的理想和追求束缚住了。在他归隐之后，陶渊明也幻想过这样的归隐生活："方宅十余亩，草屋八九间。榆柳荫后檐，桃李罗堂前。"这样的田园生活，大家觉得怎么样？

生：很美好，很惬意。

师：他也经历过"种豆南山下，草盛豆苗稀。晨兴理荒秽，带月荷锄归"的田园躬耕生活，虽然很辛苦、很劳累，但他仍旧自得其乐。然而，在《归去来兮辞》中他写道："归去来兮，田园将芜胡不归？"这片田园已经开始荒芜，无法维持基本的生活，他也在思考"我究竟该不该继续这种田园生活"？从这里，大家可以看出什么？

生：陶渊明的内心特别纠结、矛盾。

师：他在《饮酒》（其四）中写道："栖栖失群鸟，日暮犹独飞。徘徊无定止，夜夜声转悲。""失群鸟"仿佛就是陶渊明自己的写照，他选择的这一条田园归隐之路，注定是孤独寂寞的，没有人能理解。从"徘徊"一词也看出了他的犹豫不决。在《桃花源记》中，他向往一种与世隔绝的世外桃源生活，后来"结庐在人境，而无车马喧"，将自己归隐的境界从"小隐隐于野"升华到"大隐隐于市"。我们接下来一起总结陶渊明心中的"真意"，朗读大屏幕上的文字：

"真意"，所谓"真"，即是人的自然本性。陶渊明在田园中保全了一份质性自然的"真我"，涵养了一种适性与自得的精神境界。"真"是他的人格力量，使他能够独立于虚伪、污浊的社会之外。他从大自然中领悟到的这一"真意"就是其人生理想。这是对自我的一种坚守，也是对本心的一种坚守。

师：正是这种理想让他在苦难中活出了诗意，把自己的归隐生活变成心中的远方！

研 习

将作者生平经历介绍放置在知人论世、感知作者的精神世界时，且用学过的陶渊明作品来丰富对其人其世的理解，这是真正的应势而教，迥异于死板、外铄的"揭题——背景介绍"模式，充满教学智慧。群文阅读时，继续聚焦"真意"，且能紧扣作品中的相关词句，让教学变得摇曳多姿而又扎实厚重。

但是，知人论世前的分层，实在没有必要。首先，这与新课程淡化分段、分层的理念相悖。其次，这种结构性梳理与"真意"的揭示，并未建立逻辑的关联。最后，"自豪—自得—自失"的情脉梳理，已经从深层揭示了文本的结构，更能凸显创作的匠心，体现诗作的整体感、有机感，是"心境—美景—理想"这一外在且无法逻辑自洽的梳理不能媲美的，何必多此一举呢？

总 评

2017 年第六届全国初中语文教师基本功展评中，宦振宇老师借《饮酒》（其五）一诗教学荣膺一等奖，本则实录脱胎于此课。

在强手竞争中胜出，可圈可点处自然不少，也更具研究价值。本次评析，我们拟基于语文教育史、语文课程与教学理论，由诗歌教学的三大问题审视及应对策略的视角切入，对宦老师的教例进行简略的学理分析，力争给诗歌教学带来一些启示。

一、教学的是语文吗

这涉及语文体性的坚守。不论教学任何文本，也不论追求文本怎样的教学功能，都无法绕开这一理论审视。

那么，怎样辨识是否教学的为语文呢？

民国时期的夏丏尊、朱自清，当代学者王尚文、赖瑞云等人均主张在形（言语形式）、意（言语内容）统一中突出形。夏丏尊认为："学习国文所当注重的并不是事情、道理、东西或感情的本身，而应是各种表现方式和法则。"[①]王尚文指出："就教材的内容看，语文教材有的课文可以直接分别划入政治、历史或地理、生物、化学等学科；但语文学科的教学内容如果守住了言语形式这一门槛，教的即使是政治性论文，也不会上成政治课；跨越了这一门槛，即使教的是诗歌、小说、散文，也会上成政治课或别的什么课。"[②]赖瑞云更是旗帜鲜明地宣称"解读就是解写"[③]。

不过，在对言语形式内涵的认知上，学者们更多强调的是形式表现的知识或技巧，对其背后的智慧、情趣则有不同程度的忽略。梁启超包括当下很多从事文学研究的学者甚至认为，"大匠能予人以规矩，不能使人巧"。殊不知，体现言语表现智慧的巧无法传授，却可以启悟。作家们创作时追求"语不惊人死不休"，如果平庸，连神都不会饶恕，因而在作品中蕴藏了大量体现言语表现智慧的"篇性"，召唤着人们去体悟、解密。语文教学中，如果放弃这一更高追求，难臻高远阔大之境界。

这必然带来解读路径的变化，即由传统的"形—意"、得意忘言的解读路径，走向"形—意—形"的不断流转与升华，实现文学解读向语文解读的跃升。质言之，不仅要弄懂作者写了什么，更要知道作者怎么写的，写得如何，为什么这么写。

宦老师在三大主问题（"这首诗最能体现作者思想感情的词语是哪

---

① 夏丏尊.夏丏尊教育名篇 [M].北京：教育科学出版社，2007：152.

② 王尚文.人文·语感·对话——王尚文语文教育论集 [M].上海：上海教育出版社，2010：14.

③ "解读就是解写"观念的首倡者为福建师范大学的赖瑞云先生，具体的理论阐释可参见其主编的《文本解读与语文教学新论》一书，北京师范大学出版社，2013 年版。

个""哪些词句可以表现出陶渊明这种恬淡生活的'真意'""如何辅之以知人论世法进入陶渊明的精神世界")框架下，建构自己的教学，教学内容涉及诗眼、诗意、节奏、意象、诗情、诗理、诗人的精神世界等。应该说，言语形式与言语内容都兼顾了；赏析"见"字的表现秘妙有了，"自豪—自得—自失"的情脉梳理，从云、鸟意象中见出云归、鸟归、心归的情感共鸣，也触及了言语表现智慧的体悟。

但是，从其导语中亮出的教学目标"感受诗人在酒后想要抒发的情感，走进陶渊明的精神世界"，以及三大教学环节对这一目标的紧密落实，不难看出：在形意关系的处理上，宦老师是突出"意"的——对"形"的把握主要是为感悟"意"服务的。在解读路径上，宦老师总体上走的是由形到意的文学解读路子。所以，尽管他也很关注朗读、遣词造句、知人论世这些语文学习法，但依然难掩语文体性弱化的倾向。

二、教学的是诗歌吗

作家创作，无不遵循一定的文类规范——类性，因为文类规范是一代又一代作家心智的层累。不遵循文类规范，不仅抒情写意的质量会受到影响，还会遭到文学接受的排斥。即使要跨类，进行个性化的创造，也要在总体遵类的前提下进行。

创作如此，语文阅读教学更要深入把握这种类性，否则，很难谈得上语文课程知识的精准、系统传授，更别说语文教学的专业性了。《饮酒》(其五)属于诗歌，教学中必须审视的一个理论问题便是：教学的是诗歌吗？

相对于其他文类，诗歌在意象的营构、节奏的处理、韵律的生成、情感的表现、语言的凝练等方面，均有其独特之处。诗歌教学时如果不关注这些独特的类性，很容易导致各种文类"一锅煮"。宦老师抓住诗眼"真意"解读车马、菊花、暮云、飞鸟等意象，显然是将意象作为一个系统来理解的，这便和小说、散文等文类作品中单个的意象象征区别开来。不过，对这种类性相互烛照的意识，宦老师还不是很自觉。比如，他和学生梳理出来的"自豪—自得—自失"这种一波三折的抒情结构，散文中也有——如《背影》

《阿长与〈山海经〉》……两者差别何在？如果不深入这个层次，诗歌与散文情脉上内隐与外显、含蓄与明朗等的差别，就无法显现。

不仅要注意不同类性的烛照，更要注意诗歌内部文体特征的烛照。比如，抒情诗之于叙事诗、哲理诗，它们之间的差异何在？拿言理来说吧，陶渊明的这首诗也说理，但与"不识庐山真面目，只缘身在此山中"之类哲理的和盘托出，其含而不露、情理交融的抒情风格特别浓郁。或许是教学内容的择定另有考虑，宦老师教例中没有这方面的观照。

揭示诗歌类性，还可在诗歌发展史的背景下进行，上出诗歌的时代特征。比如，相较于《诗经》、汉乐府中的作品，《饮酒》（其五）十分自觉地注意用韵的意识；相较于同时代质木无文的玄言诗，《饮酒》（其五）的艺术性可谓一个清新、明丽的存在；相较于南朝山水诗情景互衬的关系，《饮酒》（其五）早就达到了水乳交融的"密合"之境，与唐代的山水田园诗没有本质的区别。这方面，宦老师的比照意识似乎更为淡薄，除了实录中提到的朗读注意节奏，有了一点儿用韵的关注，其他方面悉数缺位。即使节奏触及了用韵特点，因语焉不详，还无法断定是否从诗歌发展史的视域来观照。

这使本诗的教学有了遗珠之憾。

三、教学的是作者的诗歌吗

这是更为重要的审视，因为它涉及了文本篇性（体现作者言语表现与创造的独特个性和智慧）的开掘，堪称语文教育专业性的高位呈现。

试想，如果诗歌教学无法区分陶渊明和其他诗人的差异，那岂不是陷入更深层的同质化教学处境？

如何揭示篇性呢？

首先，用其他诗人的诗歌作品来烛照，无疑是一个不错的方法。比如，同是借意象抒情，同是具有平和冲远、淡泊清宁的意境，中唐刘长卿的诗歌有拂之不去的失落与彷徨，陶渊明的诗歌意象中还带了"写我"的比德色彩，回归家园的云和鸟何尝不是返回心灵家园的陶渊明的自身写照？缘于此，朱自清称陶渊明的诗"是散文化的"，"违反了当时讲究用典、格律的趋势"①，木心称陶渊明"不是中国文学的塔尖。他在塔外散步"②，也就毫不奇怪了。从这个角度说，宦老师和学生能感悟到诗中"物我合一"的意境，十分不易。

其次，深入作者与其他作家的创作追求、人生追求层次去比照，也能一窥文本的篇性。比如，对照孙绰的玄言诗《答许询》："仰观大造，俯览时物。机过患生，吉凶相拂。智以利昏，识由情屈……"《饮酒》（其五）含蓄醇永、平易自然的特色十分显豁；对照六朝绮丽柔靡的诗风，陶渊明诗歌素朴清新、内蕴风骨的特征又一目了然；对照辛弃疾被解甲归田，还梦中杀敌的一腔悲愤，陶渊明坚定回归心灵家园行为背后道家思想的强化触之可及。

这样说，可能会让人不胜其烦，又有学生知识肠胃消化不了之虞。其实，这是一种怯懦、懒惰之思，如果这样冠冕堂皇地放逐篇性开掘，恰恰会错过语文课程知识细化、深化、结构化的契机，无论对学生学养的积淀，还是教师自身专业水平的提升，都是极为不利的。反之，如果顺势而化，或逆势激疑，反而能使上述追求落到实处。拿本则教例来说，学生提到的"守拙归园田""不愿意为了五斗米折腰"表现了陶渊明高洁的志趣，完全可以将陶渊明之刚与辛弃疾或别的作家之刚进行比较，由他人格上的刚扩展到诗歌创作上隐在的刚——坚守清新素朴诗风的追求，诗作的价值直到宋代才被真正发现，这不是一种刚又是什么。如此，教学的就远不只是形式表现知识、智慧的习得或启悟了。

最后，将诗人前后期的诗歌作品联系起来比较，也能烛照彼此的篇性。《饮酒》（其五）写于陶渊明回归田园的第 12 年，相对于刚归隐时写的《归园田居》组诗，其欢乐的强度、浓度明显减弱，这从意象的密度、力度中不难见出——《归园田居》（其一），尘网、羁鸟、池鱼、樊笼这些意象非常密集，意蕴不断渲染，释放了诗人获得自由后的极大欢乐，甚至连"狗吠深巷中，鸡鸣桑树颠"这种不美的景象也美感十足。这是悠然的南山、飞鸟、山气三种意象所无法承载的。

---

① 朱自清.经典常谈 [M].北京：商务印书馆，2017：117.

② 木心.1989—1994 文学回忆录 [M].桂林：广西师范大学出版社，2012：240。

宦老师当然也意识到了这一点。师生互文赏析中提到的纠结、徘徊，实际上已经点到了诗人并不纯然的欢悦之情。只不过他放得太开，并未着力诗中的心灵挣扎——比如上面提到的意象密度、力度的减弱，还有"远"中的深意——不是天然地远离，而是意志艰辛努力的结果，以致又错过一次发掘文本篇性的契机。

精致审美：该把握哪些教学原则

——詹静《钱塘湖春行》教学实录研习

詹 静

湖北阳新实验中学教师，黄石市"十大名师"之一，黄石市首届教育讲师团成员，湖北省中小学教师高级职务评委。在《语文建设》《语文学习》《中学语文》《语文教学通讯》《中学语文教学》《中学语文教学参考》等教育期刊发表文章一百余篇。其中，《分块收割：范围小，容易到边到角——〈金黄的大斗笠〉教学实录》入选《听王荣生教授评课》一书。

一、读诗：读出一个"爱"字来

师：今天我们学习白居易的诗《钱塘湖春行》(板书课题及作者)，谁能用一句通俗的话把课题和作者联系起来？

生：白居易春游西湖。

师：非常好！不仅将课题和作者联系起来，还精准地解释了钱塘湖——西湖、春行——春游。接下来，请大家默读这首诗，想一想：白居易在这次游览西湖的过程中都经过了哪些地方，看到了哪些美景，心情如何……

(几分钟后)

生：作者先是在东面的孤山寺，再到西面的贾公亭，最后从山上下到了湖堤上。

　　师：是走到白沙堤的吗？

　　生：看看第 6 句，好像是骑着马来的。

　　师：骑在马背上，作者慢慢看、慢慢想，都看到什么了？

　　生：看到了低云和涨水，看到了早莺和新燕，看到了暖树和春泥，看到了乱花和浅草，看到了白沙和长堤。

　　师：心情如何？请从诗句中找到直接写这种心情的字词来。

　　生："最爱湖东"的"爱"字。

研　习

　　释诗题—说行踪—聊意象—悟心情，看似任性而谈，其实有着精致的审美考量——诗"意"、诗"脉"、诗"肉"、诗"魂"或诗"眼"，全部触及。从诗题和诗眼的视角，由浅及深、由外而内地整体把握全诗。

　　值得商榷处有二。

　　1. 诗"脉"真的能用"孤山寺—贾公亭—湖堤"这一游踪概括吗？结合诗句"水面初平云脚低"，反观"孤山寺北贾亭西"，解为远望而非近观或许更为适恰——水面初平、云脚低垂的全景只有远观才会发现。

　　从整体上看，诗人的着力点不在游踪——这已被虚化，而在对钱塘湖"早春"气象的惊喜发现、情不自禁的爱恋。因此，孤山寺、贾公亭充其量只是"水面初平云脚低"这一早春气象的背景性存在。

　　另外，完全将游踪坐实是游记的写法，并非结构跳跃的诗歌类性。诗脉并非外在的地点或物象切换，而应是诗情似断实连的流转。

　　2. 第 6 句"浅草才能没马蹄"真的能证明诗人是骑马游赏的吗？如果是，马背上的诗人真的能无碍发现"浅草才能没马蹄"这一令其欢欣鼓舞的早春景致吗？

二、说诗：说出一个"早"字来

师：为什么会有这么好的心情？作者这次游览西湖，是赶在了春天的哪个时节？是早春、仲春还是暮春？

生：应该是早春。因为在经历了漫长的严冬后，人们急切地盼望着春天能早早地到来，春天刚到，人们的心情自然就好。如果是仲春，因为春天已经来了一段时日，人们就不再像当初那样激动了；如果是暮春时节，人们则兴致消尽。所以我认为，作者这次春游是赶在了早春时节。

师：他的想法到底对不对呢？请大家再次默读全诗，默读注解。（片刻后）是早春吗？

生：是！

师：说说理由吧。

生：莺在那儿争占向阳的树晒太阳，说明天气还有点儿冷，这就是冬天刚过去的早春。

师：乍暖，还寒啦！

生：因为它是说"几处"早莺争暖树。几处，说明出来晒太阳的莺还不多，大多数莺因为怕冷还睡在暖巢里没起来呢！

生：从"浅草"的"浅"字也可看出这是早春。早春时节，草刚长出不多时，浅。

生：从"才能"的"才"字也可看出。草还只是"刚刚"能遮盖住马蹄，马蹄矮得很，草自然就"浅"，是早春时节的草。

生：从"水面初平"的"初"字也可大致看出。冬水枯，春水涨，当西湖的水还只是"开始"涨到与湖岸相平时，这大概就是早春了吧。

生："早莺"的"早"和"新燕"的"新"，写出新的一年到来时作者重见莺燕时的喜悦心情。

师：哦，还有吗？

（生无言）

师：还记得小学学过的、同样写早春时节的诗——苏轼的《惠崇春江晚景》吗？背一下。

生：（众）竹外桃花三两枝，春江水暖鸭先知。蒌蒿满地芦芽短，正是河豚欲上时。

师：比较我们今天学习的这首《钱塘湖春行》，看看《惠崇春江晚景》是怎么写早春的。

生：后者用了"三两枝"，前者用了"几处"；后者用了"先"，前者用了"早"和"新"；后者用了"短"，前者用了"浅"；后者用了"欲"，前者也用了"欲"。

生：桃花只开了"三两枝"，也就是"几枝"。青青葱葱的竹林外，只发现"几枝"红花，真是"万绿丛中一点红"！这种美，只有早春时节才有。要真是"红遍天"了，那就是另外一种美了。"几处"早莺也是一样。咦，这里有莺在叫；啊，那里又有莺在叫呢，真是叫人惊喜！要是一看，到处都是，也就不这么稀奇了，也不是早春。从没有到有，是一种发现、一种惊喜。多了，也就倦了、怠了，不惊喜了。

生：鸭"先"知，说明其他的动物还不知。要是所有的动物都感到天暖了，那就不是早春了。鸭子每天都在水里，只要不结冰，它就会下到水里，它的脚就像温度计一样，天天插在水里，水温升了，它一下子就能量出来，所以说鸭先知。鸭是水中的温度计，莺和燕是空中的温度表，天气刚一转暖，它们中的少数分子就早早出来晒太阳了。所以说，是"早莺"，是"新燕"。

生：一个说芦芽短，一个说杂草浅。——咦，天气刚转暖，它们就都长出来了呢。

生："正是河豚欲上时"和"乱花渐欲迷人眼"中的"欲"，都有"将要"的意思。江水慢慢变暖，河豚将要由海里游回江里来呢；天气慢慢转暖，这里的花开了，那里的花也跟着开，东有一处，西没一处的，有些乱七八糟，就是这样的还没有完全开好的花，看着看着，将要迷住你的眼睛，让你觉得那一处花好像也要开了呢。

师：通过比较，我们越发觉得《钱塘湖春行》的美，一切都在喜悦中。不妨也看看朱自清的《春》，这是我们进入初中遇到的第一篇文章，看看它是如何写早春的。水中最早知道春来的动物是鸭子，空中最早知道春来的动物是莺燕，那么大地上最早知道春来的植物是什么呢？

生：草。

师：所以，朱自清写《春》时就最先写草，再写花。说说他是怎么写草的？

生：小草偷偷地从土里钻出来，嫩嫩的，绿绿的……

师：比较《钱塘湖春行》，看看朱自清和苏轼写草与白居易写的有什么不同。

生：朱自清抓住大地上杂草的特点，用"小草偷偷地从土里钻出来"来写，苏轼抓住江边的"蒌蒿满地芦芽短"来写草，白居易则是抓住湖堤上的草，都是借草写早春，好像都很喜悦。

师：白居易为什么那么喜悦呢？写这首诗时，白居易是杭州刺史，相当于现在的杭州市委书记。当时的钱塘湖还不叫西湖，也没有今天这么多景点，它只是用来灌溉的。他关心的不只是美景，更是湖水够不够灌溉农田。春天刚到，他首先来到高高的山上看湖水——孤山寺北贾亭西，水面初平云脚低。当看到春天刚到，水面就已经与湖岸相平的时候，他的心情就已经无限好，也才有了欣赏好风景的心情。

研 习

由诗眼"爱"的把握，转入对钱塘湖春色"早"的特点的细赏，诗人爱的情感随之由粗趋精，由平面走向立体。美中不足的是，教者将"爱"转换成"喜悦"，却没有道出两者的联系。

将喜悦之因定位为湖水充沛，可以用来灌溉，看似凸显了诗人心系百姓的大爱，实际上是以实用逻辑取代了情感逻辑——因发现早春脚步而喜，所以本诗的轻盈、灵动之美在不知不觉中被过滤了。

解诗一定要在意象关系的整体中把握，不可以偏概全。本诗的意象营构旨在聚焦"早"，以突出"爱"和"喜"。换言之，所有意象都是在"早"这一节点上关联起来，表现早春的新鲜、美好和生机，而非服务于湖水充沛可以灌溉这一实用逻辑。

不过，围绕"早"所做的篇性贯通的确漂亮。内容——早春景致；情感——欣悦；聚焦"早"字展开的烘托描写、修辞艺术；不同视角的比较——以草、早莺、新燕的视角写早春与以鸭、桃花、菱蒿的视角写早春，均给人耳目一新之感。尤其是学生"鸭是水中的温度计，莺和燕是空中的温度表"结论的得出，更将诗歌审美推向高潮，令人切实感到课堂上的充盈诗意。

将《钱塘湖春行》与朱自清《春》中草的描写文字比较，仅抓住地点差异（大地上、湖堤上）来谈，显得比较表面化。学生将"乱"字解释为"乱七八糟"，有失美感，应及时纠正。

三、改诗：改出一个"个性"来

师：我们读了诗，也通过比较说了诗，下面就来改诗。（板书：处处绿莺争暖树，家家灰燕啄春泥。）你们看，改成这样好不好？

生：不好。改成"处处"就表明到处都有莺。这时，天气肯定变暖和了，它们就不会再去争占向阳的树晒太阳了。再说，天气已经转暖，这就不是早春了。把"早"改成"绿"的同时，也把作者那种"你'早'，'新'的一年好"的心情改没了；"绿"只是改出了莺本来的颜色，没有特别意义。第二句的意思跟这差不多。

师：说得真好！老师改了，你们评了，下面你们就自改自评。怎么改？大胆改。改了以后，如果觉得你们的要好些，那就说说你们的理由；如果改了半天，还是觉得书上的好，就说说书上的好的理由。不管怎样，都要说点儿理由。现在，就以小组为单位围坐起来讨论，待会儿发言时每小组只派一名代表，要求每小组只改评一处，所以各小组在下面讨论的时候，就要选准一个"点"。

师：准备好了吗？第1小组。

第1小组：我们把"迷人眼"改成"夺人眼"，认为"夺人眼"要好些，因为它是说花特别迷人，把观赏者的眼睛都给"夺"去了，眼睛已不再属于他们了，所以我们说"夺人眼"好。

师：第2小组呢？

第 2 小组：我们把"啄"改成"叼"，结果不好。因为燕子是小鸟，它只能啄；要是老鹰，那就"叼"了。

第 3 小组：我们把"云脚"改成"云朵"，觉得不好。湖水涨起来了，水面与云"脚"相接。改成"云朵"，意思好像是说云朵的所有部位都与水面相接，这不现实。

第 4 小组：我们把"行不足"改成"赏不足"……

师：不想说点理由？

第 4 小组：反正觉得"赏"比"行"好，因为作者是来"观赏"西湖的，又不是来西湖"行走"的。

第 5 小组：我们把"乱花"改成了"野花"，但觉得不好。"野花"不管在春天的什么时候，西湖边上都有；但"乱花"只有早春时节才有，因为"乱花"是春天初放的花，这有一块，那没一块的，有些乱七八糟，也就是春天刚来时还没来得及开好的花，它就是早春时节的花。

第 6 小组：我们把"谁家"改成"一家"，也觉得不好。"一家"读起来硬邦邦的，"谁家"好像是说作者看到燕子在湖边啄泥的时候感到很惊讶：这是谁家的燕子啊，春天刚到就来了呢！这是早春时节的惊喜。另外，"谁"和"几"相对，都有惊疑的意思："谁家"的？这时候就有"几处"了呢！

师："谁家"，不像诗，大白话，有点儿俗，但通过你这么一说，意境特别美！

第 7 小组：我们认为这首诗写得不好的地方，是"浅草"的"浅"这个地方，它后面说那草才刚刚能遮掩住马蹄，就说明草不深，现在又说"浅"，没有什么诗味了。所以，我们认为，把"浅草"改成"嫩草"或"芳草"好。

师：第 8 小组呢？

第 8 小组：第 5 小组把我们的都说了。

第 9 小组：我们把"啄春泥"改成"抢春泥"，两个都好。"啄春泥"写出作者看到燕子时，它们各自在湖边很敬业地在啄，准备筑巢。"抢春泥"则写出几只早来的燕子在湖边打斗，闹着玩，就像诗人一样，心情特别好，因为湖边的泥已经开始解冻了！

师："啄"，通俗得很，但你这一说，又美了。白居易真是个用词用语

"以俗为美"的父母官，不只是诗人。

第 10 小组：我们把"渐欲"改成"已经"，但是觉得不好。"渐欲"是渐渐地想要怎么样，说明这花还没有开好，只是渐渐要迷你的眼；如果改成"已经"，就说明花开得很鲜艳、很烂漫了，那就真的要"夺人眼"了（反驳第 1 小组发言代表），那这就不是早春，而是仲春了。如果是仲春，白居易作为"杭州市委书记"现在才赶来看钱塘湖，未免就不怎么关心百姓了。春天刚到，他就来了，看看钱塘湖里的水，再看看钱塘湖边的景，水美、景美、人更美，一个心系百姓的好父母官！

（众生欢悦，情绪开始沸腾……）

研 习

感受诗人的情感之后，再引领学生体悟如何个性化、智慧地表现情感，这是捍卫语文体性的表现。用还原法体味诗歌的炼字艺术，这是在紧贴诗歌的类性。还原法，有的地方用得很不错，如将"云脚"还原成"云朵"，将"渐欲"改成"已经"，还有学生对"夺"人眼观点进行反驳，均击中了诗歌的篇性，谈得颇为深刻。

但是也有不少地方学生说得不到位，教者却未及时指出。比如，学生觉得以"抢春泥"代替"啄春泥"，以"赏"代替"行"，以"嫩草"或"芳草"代替"浅草"，这与白居易朴实的诗风、追求的"乐而不淫"的中和之美是不吻合的——有学者指出：白居易笔下的春天，是一个"有分寸的春天"，"渐欲迷"而未能迷，"才能没"而未全没，甚至云向下运动（云脚低）、水向上运动（水面初平）的相向运动，都是"从上下靠近中间的允执厥中的运动态势"[①]，这是审美的洞见。可惜，教者和学生均未敏感地意识到。

诗歌的流水句式，师生也未感悟到。学生说"谁"和"几"相对，有惊疑的意思，但教者并未趁势点睛："谁家"一句的出现，是对前面诗句陈述

---

① 罗晓晖. 方法与案例——语文经典篇目文本解读 [M]. 上海：华东师范大学出版社，2017：247.

语气的反弹，构成一种写景、抒情的张力。

教者示范性地还原"处处绿莺争暖树，家家灰燕啄春泥"，上一环节已赏析过，再提毫无必要。选择学生的审美盲点句还原，才会让教学节奏更为紧凑。

四、背诗：背出一个"期待"来

师：大家已经改了，也评了，改得如何，评得怎样，我们现在还小，还有很多知识没有学习：比如说"云朵"，古代就没这个词；又如说"野花"，平仄不对。等你们长大了，再回过头来看这首诗的时候，也许就会说：这真的是一首好诗！祝你们快快长大！现在，请把这首诗再看一遍，看能不能背下来。

师：能背的举手。（还有几位学生没有举手）

师：你背背看？（叫了一位没有举手的胆小女生）

师：对，就是这么背，慢慢地，别急，好，非常好！她终于背出来了！期待在今后的语文学习中，你通过背诵、朗读，也能将诗文中的美顺利地表现出来。

研 习

对改、评的总结涉及了言语表现的知识和技能；希望学生通过背诵、朗读，也能将诗文中的美顺利地表现出来，则触及了审美表现，境界一下子高迥起来。

总 评

精致审美是语文教学的必备品质。知识的结构化需要精致审美，能力的习得、素养的形成需要精致审美，即使是教学之美的产生——实现熟悉与陌生的相乘，也不能离开精致审美，文本解读中的个性化创造更是如此。

黑格尔有言："一个人如果对着美景，只知道叫美啊，美啊，那他还是一个野蛮人。"①语文教学何尝不是？浅尝辄止，或者将教参上的内容改头换面，极其粗糙地灌输给学生，导致学生语文学习兴趣断崖式下跌的现象还少吗？笔者对所教的每一届汉语言文学专业本科生和学科教学（语文）专业的硕士研究生均会进行简单的调查：回忆所读作品或经历过的语文课上的一个精彩细节。结果惊人的类同：几乎无一人能道出。面对此情此景，还坦然称"教育就是忘掉学校所学一切剩下来的东西"，叫人情何以堪？教学一辈子，连一个细节都未在学生的心灵中留痕，还指望他们能有东西剩下来吗？

欣喜的是，不少优秀的语文老师已经认识到精致审美的价值。对精致设计—精致对话—精致评价等，无一不展开具体而微的追求，从而给语文教育带来新鲜的气息。

那么，精致审美到底该把握哪些教学原则，才能真正做到从心所欲不逾矩呢？

詹静老师的教学实录带给我们的启示如下。

一、注意课眼、课脉、细节的统一

好的语文课不管如何千变万化，一定会注意课眼、课脉、细节的统一。

课眼是教学的切入点、聚焦点或灵魂，像市场经济中那只看不见的手——"价值规律"一样，始终统摄着教学的一切。课脉是课眼的具体延展，体现着思维的层次感、结构的精致度，是语文知识结构化的进一步保证。它可以与文本意脉重合，也可以对之重构。细节堪称丰富课眼、课脉的血肉。好课绝非谢灵运的诗歌——有好句无好章，而是整体、局部皆美的和谐乐章，苏州园林般的处处皆图画。有整体的美，又能各美其美，方可言教学的精致，这是对师生审美能力的严峻考验，更是语文教学永不衰竭的魅力。

---

① 王建疆.修养·境界·审美 [M].北京：中国社会科学出版社，2003：24.

詹静老师的教学实录，层次清爽，读、说、写、背一应俱全。

1. 读诗：读出一个"爱"字来——释诗题，说行踪，聊意象，悟心情。

2. 说诗：说出一个"早"字来。（1）定位"早"：写的是早春、仲春，还是暮春的景色？（2）赏析"早"：如何写"早"？从"初""新""浅"等字具象把握。（3）会通"早"：从意象、修辞角度比较《钱塘湖春行》与《惠崇春江晚景》。（4）拓展"早"：朱自清的《春》是如何写早春、写草的？（5）"早"后情：湖水上涨便于将来灌溉，心情美好。

3. 改诗：改出一个"个性"来。（1）几处早莺—处处绿莺，新燕—灰燕，讨论结果：这样改不好；（2）迷人眼—夺人眼，好；（3）啄春泥—叼春泥，不好；（4）云脚—云朵，不好；（5）行不足—赏不足，好；（6）乱花—野花，不好；（7）谁家——家，不好；（8）浅草—嫩草，好；（9）啄春泥—抢春泥，都好；（10）渐欲—已经，不好。

4. 背诗：背出一个"期待"来——期待知识增长，认识提升；期待在今后的语文学习中，通过背诵、朗读，将诗文中的美顺利地表现出来。

似乎与某名师只管一块的板块式结构相似，但因为有课眼"爱"的统摄，又有"整体悟爱—具象赏爱—还原体爱—背诵表爱"大致的课脉贯穿，辅之以灵动多姿的师生对话、生生对话（这一特色非常鲜明），内在的审美关联特别紧密。

不过，整体上看，詹老师课眼、课脉、细节统一的意识还不是很自觉——上述的内在关联隐蔽太深，没有被有意识地加以"点击"便是明证。将发现早春气象的欣悦之情拔高到关心民生的大爱，更是有强制性阐释的嫌疑。

二、把握体性、类性、篇性的统一

体性强调的是守住语文科的边界，不要将语文课上成思政课、文化课、历史课或别的课；类性强调的是教学中注意文类的识别，不能将各种文类"一锅煮"；篇性强调的是揭示文本中作者独特的言语表现个性和智慧。

好课在这三性上也是和谐统一的。

詹老师在引领学生了解诗题意思、诗歌意象以及情感主调"爱"之后，果断地转向探赜诗人如何表现"爱"的艺术——赏析"早"，还有后面的十大还原，深化对诗人写作匠心的体悟，莫不如此。在形意关系的辩证处理上，他显然更看重"形"，这便是坚守了语文体性。

抓住早莺、新燕、湖水、浅草、鸭子等意象悟情，并将《钱塘湖春行》与《惠崇春江晚景》《春》会通，感悟言语表现之智，这便扣住诗歌类性——尽管诗和文比较时对诗歌概括抒情、散文具象抒情的文类特征没有加以强化，但辨识类性的意识已经有了。

对篇性的审美开掘，主要表现在炼字艺术的还原比较上，但还不够深入。三篇文本会通时，也未突出独特的"这一篇"。因此，诗中流水句式（"谁家新燕啄春泥"）的翻转，中和之美的追求（体现在"啄""浅"等处的炼字艺术，还有云脚、水面意象组合中呈现的"允执厥中"的行），都没有得到应有的强化。

诗人的极化情感——一反当时骑马游春的习俗，下马细细赏春（从"渐欲""才能"两词中可以窥出），更是没有引起重视。孙绍振先生认为白居易没有围绕"浅草才能没马蹄"进行"最有个性、最有心灵含量和艺术创新力量"的开掘，导致"心灵发现略略平淡了一些"[①]，也是对白居易的极化情感有所忽视。

"浅草才能没马蹄"一句根本无法让诗人发现早春气象的喜悦心情得以淋漓释放，所以他才会通过水面初平、早莺争树、新燕啄泥等一系列意象浓墨重彩地表达自己的"最爱"。天女散花般的结构，絮絮叨叨的话语方式，恰恰是这种极化情感的最好表现。没有采用"一枝红杏出墙来"的烘云托月式抒情，正是白居易的独创之处。

篇性在行文艺术上也有体现。"春行"可以理解成"诗人"春天里的行走，但也可以理解成"春天"的行走：云水行—莺燕行—花草行—诗人行。从这种属我的结构艺术上欣赏，更能体味诗人发现早春、发现生机、发现美丽时那种婴儿般的惊喜，以及与早春相融、对现实生活的热爱，对未来人生

---

① 孙绍振. 月迷津渡——古典诗词个案微观分析 [M]. 上海：上海教育出版社，2012：221.

的无限憧憬之情。詹老师选择"爱"的视角解读，没有兼顾这一篇性，有遗珠之憾。

三、从多元的会通走向表现与存在

好课一定是注意多元会通，并引领学生走向言语表现与存在的。多元会通，可以使学生读以致用，读以致美；走向言语表现，则可以使学生读以致在，尽显自我的生命活力。

会通不是任性的随便会通，而是在言语表现与存在的视域下，聚焦类性，尤其是篇性，旨在使言语生命不断拔节的高品质会通。

詹老师引领学生从内容、修辞、意象、视角、表现手法等方面，将《钱塘湖春行》《惠崇春江晚景》与《春》深度会通，并非止于理解、记住的层面，而是继续挺进：作者是如何精准、独到地表现情感的？有没有用词不好的地方？这便有了审美鉴赏与创造的色彩。希望学生通过背诵、朗读，将诗文中的美顺利地表现出来，更是将多元会通从积淀引向表现与创造。他在实录里没有提到让学生化用白居易的诗歌表现艺术去写作，但从其教学价值取向上看，走向言语表现与创造应该会成为他的教学自觉。

不过，如何从多元会通走向言语表现与存在，本诗的教学还有不少的提升空间。

对早春气象的敏感，唐人诗作中比比皆是。如韩愈的"天街小雨润如酥，草色遥看近却无"，刘方平的"今夜偏知春气暖，虫声新透绿窗纱"，贺知章的"不知细叶谁裁出，二月春风似剪刀"……完全可以让学生充分枚举，并让他们对唐人早春诗作专题研究，写一篇文章。

言语表现并不纯指言语表现的知识、技能、智慧，还涵容言语人格、言语情趣、言语想象、言语信念等更多的范畴。比如，从早春景致的偏爱中，你可以见出盛唐气象的天光云影，更可看出诗人热爱自然、热爱生活、热爱生命的乐观态度和精神朝气。这种乐观态度和精神朝气不同于当下生态批评理论倡导的"强意识绿色写作"——真正的生态文学不仅能将自然环境作为手段来展现，还应将其作为具有独立生命价值并对人类历史产生影响的对象来看待①，也不同于狄更斯、奥斯丁、艾默生等虽钟情于讴歌自然却仍将自然作为人类生活陪衬的"杂意识绿色写作"。白居易们对自然的亲近与融合，已经消弭了"我—他""我—你"的关系，更多地进入了"我—我"关系的境界，是名副其实的"纯意识绿色写作"。这种言语人格或言语境界，值得巧妙地让学生悟知。

---

① 杨守森.新编西方文论教程[M].北京：中国人民大学出版社，2012：423.

第二辑 ◆ 散文类文本教例研习

在比较中实现熟悉与陌生的相乘

——张敏《记梁任公先生的一次演讲》教学实录研习

张 敏

安徽省合肥市铭传高级中学语文教师，安徽省名特级教师工作室吴忌工作室核心成员，安庆市教研先进个人，宿松县高中语文学科带头人。闲居乡野，偶写诗文，在世俗世界里，安心教育表达，亲近青春心灵，践行李镇西提倡的"五个一"工程，努力遇见一个更好的自己。在《语文学习》《中学语文教学参考》《语文教学与研究》等期刊发文五十余篇，编辑整理三本年度总结《教育行走》（其一）、《教育行走》（其二）、《语文要有光》。

一、揭题入文，整体把握

师：这篇文章的标题是"记梁任公先生的一次演讲"。从全文看，哪些内容关乎演讲呢？

生：（齐）第4自然段写的是开场白，第3自然段写的是出场。

师：还有哪些呢？

生：（众）第2自然段是写演讲稿的，第4自然段写到了声音。

师：同学们刚才找的都是与演讲相关的，但具体写到演讲的是哪些段落呢？

生：（众）第5自然段、第7自然段写的是演讲的具体内容。

师：这两个自然段写了些什么呢？

生：（众）第5自然段写梁任公演讲以一首《箜篌引》开头。第7自然段写到梁先生讲《桃花扇》时痛哭流涕，讲杜甫的诗时又张口大笑。

师：大家发现这是演讲的内容吗？

生：不是，这是两个镜头。

师：镜头是电影中的一个术语，在文学作品中，我们怎样称呼这样的镜头？

生：特写。

师：这样的特写在文中还有吗？

生：第6自然段写到梁任公先生背诵记不起下文时，用手指敲打他的秃头，这也是特写。

师：文中还有哪些地方涉及演讲呢？

生：（众）第8自然段写到了演讲的效果。

研 习

从题眼"演讲"切入，既可使学生整体把握文本内容，也可于无形中体味文题与内容的关联，而对话中的"增润"——讲《桃花扇》时痛哭流涕，讲杜甫的诗时又张口大笑，这不是演讲内容，而是两个特写，更是顺势而化，润心无声。

美中不足的是问题比较绕。"哪些内容关乎演讲呢？""具体写到演讲的是哪些段落呢？""还有哪些地方涉及演讲呢？"这些发问，完全可以合而为一：围绕梁启超的演讲，作者写了哪些方面的内容，进而有效规避"关乎""具体""涉及"三个词的相互干扰。

对话不仅要注意概念的仔细辨正，更要注意评价的及时到位，以使学生思维走向严谨与深刻。学生说第4自然段写到了"声音"，远不及"开场白"表达精准，教师惜未指出。开场白部分也属于具体写演讲，教者的引领对之有所忽视。第5、7自然段不仅写了演讲的内容，也写了演讲者的神态、动作；不仅有概括描写，也有具体描写；不仅有正面描写（特写），也有侧面描写（对演讲效果的描写），只突出"特写"，显然不妥。

二、深入文本，分析人物

师：从文中演讲稿部分，你们看到了一个怎样的梁任公？先请女同学朗读一下，男同学思考。（女学生朗读）哪个同学展示一下旁注，发挥自己的聪明才智？

生：文中写"他的讲演是预先写好的，整整齐齐地写在宽大的宣纸制的稿纸上面"，体现出梁任公先生做事认真、作风严谨。

生：书法秀丽，十分美观。

师：这里的书法秀丽，十分美观，说的是人物形象特点吗？

（众生沉默）

师：书法秀丽、美观，是谁的感受？

生：（众）读者的感受。

师：这里看出梁任公先生什么样的形象？（生沉默）

师：你们平时练书法吗？

生：不练。

师：什么人练书法呢？

生：修养高的人。

师：书法是修炼心性的手段之一。这里体现梁任公先生什么样的形象呢？

生：修养高。

师：还有同学补充吗？

生：第3自然段写到他的演讲非常有趣，说明梁任公先生为人有趣。

师：他发现了一个很重要的问题，就是梁任公先生有趣。但原文是怎么说的呢？请大家读一读。（生朗读）同学们发现"趣"字后面还有一个——

生：还有一个"味"字。

师："趣"和"味"会一样吗？

生：不一样。

师：其实，文本在很多地方表现出梁任公先生的趣和味。我认识不少宿松县练书法的人，他们经常到宿松县山水公园的松月堂里喝茶、练书法，这实际上是一种生活的——

生：情趣。

师：练书法的人，他们的情趣是怎么样呢？

生：高尚。

师：高尚是用来形容人的——

生：（众）品质的。

师：情趣只能用——

生：（众）高雅。

师：文中还有哪些地方写了梁任公先生的形象呢？

生：（众）梁任公先生进场的时候。

师：同学们读一读，（生朗读）猜猜我想让大家抓住哪句话来重读？

生：（众）这就是梁任公先生。

师：对，这一段是怎样写梁任公先生的呢？

生：（众）短小精悍。

师：这是从哪个角度来写的？

生：（众）身材。

师：还有吗？

生：（众）秃头顶、宽下巴。

师：这又是从哪个角度来写梁任公先生的？

生：（众）肖像。

生：还有从衣着的角度写梁任公先生穿着宽大的长袍。

生：还有神态。"步履稳健，风神潇洒，左右顾盼，光芒四射。"

师：你们觉得哪个词用得准确，非常好地描述了梁任公先生的形象？

生：（众）风神潇洒。

师：是风神还是潇洒呢？

生：（众）风神。

师：对，你们能把这个词扩展一下吗？

生：风采神韵。

师：风采神韵这个词用得好。这里你们看到了一个怎样的梁任公先生？

生：卓越不凡，卓尔不群！

师：文中哪些地方还写到了梁任公？

生：开场白的地方。

师：请同学们读一读梁任公先生的话。（生朗读）再读一次。（生再读）哪个字要读好？

生：（众）喽。

师：请把"可是也有一点喽"再读一次。（生朗读）这是一位怎样的老师呢？

生：（众）幽默、谦虚而自负。

师：同学们看，这里是自负吗？

生：不是，是一种自信，对学问的自信。

生：这一段中还写到梁任公先生的声音"沉着而有力，有时又是洪亮而激亢"，写出梁任公先生中气十足。

生：这一段还写到了梁任公先生的眼睛——"眼光向上一扫""眼睛向上一翻"。

师：这里大家看到了一个怎样的梁任公先生？

生：（众）幽默、调皮。

生：幽默，我赞同，但调皮，觉得不恰当，应该用天真。

生：我发现天真和调皮都不恰当。

师：为什么呢？

生：这两个词好像都是写小孩的，不能用来写成年人。

师：成年人有孩子气，我把它称为——

生：（众）童趣。

师：实际上，本文还有一段写到了这种童趣，大家找一找。

生：在第六段："有时候，他背到酣畅处，忽然记不起下文。他便用他的手指敲打他的秃头，敲几下之后，记忆力便又畅通，成本大套地背诵下去。"用手指敲秃头的动作，体现了他的童趣。

生：他在学生面前用手指敲秃头，还有他的演讲"到紧张处，便成为表演。他真是——"看似不雅，实际上折射出梁任公先生不拘小节。我觉得这才是生活中的梁任公，是他真性情的流露。

师：你发现了一个怎样的梁任公呢？

生：有真性情。

生：这一段中还写了梁任公先生博闻强记。

师：在文中有哪些体现呢？

生：写到他成本大套地背诵古诗文。

师：在开场白一段，大家发现除了写到梁任公先生的眼睛、声音、语言之外，还写了梁任公先生的一个动作，大家找一找。

生：（众）轻轻一点头。

师：从轻轻一点头，你们又能看出什么？

生：（众）梁任公先生亲切、和蔼。

师：在课堂上轻轻一点头，产生的效果是什么呢？

生："好像都在看我呢"，说明他心中装着学生，让学生有亲近感。

研 习

在这一环节，师生、生生间的思维博弈都得以凸显。"书法秀丽，十分美观是人物形象特点吗""'趣'和'味'会一样吗""'喽'字体现的不是自负，而是一种自信，对学问的自信"……将词语的质感摩挲与人物内心"广大情致"的体味有机结合，实现不同主体间的生命会通，将课上得文质彬彬而又富有生活的气息、个性的魅力。

学生从讲稿中看出梁启超做事认真，作风严谨，教者应该趁势追问：何以见得？这样，书法秀丽与严谨的作风、高雅的情趣就建立起了内在的联系，师生对话也不会太迂回。身材短小，秃头顶、宽下巴，穿着肥大的长袍，更是谈不上"风神潇洒""光芒四射"，那么，如何看待这种感知变异，进而将作者破类写作的篇性揭示出来呢？可惜，教者并未深入这一有意味的形式层。

三、转变视点，体悟热肠

师：老师眼中有学生，心中便会自觉不自觉地育人。在梁实秋先生的眼中，梁任公先生是一个怎样的人呢？

生：（众）有学问、有文采、有热心肠的学者。

师：同学们发现哪一点是我们先前探讨时相对比较少的呢？

生：（众）有热心肠的学者。

师：梁任公先生的"热心肠"在文中是如何体现的呢？文中的哪些段落集中地写到梁任公先生的热心肠？

生：（众）第5和第7自然段。

师：请同学们读一读第5自然段。（生齐读）这一段是怎样写梁任公热心肠的？（众生沉默）这一段在段首写了一首诗，我请一位同学读一读，有请班上的劳动委员（生朗读）。他读得怎么样呢？（众生沉默）梁实秋先生认为，"这四句十六字，经他一朗诵，再经他一解释，活化出一曲悲剧"。刚才劳动委员读完，你能感受到那种悲吗？

生：（众）没有。

师：应该怎么读？有没有同学再读一下？（众生沉默）梁任公先生是怎么读的呢？梁实秋先生的同班同学闻一多先生在一篇文章中这样记载——

"公、无、渡、河"，接着大声喝彩，叫一声"好！"然后再重复地念："公、无、渡、河，好！公、无——渡、河，好！渡河——而死——，当奈——公何！好，真好，实在是好！"梁任公这样自我陶醉地一唱三叹，一声高似一声，并无半句解释，朗诵赞叹过后，就高呼道："思成，抹黑板，快抹黑板！"思成是任公的儿子，也在班上听讲。黑板擦过，这首古诗就算讲完了……

师：请大家对读，发现这里的"无"是一个什么字？

生：（众）通假字，通"毋"。

师：你们怎样理解这首诗的呢？

生：你不要渡河，你竟然渡河了？你渡河死了，我们拿你怎么办？

师：比较一下"渡河而死"与"渡河死了"有什么不同？

生：一个"而"字表明是因渡河而死，为渡河而死。

师：这首诗应该怎么理解？请一位同学复述一下。

生：第一句是对渡河人的劝诫、告诫，第二句是质疑。

师：渡河人是怎么回答的呢？

生：为渡河而死。

师：第四句寄托了梁任公怎样的情感？

生：无奈。

师：是无奈吗？

生：悲哀。

师：是悲哀吗？这里有悲，但有哀吗？

生：（众）应该是悲伤、悲痛、悲壮。

师：梁任公先生这样陶醉地读后，梁实秋先生是怎样记载的呢？请大家读一读（生朗读）。难怪王国维这样评价这首诗（投影）——

这十六字构成中国诗坛最悲壮凄惨的一幕，是用血写成的。

师：你们怎么理解这一评价？

生：（众）这首诗属于中国，属于中国人。

师：这样的人在中国历史上多不多，大家觉得这首诗最容易理解的是哪一句？

生：（众）渡河而死，为渡河而死。

师：渡河在这个人的心中是什么？

生：（众）是使命、责任、担当、理想、信仰……

师：历史上这样的人多不多？能举一个例子吗？

生：比如文天祥。

师：文天祥写过一首诗——《过零丁洋》，其中两句最为著名，大家还记得吗？

生：（众）人生自古谁无死，留取丹心照汗青。

师：孔子对这样的人是怎么评价的呢？

生：（众）知其不可而为之。

师：自己做不了还要去做，这不是飞蛾扑火吗？

生：那样的人不是飞蛾扑火，而是扑向光明，体现的是这个人追求理想的决心，坚定且执着。

师：梁任公先生读到这首诗时可能想到了什么？（生沉默）历史上梁任公先生是一个什么样的人呢？文中是怎么写的？

生：（众）梁任公先生是戊戌政变的主角，是云南起义的策划者。

师：大家知道戊戌变法吗？戊戌变法结果如何？

生：（众）知道，变法最后失败了。

师：当时梁任公是变法的重要参与者。你们还记得戊戌变法是谁主导的吗？

生：（众）光绪皇帝。

师：戊戌变法失败以后，康、梁逃到日本，但是有一个人没有逃走。大家学过历史，知道这个人是谁吗？

生：（众）这个人就是谭嗣同。

师：在康、梁劝说谭嗣同到日本避避风头的时候，他拒绝了。他说过这样一段话（投影）——

各国变法，无不从流血而成。今中国未闻有因变法而流血者，此国之所以不昌也。有之，请自嗣同始！

请大家读一读这段话。（生朗读）这是谭嗣同对战友们说的一段话。最后，他被捕了。在牢房的墙壁上，他写下了两句话：我自横刀向天笑，去留肝胆两昆仑。在赶赴刑场的路上，他又写下了这样的诗：有心杀贼，无力回天，死得其所，快哉快哉！用鲁迅先生的话讲，这样的人是——

生：（众）真的猛士。真的猛士敢于直面惨淡的人生，敢于正视淋漓的鲜血。这是怎样的哀痛者和幸福者。

师：他们为什么这样做呢？

生：（众）为了国家的进步，为了国家的繁荣富强，他们敢于牺牲。

师：梁任公先生读到这首诗时，他想到的是些什么人呢？

生：（众）他想到了他们那一代的人，想到了自己的青年时代。

师：这些是什么人呢？《荆轲刺秦王》中把这类人称为——

生：（众）士人。

师："士人"是什么人呢？

生：（众）是对国家有担当、有责任感的人，为国家利益慷慨赴死的人。

师：文章开头说"梁任公先生晚年不谈政治，专心学术"，他把希望寄托在了哪里？

生：（众）青年人身上。

师：你是怎么知道的？

生：（众）文章开头这样写："那时候的青年学子……实在是因为他的学术文章对于青年确有启迪领导的作用。"

师：大家能想起他的哪些作品呢？

生：（众）《少年中国说》。

师：大家能否背一下自己熟悉的内容？

生：（齐背）少年强则国强，少年智则国智……

师：是的，晚年的梁任公先生把满腔的热血倾洒在下一代人身上、青年人的心里，祈求在青年人心里播下种子，期待它们发芽、开花、结果，长成参天大树，挺起中国的脊梁。这就是梁任公先生的热心肠。实际上，文中还有不少地方写了梁任公先生的热心肠，同学们课后可细加体味。

今天布置一项作业：用300字写写班上任课老师上课时的一个片段，看看同学们能不能同梁实秋先生比一比，看看谁的描写更胜一筹。

研 习

由梁启超情怀的散点透视转向"热心肠"的焦点透视，一下子进入篇性的核心——"有学问、有文采、有热心肠"的确是文眼，虽浑融一体，但三者依然有主次之分，前两者可以说是后者的烘托。这种笔墨分布和郁达夫《故都的秋》异曲同工：故都的秋味——清、静、悲凉，也是后者被浓墨重彩地抒写。教者敏锐地把握到这一点，引领学生从《箜篌引》讲解的情动于衷、对青年学生的灵魂震撼，体悟梁启超对理想、民族、学子的热心肠，以点带面，虚实相生，做得很是巧妙。辅之以闻一多、王国维、谭嗣同等人的相关史料，更是让学生对梁启超的"热心肠"有了丰富而立体的感悟。作业布置是人物特写，则将阅读教学引向存在式学习的境界，颇为高明。

可是因为太过看重"热心肠"的体悟，对其间的春秋笔法并未点明；对其间的矛盾——比照闻一多的散文，梁启超当时的演讲并未对《箜篌引》作出"解释"；"听过这讲演的人，除了当时所受的感动之外，不少人从此对于中国文学发生了强烈的爱好"，这样的记述更是与其他在场听众的记述不合。

一位叫梁容若的学生在《梁任公先生印象记》一文中这样写道："他懒于写板书，他的广东官话对于我们很生疏，所讲的问题，事前又没有预备知识，所以两小时讲演的内容，听懂的实际不到六成。当晚在日记里写'见面不如闻名，听讲不如读书'，因而联想任公先生南北奔驰，到处登坛讲学，究竟是否收到比著书更大的效果，怕要大成问题。"①

当时与梁实秋同在清华读书、同时聆听的梁启超入室弟子杨鸿烈说得更加明白："长期以来，梁氏虽为众所公认的一代作家，但在说话的时候，虽非塞缓口吃，却很缺乏流利明白的口才。他在讲演的时候有时只闻'啊啊'的声音，即表示其词不达意。"②

这些矛盾处其实就是梁实秋破类写作的部分，因为诗性极化情感的发酵，平实抒情的散文规范被超越了，只为更能抒发对梁启超的敬仰与痴迷。然而，教者没有进行历史或艺术的还原，在不知不觉中过滤了这种最见风神的形式秘妙。

从这个角度说，教者对持守语文体性尚未形成深度的自觉。

总　评

熟悉与陌生相乘是一种令人神往的教学愿景，这主要是从美学角度讲

---

① 夏晓虹. 追忆梁启超 [M]. 北京：中国广播影视出版社，1997：340.
② 同上：287.

的。大学者弗兰西斯·培根就为艺术下过一个定义：艺术是人与自然的相乘①。自然人化，人自然化，双向交汇的过程中，艺术诞生了。由此延展，感性理性化、理性感性化的双向融合与生长中，美学诞生了。落实到教学中，注意我的文本化、文本的我化，并实现熟悉与陌生的相乘，教学的美感、活力、吸引力也就悉数产生了。这种境界显然比建构主义理论中同化与顺应的境界高，因为科学和美都融为了一体。

问题是如何在语文阅读教育中化为现实？张敏老师的比较教学作出了很好的回答。

一、蓄势而比，让陌生与熟悉相乘更自然

比较或许更契合陌生与熟悉相乘的真谛，因为无论是异中求同，还是同中求异，熟悉与陌生都会像太极图中的阴阳两鱼一样不断生化、发展。但是这并不意味着随意而比都能产生这种美妙的效果，比较同样要讲究艺术。

张敏老师的整体教学架构呈现两大比较：视角之比——我们眼中的梁启超和梁实秋先生眼中的梁启超比照，这是主体，在场的；技法之比——写任课老师上课时的一个片段，与梁实秋先生的特写技法比一比，这是指向，不在场。但是，张老师不是一上来就进行生硬、突兀的比较，而是先聚焦演讲，和学生探讨写了哪些内容，再围绕这些内容感受梁启超的形象——审美成熟后，再沿着"热心肠"深钻下去，最后引导学生化用所学，写一位老师的教学片段。可以说是一层为一层蓄势，熟悉与陌生不断交融、生化，最终形成钱塘江潮般的势能，让篇性审美（"有热心肠"是文眼中的文眼，被"有学问""有文采"烘托着、润泽着，却又含而不露）和言语表现（写任课老师上课时的一个片段）绚丽怒放。

这与知识本位或能力本位下的模块教学判然有别。因为它并非将叙事散文相关知识的记忆、习得看得很重，而是更看重情怀表现视域下命题、结构、修辞、表现手法等的自然体验、对话、启悟与发现。因此，指向言语表

---

① 余秋雨.艺术创造论 [M].上海：上海教育出版社，2005：2.

现与存在的素养本位思想特别鲜明。

尤为可贵的是，这种比较架构的确立，是基于真实的学情：在教学说明中，张老师说课前布置预习，学生总共提了十几个问题，主要聚焦两大问题：梁任公先生是个什么样的人？怎么理解梁任公先生的热心肠？有调查，才有发言权；有调查，才有建构权。因此，他的蓄势而比，不仅艺术，而且科学，令人信服。

微观来看，每个环节中也有蓄势而比，这主要体现在师生间、生生间的思维博弈，彼此生发——

师：大家发现这（指梁启超讲《桃花扇》时痛哭流涕，讲杜甫诗时的张口大笑）是演讲的内容吗？

生：（众）不是，这是两个镜头。

……

师：自己做不了还要去做，这不是飞蛾扑火吗？

生：那样的人不是飞蛾扑火，而是扑向光明，体现的是这个人追求理想的决心，坚定且执着。

……

这些细微处的比较，看似各个独立，其实都是为视角之比、情怀之比、写作之比蓄势的，因此显得有条不紊，饱满而灵动。

二、多元比较，让陌生与熟悉相乘更深透

从语文体性的视角看，张老师的比较主要涉及下述方面："我们"与作者的视角之比、对作者情怀的体验之比、写作之比；作者所写的内容与写法之比——开场白，讲《箜篌引》《桃花扇》是具体描写，讲稿、风神的描写则是相对概括的描写；学生发言以及文本中修辞之比——如"情趣不能用高尚，应该用高雅""'可是也有一点喽'一句中见出的是先生的自信而非自负。""'渡河而死'与'渡河死了'有什么不同？"：从宏观到中观再到微观，都有了。加上张老师或顺势而化，或趁势追问，或直接扮演论敌，挑战

学生的观点，整个教学充满审美的张力与灵动。读他的实录，有园林漫步之感，时能发现思维的新景，这与多元比较中熟悉与陌生的相乘显然有着紧密的关联。

不过，多元比较如果能以篇性的审美开掘为中心，相乘还会更加有力，气象万千。

本则教学实录中，赏析梁启超吟诵《箜篌引》、讲解《桃花扇》等内容时的"失范"细节，没有明确点出抒情的春秋笔法；对梁实秋的感知变异——短小、秃头顶、宽下巴的形象被视为"风神潇洒"，没有引导探究；对文本的两处失真（1. 没有解释《箜篌引》，硬说解释了——梁启超自己都说："古乐府里头有一首《箜篌引》……都是用极简单的语句，把极真的情感尽量表出；真所谓'一声《河满子》，双泪落君前'。你若要多著些话，或是说得委婉些，那么真面目完全丧掉了。"[①]2. 口才及演讲效果均不佳，硬说其"活画出一出悲剧"，令当时的听众受到"感动"，甚至"不少人从此对于中国文学发生了强烈的爱好"），没有进行历史或艺术的还原。

这种现象并非个例。一些优秀的解读文章或教例，如《〈记梁任公先生的一次演讲〉教学三问》《新课程阅读教学需要跨越的"三重门"——以〈记梁任公先生的一次演讲〉教学为例》《为细节而读——〈记梁任公先生的一次演讲〉教学节录》，对上述的篇性开掘几乎都不约而同地选择了忽略。

因此，篇性审美视域下熟悉与陌生的相乘，还有很漫长的路要走。

三、有"的"而比，让陌生与熟悉相乘更有力

蓄势而比、多元比较其实都要受到"的"（目标）的统摄。无的而比，必将丧魂失魄；有的而比，熟悉与陌生的相乘才会更加精粹、有力。

这个"的"在阅读教学中，就是着力于篇性的揭示，启悟学生的言语表现智慧，牧养他们的言语生命意识，不断为言语表现与存在蓄势。单元目标、三维目标、核心素养不是不考虑，但也不是切割死猪肉般地硬性划

---

① 梁启超.梁启超论中国文学 [M].北京：商务印书馆，2012：198.

分——这样做无异于刻舟求剑，注定劳而少功，甚至劳而无功。有的老师弄出六七个目标，再额外加上重难点目标，一节课将近十个目标，这不是作假又是什么？

巧夺天工的教学一定是以篇性揭示为中心，带动体性持守，类性辨识，又能悄无声息地贯彻语文课程目标、单元目标、语文核心素养理念。

张老师的这节课有单元目标的渗透——透过对人与事的描写，仔细揣摩人物的言行、心理，体察人物的个性、情操，看作者如何在人物描写中体现对人物品行的评价，如何在叙事中表现或隐或现的情感倾向。他引导学生从讲稿秀丽的书法中体悟梁启超的高雅情趣，从《箜篌引》的讲解中体味梁启超的热心肠，从眼睛上翻、语气词"喽"中体味梁启超的幽默和童趣，甚至连"那时候的青年学子对梁任公先生怀着无限的景仰"这种寻常交代都挖出了"热心肠"，无不是在落实单元教学目标，却又不是按图索骥，而是围绕热心肠的审美，带动相关形式秘妙的揭示，指向人物特写技巧的化用，很好地实现共性与个性的统一、熟悉与陌生的相乘，语文学科核心素养的培育也尽在其中。

当然，比较中如何在形意统一的基础上突出形，深入开掘篇性，并实现文本与文本的打通、语文与生活的打通、不同主体生命的打通，更好地走向言语表现与创造，还须深入探索。

审美散文的篇性开掘之道

——张宏《昆明的雨》教学实录研习 [①]

张 宏

　　执教于陕西省宝鸡市高新第一中学，知行教育特聘专家，知行教育班主任研究中心副主任。2019 年 7 月参加陕西省教育厅、陕西省教科文卫体工会组织的"陕西省中小学青年教师教学竞赛"获中学语文组第一名，省级特等奖；2019 年 7 月参加"语文报杯"第十二届全国中青年教师课堂教学大赛获一等奖；2019 年 9 月参加中国教科文卫体工会主办的"全国第二届中小学青年教师教学竞赛"获一等奖（第二名）。曾获宝鸡市教育系统"中国梦·教育梦"教职工演讲比赛一等奖，参与陕西卫视《超级教师》节目录制。

　　语文教学主张：语感教学，简中求丰。

一、创写诗歌，巧妙导入

　　师："七月扬州百卉悠，湖光潋滟画中游。非是西湖依旧瘦，古来佳景总含情。"（PPT 同步出示）我爱扬州的瘦西湖，我以前不知道有所谓瘦西湖

---

　　① 在第十二届"语文报杯"全国优秀中青年教师课堂教学大赛中，张宏老师荣膺一等奖。此为赛课的教学实录，限于篇幅，有所删节。

之美，是到扬州以后才有了具体感受的。这是一位来自陕西的语文老师近日在游历扬州瘦西湖之后的一点感受。

非常有幸，和你们一起学习你们一位同乡的作品，他在中国现当代作家中是一位屈指可数、语言造诣颇高的作家。让我们一起学习汪曾祺先生的绝佳散文，看看汪先生是如何用他的妙笔表达他在昆明生活的感受的。

研 习

化用汪曾祺的句式介绍游历瘦西湖的感受，既拉近了师生的心理距离，又引出文本语言的情味，还在不知不觉中点染了言语表现的美好，一石三鸟，浑然天成，导出了境界。

以诗歌导入，忽略押韵，不妥。

二、"雨"以串珠，形散神聚

师：细心、敏锐的同学，是不是发现了张老师刚刚在描述自己游历瘦西湖感受的时候，其实是学习了作家的语言，找找看，体现在哪些地方呢？

生：第三段。"我以前不知道有所谓雨季。'雨季'，是到昆明以后才有了具体感受的。"

师：她找全了吗？应该加上哪些文字？好，我们来齐读二、三段。

生：我想念昆明的雨。我以前不知道有所谓的雨季。"雨季"，是到昆明以后才有了具体感受的。

师：可以深情，但不是一味的深沉。"我想念昆明的雨"，这一句要读得深情，处理好"想念"的情感，再来一遍。

（师生齐读）

师："'雨季'，是到昆明以后才有了具体感受的。"同学们，你们听到老师的重音在哪了吗？

生：重音在"具体"上。

师：好，请大家在书上给我们深情朗读的"想念"和重读的"具体"加上着重号。

师：文题叫《昆明的雨》，但是全篇并没有用大量笔墨正面写昆明的雨。提醒一下，这是一篇自读课文，我们可利用的学习资源不仅有文章本身，还有课后的阅读提示。现在，请大家快速地默读阅读提示的第一段文字，结合课文思考：作者没有用大量笔墨写雨，那他写了哪些内容？把你认为重要的信息勾画出来。

（生自学）

师：（走到一女生跟前）课前这位女同学告诉张老师，她把课文读了九遍。面对她，我很惭愧，我只读了五遍。请你响亮、自信地告诉大家：课文写了哪些东西，写到雨中的什么？

生：写了雨季中的景、物等。比如，仙人掌、菌子、杨梅、缅桂花、苗族女孩、房东母女、酒店里与友人的小酌。

师：她读的是阅读提示里的关键信息。哪位同学可以就她提到的内容找到文本里的相应语言？比如说，她提到的仙人掌。

生：昆明仙人掌多，且极肥大。有些人家在菜园的周围种了一圈仙人掌以代替篱笆。种了仙人掌，猪羊便不敢进园吃菜了。仙人掌有刺，猪和羊怕扎。

生：我确实亲眼看见过倒挂着还能开花的仙人掌。旧日昆明人家门头上用以辟邪的多是这样一些东西……一片倒挂着的浓绿的仙人掌，末端开出一朵金黄色的花。

师：老师还找到一些句子，大家看看它们在文中的哪些位置。
PPT 出示以下句子：

昆明菌子极多。
雨季的果子，是杨梅。
雨季的花是缅桂花。
雨，有时是会引起人一点淡淡的乡愁的。

师：对，段落的开头。这么多事物，却多而不散。想想看，作者是怎么做到这一点的？

生：我觉得文章所写都是围绕一条感情线索，就是对昆明生活的喜爱与想念，是情感把它们关联在一起的。

师：如果初读文本还触摸不到这份情感，你觉得是谁把它们串在一起的？

生：昆明的雨。

师：对，是昆明的雨把它们一线串珠，串联起来。昆明的雨季，因为它们的存在，作者对雨季的感受才变得具体。要问汪先生有哪些具体感受，就去看仙人掌吧，去看杨梅吧，去看缅桂花等吧。

研 习

从文眼的视角把握整篇——"雨"为形式上的文眼，"喜爱与想念"堪称内质上的文眼，引领精巧。美中不足的是，教者启悟有力，却等待乏力，不少结论是直接空降的。形式表现上的最大特点是"烘云托月"，但对于雨的久长、充沛、明媚等特点，并未点出。

三、圈点批注，佳段交流

（一）牛肝菌里看标点

师：这是一篇自读课文，现在请大家拿起笔，快速找出自己喜欢的段落，圈点批注，朗读体味。三分钟后，分享你读出了作者文字背后什么样的味道。

（生自学）

师：刚才巡视时发现，我们扬州孩子跟老乡汪曾祺极有默契。汪曾祺的语言造诣特别高，特别擅长写吃的。刚才有好几位同学都在关注写菌子的地方，谁来交流一下？

生：最多，也最便宜的是牛肝菌。牛肝菌下来的时候，家家饭馆卖炒牛肝菌，连西南联大食堂的桌子上都可以有一碗。牛肝菌色如牛肝，滑，嫩，鲜，香，很好吃。炒牛肝菌须多放蒜，否则容易使人晕倒。

师：我出示一个句子，你再来读一下（PPT出示：牛肝菌色如牛肝，滑、嫩、鲜、香，很好吃）。

（生读）

师：同学们，他读得对不对？他读的是对的，我给的就是这样的。你再来读下面的句子（PPT出示：牛肝菌色如牛肝，滑，嫩，鲜，香，很好吃。）发现区别了吗？标点符号是不说话的文字。谁再来读这个句子，看看顿号和逗号的区别在哪儿？

生：顿号是短暂的停顿，逗号停顿的时间比较长一点（开始读）。

师：我怎么不觉得好吃呢？（闭上眼睛，范读）：牛肝菌色如牛肝，滑——嫩——鲜——香，很——好吃。你看，你们都会吃，不会读。同学们想老师怎么读的，我延长了词跟词之间的停顿，因为我想努力地在每一个逗号里调动你的联想和享受。

师：都有什么感官？触觉、肤觉。

师：美得让张老师都有点儿忘乎所以了。各种感官享受，我也说不上来了。最后，文章还告诉你"很好吃"，你好像真的已经吃上了，这就是汪曾祺的语言魅力。

（二）干巴菌（鸡油菌）里探抑扬

赏析描写干巴菌的句子，教者引导学生感悟三抑一扬的秘妙。

先总体把握抑扬：教者抓住"这种东西也能吃？！"一句，引导学生读出降调；抓住"这东西这么好吃？！"一句，读出升调——"这么"一词被处理得很夸张，使学生总体把握这一部分文字的抑扬——"不中看"是抑笔，"中吃"是扬笔，告诉学生文字的味道就在抑扬之间。

再深入赏析两次抑笔：第一次——乍一看"那样子，真叫人怀疑：这种东西也能吃？！"；第二次，隐含的"再一看"——颜色深褐带绿，有点儿像一堆半干的牛粪或一个被踩破了的马蜂窝。

最后，有感情地朗读最上面和最下面两处对照句，即"也能吃？！"和"这么好吃？！"

赏析描写鸡油菌的句子。

点睛：中看——都是一般大小，有一块银元那样大，滴溜儿圆，颜色浅黄，恰似鸡油一样，这个还是比那个半干的牛粪有食欲，这是"扬"；不中吃——"只能做菜时配色用，没甚味道"，淡淡的，再一抑。

小结：有味道的，写得也有味道，三抑一扬；没甚味道的，作者干脆就一扬一抑，就此打住。

研 习

虽然注意放手让学生自学，但整体上外铄性教学的色彩比较重。不过，因为紧紧聚焦文本篇性的开掘，细腻而独到，且注意实然对话与隐喻对话的统一，仍然不断给学生以审美的惊奇。

四、现学现用，课中训练

师：现在，我们要做一次课中训练，阅读汪曾祺《端午的鸭蛋》里的一个语段，看看你们有没有很好地把握抑扬笔法。请看大屏幕。

生：高邮还出双黄鸭蛋。别处鸭蛋也偶有双黄的，但不如高邮的多，可以成批输出。双黄鸭蛋味道其实无特别处。还不就是个鸭蛋！

师：这是先怎样？

生：先一扬一抑。

师：接着读。

生：只是切开之后，里面圆圆的两个黄，使人惊奇不已。我对异乡人称道高邮鸭蛋，是不大高兴的，好像我们那穷地方就出鸭蛋似的！

师：这又是怎样呢？

生：再一扬一抑。

师：再读。

生：不过高邮的咸鸭蛋，确实是好，我走的地方不少，所食鸭蛋多矣，但和我家乡的完全不能相比！曾经沧海难为水，他乡咸鸭蛋，我实在瞧不上。

  师：最后再几扬呢？看仔细。

  生：再两扬。

  师：这就是有味道的表达。这个语段比刚才复杂了很多，在这种抑扬的笔法中，我们觉得文字颇显味道。一个普通的吃食，哪有那么多味道，可汪曾祺的语言却把它写得活色生香。

研 习

  及时审美迁移，化知成智，让学生在不知不觉中浸淫言语表现之美。不过，群文阅读中的最后两扬，可以继续点睛：只扬一次，行不行？从而让学生切实体悟汪曾祺的极化情感——散文的破类写法。

五、含英咀华，品读其他

  师：大家看看除了菌子外，你还觉得哪里也有特点？老师特别提醒大家，我们得把句子相互关联着去思考，不要孤零零地看一句。你来交流一下。

  生：卖杨梅的都是苗族女孩子，戴一顶小花帽子，穿着扳尖的绣了满帮花的鞋，坐在人家阶石的一角，不时吆喝一声："卖杨梅——"声音娇娇的！她们的声音使得昆明雨季的空气更加柔和了。

  师：你从气质上应该和这个女孩子比较接近的，但是对于其中一句，我对你的朗读特别不满意，我不能允许你把那句没有读出特点来，你自己想想。

  生：卖杨梅。

  师：请你娇娇地读一下。

  生：卖杨梅（怯怯地读）。

  师：你这是"羞"，还是"娇"呢？都来酝酿一下，谁可以？男生也可以，没关系，男人也有百媚千柔的一面。

  生：卖杨梅——（一男生读，"梅"字拖音处理，轻扬向上）

师：有点儿扬州味道里带一点北京味或者天津味，挺有味的。

（师不由自主地范读）

师：这个女孩子也成了一道风景。我刚才读出了她声音的美。那么，在这段文字里，她就是不开口，也很美呀！你们能分析一下吗？

生：这段一开始先写这个女孩子戴着一顶小花帽子，穿着扳尖的绣了满帮花的鞋，这就表现出这个女孩已经很美了。

师：如果"卖杨梅——"，我们称其声音的美，那么甜美，那么娇嫩，对于穿着，可以概括为服饰的美。

少数民族人们的穿着很美，她就是没有那娇娇的一声，往那一坐，就足够迷人了。你们看看她是怎么坐的？"坐在人家阶石的一角。"

你们现在这个坐法，那叫一屁股坐在凳子上。那个女孩是怎么坐的呢？从文中来看，我想她该是侧身坐着，双脚并齐，加之她又穿得很漂亮，不说话就很美，一说话怎么样呢？空气都变得更加柔和了。

这个就是卖杨梅的女孩，还有吗？上下关联着读句子，我们就会发现不一样的味道。

刚才有位同学要说说卖缅桂花的房东母女。好，你来说。

生：雨季的花是缅桂花。缅桂花即白兰花……她大概是怕房客们乱摘她的花，时常给各家送去一些。有时送来一个七寸盘子，里面摆得满满的缅桂花！带着雨珠的缅桂花使我的心软软的，不是怀人，不是思乡。

师：你能分析一下最后两句话吗？这里的语言有没有味道？

生：他后面说的是"摆得满满的缅桂花"，还有前面的"七寸盘子"。这就是说，房东送来的缅桂花很多，说明她十分热情，十分热心。

师：她们不怕房客摘吗？她们要拿这个去维持生计，怕不怕？

生：不怕。

师：怕。你看人家怎么讲？怕他们乱摘她的花，这话什么意思？

不是绝对的、完全吝啬那个花，她是惜物爱人。如果她真的吝啬，就不会有下一句"时常给各家送去一些。有时送来一个七寸盘子，里面摆得满满的"，这"满满的"仅仅是花呢，还是承载着房东对房客们什么样的情感呢？

生：热情。

师：满满的热情，满满的善良与心意。

仅从"娇娇的""怕"两个词切入，便能将朗读品鉴上升到入境、入情、入味。作者言语表现匠心的高度，谈笑间将语文核心素养浑然天成地落实，这恐怕是热衷于教学技巧的语文教师难以望其项背的。

六、顾盼有情，最是"汪文"

师：汪曾祺这样谈及他的小说创作："好的语言应该像一弯流水，曲折流去，不断向前，又时时回顾，才能生动多姿。"他把这种手法叫作"顾盼有情"，我们可以称之"顾盼生情"。

那么，汪曾祺写这篇散文，他究竟想对昆明那段生活寄托什么样的情呢？文章里有没有直接的表达？我们说这是一篇散文，散文是必须有"我"的。这篇文章里带"我"的地方很少，谁能找到？

生：我想念昆明的雨。

师：几处？两处！分列前后，互相照应。可见，作者对昆明的雨，首先是有怀念、想念之情。作者直接融入自己情感的就是这两句话。

其余的地方，我们看不见作者"我"。"我"去哪里了？"我"就在你们刚刚解读的那些具体事物的句子的背后，他把自己藏了起来，但首尾两处没有藏，他说"我想念昆明的雨"。难道40年过后，汪曾祺追忆那段生活的时候，想念的仅仅是昆明的雨吗？他还在想念什么？

生：昆明的人，比如房东母女，还有杨梅、缅桂花……

师：我们刚才费了那么大力气分析的还有什么？

生：昆明的菌子。

师：好，好像我们读着读着会产生一种错觉：在汪曾祺的笔下，岁月静好。可事实是怎样的？这篇文章写的是追忆40年前，也就是1944年，那是战火连天、日子贫瘠不堪的时候。日子本该是灰色而沉重的，但在汪曾祺的笔下却是明亮、丰满、使人动情的。我们看不见他们的失意，有的却是他们带给我们的满纸诗意。

最后，我想借用作者的一首小诗表达我对这篇文章的喜爱。汪曾祺想念昆明的雨，而我想念这样一首诗。

莲花池外少行人，野店苔痕一寸深。浊酒一杯天过午，木香花湿雨沉沉。

我爱这昆明的雨。

研 习

由单篇关联到作家整体的语言追求（曲折、顾盼、有情），并且追溯"情"的独特表现方式——淡淡地显，深深地藏，因之触及了文本的情感蕴藉特色。还挖掘出更深层的言语表现情趣——在灰色的岁月，用文字酿造满纸的诗意，这种尺幅千里、灵动饱满的教学追求，让人沉迷。

附板书设计

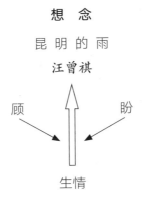

总 评

提及语文赛课或示范课，不少人会将之与"作秀"联系起来——绞尽脑汁地制造亮点，不计成本地反复演练，不顾学情地高、大、深满灌……

在这种功利而虚伪的语境中，张宏老师能忠于学情，忠于课型，忠于自我的文本解读体验与思考，坚守语文体性，循审美散文之类性，引领学生优游涵泳，不断开掘文本篇性，上出语文课的朴实、灵动与深刻，令人振奋。

一、向着"独特"处不断漫溯

实录给人最直接的心灵震撼就是篇性的审美开掘，出人意料，却又在情理之中，自然实现熟悉与陌生的相乘。

主要表现在：

1.聚焦矛盾处。文题叫《昆明的雨》，为什么全篇并没有用大量笔墨正面去写昆明的雨，却津津有味地写了仙人掌、杨梅、缅桂花、淡淡的乡愁？这是从写作切入点开掘篇性。

2.聚焦奇异处。写了这么多东西，竟然能多而不乱、多而不散，怎么做到这一点的？于是，学生悟到了文眼"雨"的外统摄，情感主旨"喜爱与想念"的内统摄。这主要是从文眼的角度开掘篇性。张老师教学中虽未出现内统摄、外统摄这两个词，但和学生的对话中，意思完全表达出来了。

3.聚焦隐秘处。主要体现在"牛肝菌色如牛肝，滑，嫩，鲜，香，很好吃"一句的教学处理上。张老师用的是还原法，将"滑，嫩，鲜，香"中的逗号换成顿号让学生悟读——牛肝菌的好吃，作者的享受，这是从标点的妙用上开掘篇性。

4.聚焦浓墨处。主要表现为对干巴菌描写中"三抑一扬"手法的深入体悟与会通，这是从表现手法张力的角度开掘篇性。

篇性开掘是对创作规律的本然呼应。从苏格拉底要求在细节的描绘中"现出生命""表现出心灵状态"[①]，到黑格尔、恩格斯强调典型塑造中的"这一个"，再到王国维突出的"大诗人之秘妙"[②]，鲁迅关注的文中"极要紧，极

---

① 朱光潜.西方美学史[M].北京：北京大学出版社，2000：37.
② 李铎.中国古代文论教程[M].北京：北京大学出版社，2000：359.

精彩处"①，优秀的作家创作时无不在追求：让作品燃烧着自我灵魂的火焰，彻底照亮读者审美的心灵。

篇性开掘是落实多重教育目标的最佳抓手。大到国家的育人目标、课程目标，小到单元教学目标、单篇教学目标，没有合适的抓手，阅读教学无异于老虎啃天。抓手太多，也会削弱目标的达成度，使语文学习有不能承受之重。篇性开掘尺幅千里，又会通无限，所以是最佳抓手。

篇性开掘还是语文专业性的体现。比如，同是意象抒情，无法区分李煜和李清照的个性差异，能称得上专业吗？

篇性开掘更是激发学生语文学习内驱力的需要。篇性因为独特、新颖，所以更能磨砺思维，开发想象，润泽情感，激发探究兴趣。缘于此，孙绍振先生呼吁："文本解读不应着眼于一望而知的表层的意象群落，而应着力于中层的情志脉以及更为深层的形式规范。"②他说的"深层的形式规范"，正是指文本的篇性。

从言语表现与创造的角度说，着眼于篇性揭示，可以更好地化知成智，涵养言语情性与人格，使语文学习更好地从占有式学习走向存在式学习。台湾学者贾馥茗认为，创造是人类利用思考能力，经过探索的历程，借着敏感、流畅与变通的特质，做出新颖独特的表现③。篇性审美不仅是独具慧眼的发现，更是为师生言语生命的绽放蓄势，进而可以更好地走向言语创造，确证自我精神生命的存在。

遗憾的是，这些常识并未被广大语文教师认知。或者，认知了却因畏难而干脆放弃，致使阅读教学长期陷入千夫所指的庸常、无聊、低效之境。

二、在整体统摄中比照、会通

篇性不能自显，须通过他者确证。

他者，可以是外部的，如张老师树立的"陪衬句"——牛肝菌色如牛肝，

---

① 鲁迅.鲁迅全集（第12卷）[M].北京：人民文学出版社，2005：434.
② 孙绍振，孙彦君.文学文本解读学[M].北京：北京大学出版社，2015：2325.
③ 林宝山.教学原理与技巧[M].台北：五南图书出版股份有限公司，1998：187.

滑、嫩、鲜、香，很好吃；也可以是内部的，如干巴菌描写中的抑扬手法，就在本身的交错之中互为他者。"我"字表现上的秘妙，也是在显和隐的内部互动中体现的。

当然，严格来说，内部他者也有一个不在场的他者存在。朱自清《背影》中父亲攀爬月台买橘子的场景描写，"我"的出现频率就很高，将作者彼时的情感失范现象很贴切地表现了出来。这种极度奢侈和《昆明的雨》极度俭省的用字现象，就构成一种互为他者、互相确证篇性的资源，完全可引入教学。

篇性确证后，可以群文阅读或直接习用，以强化对篇性的体知——深圳霍欣娟老师在引领学生感知了汪曾祺的抒情模式"形容 A 事物的词 ~~人的情感作用~~→用来形容 B 事物"，如"她们的声音使得昆明雨季的空气更加柔和了"，立刻出示情景句："火锅里开满了花椒，融化的牛油，沸腾的红油，不分青红皂白，麻醉了舌头"，让学生模仿便是。也许是出于时间或着力点的考虑，张老师选择的是阅读体验的会通——将《昆明的雨》和《端午的鸭蛋》中的抑扬手法进行比较赏析。

比照也好，会通、习用也罢，都必须有整体的统摄。唯其如此，知识的结构化才能得以保障，篇性开掘才会更加熠熠生辉。

综观张老师的教学实录，整体统摄主要表现在对双重文眼（形式上的文眼，"雨"；情感上的文眼，"想念"）的把握上。因为是作为篇性探究题抛出的，所以顺势而下，整体上把握了文本的结构与内容——

> 昆明菌子极多。
>
> 雨季的果子，是杨梅。
>
> 雨季的花是缅桂花。
>
> 雨，有时是会引起人一点淡淡的乡愁的。

他捕捉的文眼也被顺利转换成课眼和课脉。不过，张老师对文本情脉或结构的把握还可再深入一下，在课气的流畅、强旺方面亦可加强。"仙人掌—雨—仙人掌—菌子—果子—花—乡愁"这样一条行文线索，使得语言与情思的曲折、流动、顾盼特色跃然纸上。汪曾祺明确说过："语言不是外部的东西。它是和内容（思想）同时存在，不可剥离的。语言不能像橘子皮一样，可以剥下来，扔掉。"①所以，他追求的语言流动向前，顾盼多姿，也指情思。落实到《昆明的雨》，抒写对象不断变换，体现了曲折、流动的特色，仙人掌的两次描写，"我想念昆明的雨"两次回旋，并非啰唆而是在顾盼，很好地体现了独特的抒情景深。此特色未被充分开发，因此板书尚无法有力撑起教学内容。

不过，张老师的情趣统摄堪称一绝。无论是导入，还是各环节的启悟，甚至无意中出现的口误——将"感官"衍化为"触觉""肤觉"，都被他瞬间点化成课程资源，体现出很超拔的教学智慧。

尤为难得的是，张老师在把握教学整体感的同时，还注意了对课型的观照——他提醒学生：这是一篇自读课文，可利用的学习资源不仅有文章本身，还有课后的阅读提示。视角选择上的篇性体认——作者没有用大量笔墨去写雨，那他写了哪些内容？还有后面的"圈点批注，佳段交流"教学环节，其实都是萃取了课后阅读提示中的要求。虽在放手学生质疑、探究的力度上还不够大，但因其自身深厚的文本解读功底，加上无处不在的问题意识、对话意识，自读课文的要求基本上被落到了实处。

三、注意类性辨识与体性坚守

孙绍振先生通过对散文发展史的梳理，将散文分成三类，即审美的抒情散文——偏于诗化、美化的审美抒情，遵循的是抒情逻辑；审丑的幽默散文——偏于对并不美好的事情、荒诞情感的书写，遵循的是幽默逻辑；审智的学者散文——偏于智性观念的表达，遵循的是理性逻辑②。

循此理论，《昆明的雨》显然属于审美散文，其文类特性便是诗化、美化的抒情。张老师深谙此理，扣住文眼"想念"，引导学生不厌其烦地朗读，通过降调、节奏、重音，读出享受感、娇娇感、怀念之情，包括对卖杨梅女

---

① 汪曾祺.中国文学的语言问题 [A] // 汪曾祺文集·文论卷 [C].南京：江苏文艺出版社，1993：1-2.
② 孙绍振.文学创作论 [M].福州：海峡文艺出版社，2007：394-417.

孩形象的体悟，对卖缅桂花房东母女善良、热情内心世界的把握，其实都是在悟诗化的情感。

在诗化情感的玩绎上，张老师并未只在一个层面滑行。他问学生："难道 40 年过后，汪曾祺追忆那段生活的时候，想念的仅仅是昆明的雨吗？他还在想念什么？"从而将审美引向对汪曾祺在贫瘠生活中酿造诗意的言语人格和自然醇美的留白艺术的体悟上。

诚然，当时生活的确贫瘠到了极致。有学者写道："学校教室不够，图书馆坐不下，就到荒野去看书；没有桌子，就在装肥皂的木箱上写论文、写小说……"[①]汪曾祺在其他作品中也不止一次地写到当时的艰苦——学生吃的饭是通红的糙米，饭里什么都有：砂粒、耗子屎……被称为"八宝饭"。如果裤子破了，他们就用一根麻绳把破处系紧；如果鞋底下有洞，还特制一则谜语来逗趣。可见，再艰苦的生活也没有磨灭他们诗意而乐观的情怀。

据说，一位曾在西南联大任教的学者赴美国讲学，美国人问他："西南联大 8 年，设备条件那样差，教授、学生生活那样苦，为什么能出那样多的人才？"一个专门研究联大校史的美国教授以为联大 8 年出的人才，比北大、清华、南开 30 年出的人才都多。为什么？这位学者回答了两个字："自由。"[②]

汪曾祺就是在这样艰苦而自由的环境中度过了最美好的青春时光。在这里，他不仅学到了很多知识，而且结识了亦师亦友、带他走上写作之路的沈从文老师，邂逅了相伴一生的妻子施松卿。这怎么能不令他 40 年后依然对昆明魂萦梦牵呢？写昆明的雨，不过是诗意、温馨、自由情怀的别样寄托罢了！

从这个角度说，张老师问得深刻，问得精准。倘若将上述史料简约地告知学生，或许会赢得更深眷的共鸣。如果与《背影》《白杨礼赞》所学过的选文加以比较，学生对《昆明的雨》诗化抒情的独特或许印象更深。

令人欣慰的还有，张老师将学生的目光引向更深远处——玩绎作者独特

---

① 舒畅.大后方历史文化风貌的文学再现——汪曾祺与昆明有关的散文、小说综论 [J].云南师范大学学报（哲学社会科学版），1995，27（2）：52-56.

② 汪曾祺.汪曾祺散文 [M].北京：人民文学出版社，2005：213.

的情感表达方式。双重文眼的统摄，结构上的顾盼生情，抑扬手法的妙用，标点中的春秋笔法……从而在形意统一中凸显了"形"，有力地捍卫了语文的体性，成功规避了将语文课上成思品课、历史课或文化课的风险。

这一要求看似常规，其实很多老师并未达到。

朗读教学：不能仅止于"共情"

——程翔《秋天的怀念》教学实录研习

程 翔

　　北京一零一中学副校长，语文特级教师，教育部"国培计划"专家库首批专家，教育部教师教育课程资源专家委员会委员，人民教育出版社教材编写委员，北京大学语文教育研究所兼职研究员，全国中语会学术委员会副主任，当代语文教学专业委员会副理事长，全国中语会常务理事，2017年入选国家"万人计划"教学名师。致力于语文课堂教学艺术，在阅读教学、写作教学、教材建设等方面有较深造诣。著有《语文教改探索集》和《语文课堂教学的研究与实践》，发表论文50余篇。

一、审美热身：入情朗读

　　师：今天，我们学习《秋天的怀念》。学习这篇课文要特别重视朗读，把握课文的感情基调，注意语气、节奏的变化，并在整体感知全文内容的基础上体会作者的思想感情。有的文章情感显豁直露，易于直接把握；有的文章情感深沉含蓄，要从字里行间细细品味。下面，给同学们3分钟，把课文放声读一遍。

　　（生自由朗读课文）

　　师：好，我们请一位同学给大家读一段，可以随便选一段读，谁来读？

（一生读第 6 自然段）

师：谁来评价一下他读得如何？

生：他读得有些快了，没有把最后一句母亲遗言的感觉读出来。

师：我们再请一位同学来读。这位女生，你想选哪一段读？

生：我选第 7 自然段。

（生读）

师：同桌评价一下她读得怎么样？

生：读得还是挺棒的，因为她朗读时的感情非常充沛。

师：刚才两位同学给大家展示了他们的朗读成果。现在，同学们四人一小组，挑选自己有感觉的一段，读给小组内的同学听，然后互相评价。

（生分小组朗读，师巡视指导。）

研 习

自由朗读、自由选读，带有审美热身的味道。先整体感悟，再局部感悟的教学考量，以及由体知到悟知的教学努力，也清晰可辨。

但因为并非指向诊断性评估，对学生朗读和评价也不置一词，甚至完全无视学生或模糊或走偏的发言（"没读出遗言的感觉""感情非常充沛"）——后来的逐段朗读，体悟情感基调，依然没有对此作出明确回应，失去了极其宝贵的应势而化的契机。

因此，看似教学引桥的自由选读，显得很碎片化，与后面环节的断裂感特别明显。

二、品读，把握情感基调

师：好，哪一组先推荐代表来读一读？

生：我们组推荐赵聪宇。

（赵聪宇读第 1 自然段，生鼓掌。）

师：你觉得自己读得怎么样？

生：情感处理得不好，还读错了一个字，"侍（shì）弄"不应该读成"侍（sì）弄"。"我"说话时的语气也没有读出来。

师：语气？其实是感情。你能说说这篇课文的感情基调是什么吗？

生：愤怒。

师：为什么是"愤怒"呢？

生：因为"我"的双腿瘫痪了，不能独立行走。

师：有同学举手了，看来不太同意你的观点。

生：我觉得是"暴怒无常"。

师：感情基调必须是贯穿全文的情感。"暴怒无常"没有贯穿全文，肯定不是这篇课文的感情基调。

生：我感觉这篇课文的感情基调是伤感。

师："伤感"这个词用得好，说说理由。

生：因为"我"双腿瘫痪不能走路了，最后母亲也去世了，所以我感觉"伤感"，"伤感"贯穿了全文。

师：有道理，但还不够准确。哪位同学继续？

生：我认为应该是"惆怅"。母亲非常心疼"我"，"我"每次暴怒，母亲都躲在一个角落看"我"，心情一定很惆怅。

师：这篇课文主要是在写母亲疼爱"我"吗？

生：不是。

师：那写的是什么呢？

生：写"我"怀念母亲，思念母亲。

师："怀念"这个词太笼统。"我"是怎么怀念母亲的呢？

生：用心怀念。

师：的确，是在用心怀念。好！现在，我们再请一位同学读一遍第1自然段，要读出感情来。

（生读第1自然段）

师：没有读出"我"瘫痪后的痛苦沮丧，读时语气语调要沉重一些，再试试。

（生再读第1自然段）

师：母亲原来挺喜欢养花的，是吗？

生：是。

师：后来，那些花都死了，这是为什么呀？

生：因为母亲把全部精力都放在照顾"我"上了。

师：当时"我"作为儿子，是否觉得母亲就应该那样做呢？

生：当时"我"觉得母亲就应该那样做。

师：那现在呢？

生：现在，"我"觉得母亲为"我"付出了太多，自己却没有回报母亲。

师：当时"我"作为儿子，想过母亲的苦与不幸吗？

生：应该没有。

师：那当时"我"只想什么呢？

生：只想着"我"的双腿瘫痪了和"我"很不幸。

师："我"从来没有想过谁的感受？

生：母亲的。

师：对。这时母亲已经怎么了？

生：已经患了肝癌。

师："我"当时知道吗？

生：不知道。

师："我"不知道，只是沉浸在什么当中？

生：只是沉浸在"我"双腿瘫痪的痛苦之中。

师："我"在写这篇文章时又是怎么样的呢？

生：很后悔。

师：同学们，那这篇课文的感情基调是什么呢？

生：后悔、自责、内疚、忏悔……

师：好！写下来，这篇课文的感情基调是"后悔、自责、内疚、忏悔"。朗读课文，特别是散文，一定要把握住课文的感情基调，要不然就读不好。当时，"我"只是在想自己怎么这么倒霉，却从来没有注意到母亲已经病入膏肓，所以第1自然段应该怎么读呢？

（一生读）

师：作者这样写的目的是什么？

生：为了表现"我"当时的暴怒无常。

师：只是为了这个吗？和表现"我"自责、内疚有没有关系？

（生沉默）

师：哪位同学提供一下帮助？先有感情地朗读，再回答问题。

（生读）

师：语速有点儿快了，要表现自责、内疚，不能读得这么快。再读一遍。

（生重读）

师：对，只有慢一点，才能表达"我"的内疚之情。当时，"我"是那么不——

生：不理解母亲，不关心母亲，不体谅母亲，不想母亲……

师：写"我"暴怒无常和表现"我"自责、内疚有没有关系呢？

生：有。通过写"我"的暴怒无常，突出"我"不关心母亲，表现"我"的自责与内疚。

师："我"当时的种种行为，简直就是在用刀扎母亲的心啊！现在，同学们齐读第1自然段。

（生读）

师：现在，老师给大家范读一遍（范读）。文中两个"好好儿活"的读法不一样。同学们看，史铁生捶打自己的双腿时说："我可活什么劲儿！"这句话简直就是在拿着一把刀戳母亲的心啊！最让母亲伤心痛苦的是儿子不想活，所以作者写母亲时用了——

生："扑"。

师：把"扑"这个动词圈画出来。把"扑"换成"走"，行不行呢？

生：不行，"扑"的动作既快又猛，表明母亲是要抓住"我"的手，不让"我"再捶打腿。然后，母亲说："咱娘儿俩在一块儿，好好儿活，好好儿活……"

师：第一个"好好儿活"是表达要活下去的什么？

生：信心。

师：信心！可是母亲马上就想到自己将不久于人世，所以她说第二个"好好儿活"时应该是带着哭腔的。好，下面我们再一起读一遍第 1 自然段。

（生齐读）

研习

虽然采取的是逐段悟读形式，缺乏设计感，但因为有情感基调的整体把握，也有局部、片刻的情感秘妙揭示，且所有朗读都奔着悟"情"、表"情"而来，注意详略处理以及学生愤悱处的适时点拨，所以教学总体看来依然曲折有致而又饱满圆融。

不过，对感情基调的把握值得商榷。教者肯定的是"自责、内疚、忏悔"，基本否定了"伤感""惆怅"，理由是前者一脉贯穿，后者没有。这显然是受文字表面释放出来的信息所遮蔽——写了母亲的两次失态（"扑"的动作和不小心说出"跑""踩"二字）、一次惊人的理性（昏迷前还惦记着有病的儿子和还未成年的女儿），以及自己的暴怒无常。这种尖锐的对比和渲染，的确能很好地表现自责、内疚、忏悔之情。

不可否认的是，文章写于母亲去世之后，上述激越情感的背后也染上了伤感、惆怅，深情的追念、感恩，以及奋发进取、回报母亲的决心与渴望等更为复杂的感情。这从文章的题目，还有结尾对菊花的象征性描写中，不难见出。伤感、感恩，也是一以贯之的。否则，后面的扬笔——像菊花一样"好好儿活"这一喻义的诞生，便会显得很突兀。

遗憾的是，教者并未意识到这一点，致使对话比较枝蔓而浅表。围绕文眼"怀念"展开的对话（如何怀念母亲？如何用心怀念？）还走向了虚空——没有正面应对，而是虚晃一枪，将学生的注意力引导到情感基调的把握上。

三、以气声和实声朗读表现情感

师：同学们接着往下看，写完第 1 自然段后，作者接着这样写："可我却一直都不知道……"这句用了一个有转折意味的词"可"，能把这个词去掉吗？为什么？

生：不能，把"可"字去掉，就没法表达"我"之前不关心母亲的那种状态了。

师：对，之前"我"只关心自己，这一转就转到了谁的身上？

生：母亲的身上。

师：好，你来读一读这一段。

（生读第 2 自然段）

师：这个转折是"我"的一个心理活动，表达了"我"的自责、后悔、内疚。读这一段，要会用气声的发音技巧。

生：用气声发音怎么读？

（师范读，生跟读。）

师：好，同学们接着往下看，下一段谁来读啊？

（一生读第 3 自然段）

师：你读得好像不够温柔哦！你再想一想，母亲的话是很温柔的。

（生重读）

师：有一个地方读得还不是很好。"絮絮叨叨地说"，就是说起来——

生：说起来没个完。

师：母亲没完没了地说，说得多了儿子便不愿意听了。母亲为什么要"絮絮叨叨地说"呢？

生：我觉得应该是她高兴吧。

师：母亲为什么高兴？

生：因为儿子之前都是说不去，现在居然同意了，所以母亲特别高兴。

师：这一高兴，母亲就回忆——

生：回忆起了儿子小时候快乐的事情。

师：母亲一回忆起儿子小时候快乐的事情，能控制住话吗？

生：控制不住。

师：对，控制不住，说着说着就刹不住车了，就突然说出了——

生："跑"和"踩"。

师：每次说到"跑"和"踩"，母亲就会突然觉得——

生：不能提儿子的伤心事。

师：母亲觉得这对儿子来说是很敏感的字眼儿，因为儿子现在已经不能"跑"，也不能"踩"了。所以，读到这个地方时要停下来。后面是什么呢？

生："她忽然不说了……"

师：对，同学们看，后面有省略号，那省略的是什么呢？

生：省略的是当年那一段非常开心的记忆。

师：对，就是当年那一段非常开心的记忆。然而，现在却不能说了。这是多么复杂的心理啊！请把这几句话再读一遍。

（生读）

师：朗读时要注意这个地方，因为当时母亲已经沉浸在对美好过去的回忆中，所以这个地方一定要读得稍微——

生：慢一点。

生：不应该是慢，而应该是快。母亲一想到儿子美好的童年，就会絮絮叨叨地说个没完没了，说着说着，就刹不住车，把儿子忌讳的字眼儿说出来了，但意识到后便立马就停下来。

师：同学们能体会到母亲这时的心理吗？

生：（齐）能。

师：那我们请一位同学把母亲当时的心理读出来。

（生读）

师：是不是读得有点儿快了？要注意停顿哦，重来一遍。

（生重读）

师：朗读技巧是次要的，关键是要读出情感。朗读这篇课文，当你真正处在那样一个情境中时，你会自然而然地停下来。现在，同学们听老师读。

（师范读）

师：接下来的这一段更重要。大家看，这一段非常短，作者为什么要让它单独成段呢？朗读时，我们又该怎样处理呢？谁来说？你来试一试。

（生深沉、伤痛地读第 4 自然段）

师：你为什么要这样读呢？你知道这一句表达了作者什么样的感情吗？

生：单独成段是在强调此处表达的感情。

师：这个地方的感情特别复杂，哪位同学试着有感情地读一读？

（生读第4自然段）

师：这个时候，作者的感情是怎样的呢？

生：非常非常后悔。

师：非常非常后悔，已经控制不住自己的情感。一个人说话时，控制不住自己的感情又努力想控制，发音会有什么特点呢？

生：哽咽，断断续续地说。

师：很好。哽咽，断断续续，你就这样重新读一遍。

（生读第4自然段）

师：现在，同学们听老师读。

（师范读）

师：这一段表现了作者极度自责、后悔、内疚的情感。现在，请同学们自由朗读，要读出这种情感。

（生自读，师巡视指导。）

师：同学们读得很好，大部分同学用了气声。气声和实声是两种基本的发音方法，对表现作者的情感来说很重要。下面，老师再给大家示范一下。

（师示范两种读法）

师：同学们说说，哪一种方式更能表达作者极度自责、后悔、内疚的情感？

生：气声。

师：咱们再请一位同学接着往下读，谁来读？

（生读第5自然段）

师：表现的感情还是欠缺一点儿。还有哪位同学想展示一下？

（生读第5自然段）

师：请注意，这一段"吐着鲜血"中的"吐"读"tǔ"还是"tù"？

生："tù"。

师：是"tù"着鲜血，这个字的发音要注意。还有，两个"没想到"要重读。"我"为什么就没想到呢？

生：因为"我"之前就没想过母亲。

师：对，当时"我"只想着自己了，根本没想过母亲，所以写这篇文章时作者才连用了两个"没想到"，而且在第二个"没想到"前面还用了"绝"字。哪位同学重新读一下这一段？

（生读）

师：有点儿小问题，"我没想到"应该用气声重读，再来一遍。

（生再读）

师：很好，你会用气声朗读了。会朗读是一件很幸福的事情，是吧？好，我们接着往下读。你来。

（生读第6自然段）

师：最后一句话读得有点儿问题，母亲那时候说话还有力气吗？

生：没有了。

师：对，已经没有了力气，那这句话应该怎么读啊？你再重新读一遍。

（生读）

师：这次你读得太好了！请坐。最后一段，谁来读？没有读过的同学要积极举手哦！倒数第二排那个长得很帅的、戴眼镜的小伙子。就是你，你来读最后一段。

（生读第7自然段）

师：你是用气声读的，说明你学会了这种朗读方法，但不是表达情感的都要用气声读。你知道这一段为什么可以不用气声读吗？

生：这一段作者是在陈述而不是表达自己的感情。

师：这一段作者还是在表达感情，但是他要表达的是一种什么样的感情呢？同学们想一想，这时母亲已经怎么了？

生：去世了。

师："我"和妹妹没有一直消沉下去，而是——

生："好好儿活"下去。

师：对呀！这一段应该怎么读才能表现出"好好儿活"呢？

（生再读）

师：孩子，你还需要把声音读得再实一点，要像我这样读。

（师实声范读，生再读。）

师：这次读得很好！"泼泼洒洒，秋风中正开得烂漫"这一句表达了作者什么样的感情？

生：一种对生命的感悟。

师：你是说，菊花在百花凋谢后依然在秋风中坚强地开着，这句表达了作者对生命坚强的感悟，是这样吗？

生：是。

师：好，我们接着往下读。

（生读最后一句）

师：情感表现得不对。"我"和妹妹在一块，要——

生："好好儿活"。

师：这个"活"应该怎么读？读时要表现出活下去的什么？母亲最希望的又是什么？

生：母亲希望"我"好好儿活下去。

师：对，母亲希望"我"和妹妹相依为命，坚强地——

生："好好儿活"下去。

师：好，你再重新读一遍。

（生读）

师：同学们，这节课的学习重点是通过朗读体会作者在《秋天的怀念》中表达的情感，掌握气声朗读与实声朗读的区别和技巧。好，这节课就上到这儿。

研习

有感情地朗读，抓住"可""絮絮叨叨""没想到""好好儿活"等词，还有省略号的表现功能，体会人物复杂隐幽的内心世界及作者的抒情艺术，守住了语文的体性，切中了文本的类性——审美散文抒情的自由与个性，上出了语文的味道。

气声朗读与实声朗读的指导，或许是受到音乐中气声唱法的启示，将其引入散文教学，更是将入境入情入性的朗读、体悟与表现推向巅峰。

孙绍振先生指出："特殊性越丰富，就越是具体。单纯的'这一个'，还可能是抽象的，具体分析要分析到'这一个'的'这一首'，这一情感的'这一刻''这一刹那'。"[①] 教者的气声朗读和实声朗读便是文本情感与形式表现特殊性、丰富性揭秘的一种尝试，深入"这一刻""这一境""这一情"，的确颇具感染力。

美中不足的是，所有提问均由教者发出，两种朗读方式也是直接授知，致使学习的被动、对话的琐屑、学生审美创见的稀少难以避免。"可"字转折的秘妙，"她出去了，就再也没回来"独立成段的匠心，最后一段对菊花丰姿的描写，在审美开掘上还不够充分。

总　评

共情（empathy），又称"神入""同理心"，有时也被译为"同感""投情"等。在语文教育中，特指主体间情思共鸣、生命融合的审美状态。

朗读以共情是很多语文教师的追求。所谓朗读以入境、入心，也是为了共情。因为达致这个境界后，可以更好地内化语文知识，积淀审美素养，陶养言语人格、情趣，使教学更具语文味。又因朗读将所共鸣的情感表现出来，不是模仿，而是携带了自我审美体验、生命经历或想象的一种审美再创造，带有存在性学习的味道，更加剧了人们对这一教学形式的青睐。

问题是，很多老师注意了情，却忽略神、思或理，如生命哲学、价值观等的传递，文法、文势、文气的运营等，言语生命的牧养、言语创造的鼓荡更是缺席。即使在朗读以共情的过程中，下述问题也多被漠视：情无巨细，都需要"共"，需要表现吗？共"情"真的是语文教育的重点吗？朗读以共情又该遵循怎样的教育原则？

不妨借程翔老师的这则教学实录，略作探讨。

---

① 孙绍振. 月迷津渡——古典诗词个案微观分析 [M]. 上海：上海教育出版社，2012：15.

一、共情：共的是入境、入心后独特的情

朗读以共情——体会《秋天的怀念》中所表达的情感，是程老师这节课的唯一教学目标。掌握气声朗读与实声朗读的区别和技巧，是为了服务于这一目标。

与一般老师沉陷于入情以表（达）情的琐屑朗读，还有看似任务板块推进，实则并无内在课脉贯穿的断裂阅读有异的是，程老师的朗读很看重情感基调把握——因为有了这种整体把握，后面对具体情境的感悟，对人物内心世界的解读，便不容易跑调。为此，他倾注了不少时间，在经历了"愤怒""暴怒无常"等一系列误判和纠错后，最终引领学生捕捉到"自责、内疚、忏悔"这一情感基调。

难能可贵的是，对局部、片刻的独特情感面貌，程老师也很关注，并努力让学生通过朗读的变式——"哽咽""断断续续""慢一点儿"或"没有力气"等，将之表现出来。这便使朗读的多样性、文本情致的丰富性、教学的灵动性高度统一了起来。

程老师的朗读还关注情感的复合性。情感基调是"自责、内疚、忏悔"情感的复合；"我"的暴怒无常和自责、内疚情感的表达是有一定关系的；"咱娘儿俩在一块儿，好好儿活，好好儿活……"前一个"好好儿活"表达要活下去的信心，后一个则想到自己将不久于人世，所以应该是带着哭腔说的。

审美散文以抒情为己任。相对于诗歌概括的、极化的情感，审美散文的情感更偏于具体、平实的个性。这些类性，不少老师也都知晓，但真正落实到教学，又会不知不觉地过滤或遗忘，所以文本中丰富、变化而独特的情感常被处理得狭隘、浅表、静止和大众化，看似读得摇曳多姿，其实空洞得很。从这个角度说，程老师的朗读教学顺应审美散文的类性，关注情感的整体性、独特性、复合性，确是文本的知音。

不过，情感基调的把握，忽略伤感、惆怅等情感，有失妥当。对文本情脉的忽略，或只盯着情感而弃更广大、丰富的内心世界于不顾，更是不妥。比如，作者"好好儿活"这一信念之花，并非一下子盛开的，三处可见：

（1）砸碎玻璃或将东西摔向墙壁时，他喊着"我可活什么劲儿！"说明没有明白妈妈话的含义。（2）母亲大口大口吐血，作者两个没想到："我没想到她已经病成那样；看着三轮车远去，也绝没有想到那竟是永远的诀别。"这也说明没有明白妈妈话的含义。（3）"又是秋天"，说明作者悟出坚强生活的道理已是时隔一年之后。其间，"冲动—震惊—坚定"的心路历程一目了然，"我"和"母亲"心理互衬式描写中"激越—舒缓—平静"的叙事节奏也格外具有审美冲击力。

朗读教学没有触及这个层面，整体感的把握恐很难清晰、深刻。

二、深入的共情，更需共智——体悟篇性

这说明，朗读以共情要达到更高境界，必须深入开掘文本篇性。简言之，朗读不仅要体味作者表现了什么样的情，更要体悟是如何独特表现的。

这方面，程老师的审美开掘极为自觉和纤敏。

对"扑"字的鉴赏——把"扑"换成"走"行不行呢？对"你偏说那杨树花是毛毛虫，跑着，一脚踩扁一个……"一句中省略号的玩绎——省略的是什么呢？对"她出去了，就再也没回来"一句抒情价值的分析——这一段非常短，作者为什么要让它单独成段呢？

……

没有渊深的学养，根本无法触及这些"极要紧、极精彩处"（鲁迅）。

但是，不可否认，依然有不少篇性未被充分开发。

比如，选材的典型性。所选的三件事情——好好儿活、沉浸往事、临终牵挂，无一不是抓住有意味的瞬间来刻画，或渲染或勾勒，极具画面感，将朱自清所说的"刹那主义"体现得淋漓尽致而又悄然无痕。更为绝妙的是，其间至少有两条线贯穿：一条是"好好儿活"的明里呼应、暗里维系；一条是"菊花"意象的统摄——写母亲的两件事都与菊花有关（爱花、看花），看似写实，但因在菊花中寄寓了对母亲的追思、礼赞，母亲坚韧生活的品格，还有"我"决定开出烂漫之花的思考，因此象征意蕴郁勃。

由此带来了命题艺术上的篇性。不说怀念母亲，不说怀念菊花，而说秋

天的怀念，一而再再而三地将复杂的思念之情蕴藉化、诗意化，为我们开辟了一个极为广袤深邃的想象空间。秋天，可以说是母亲即将凋零的生命写照，更是其淡雅、芬芳、深沉、热烈的精神生命的映射。反之，说是自我身心的双重象征，由怀念反弹出坚定生活、烂漫生活的信念，也未尝不可。

品悟如此丰富而独特的言语创造之美，学生是否更能共情？

三、超越共情，实现精神生命的最佳牧养

朗读以共情，还应与言语人格的陶冶、言语生命的牧养乃至言语表现与创造的蓄势紧密结合起来。只有这样，语文教育才会产生强劲的内驱力，促使学生自觉走出占有性学习的泥沼，步入存在性学习的美好境地。

实录中，虽然没有写的训练，但程老师和学生对文本措辞、省略号、象征意蕴等的探究，无一不是在为言语表现与创造蓄势——有感情地朗读其实也是言语表现的一种方式。对母亲内心世界以及"我"复杂情感的感悟，对泼泼洒洒的菊花象征品格的体悟，则带有言语人格牧养、言语想象开发的味道。

然而必须指出：程老师对存在性学习的重视还不够自觉。这从其教学目标的定位不难一窥消息。

仅止于情感的体悟，且让形式表现之美的体味全部服从于这一目标，这是颠倒了语文课程知识的主次，很容易丧失语文的体性。虽然把握了审美散文的抒情特征，对独特之情的体悟也有了比较深入的探索，但是对独特抒情秘妙的揭示——如选材聚焦有意味的瞬间，结构上的相反相成，多条线索并进的复合抒情等，并未在朗读中得到有机的观照和发掘，因而"关系中"产生的美在朗读中释放得还不够酣畅——美总是随关系而产生，而增长，而变化，而衰退的[①]。不明乎此，教学的浅表化、碎片化、琐屑化便在所难免。

如果对存在式学习极度自觉，还应该点染作者生命之花怒放的事实——

---

① ［法］狄德罗. 狄德罗美学论文选 [M]. 北京：人民文学出版社，1984：29.

母亲去世后（1977 年），史铁生开始通过写作走出绝望的深渊，探索生命的意义。从 1979 年创作至 2010 年去世，他写下了许多优秀的篇章（短篇小说 28 篇，中篇小说 6 篇，长篇小说 2 篇，随笔散文 14 篇，其他 4 篇，电影剧本 2 部）。华中师范大学王又平指出：史铁生是新时期中国最优秀的作家之一，"他不是通过作品传达思想，而是引导读者探索生命的意义"①。

如此，朗读以共情庶几可以发挥出更动人的教学魅力。

---

① 范宁．著名作家史铁生魂归地坛，作品感动鼓励无数读者［EB/OL］. http://www.anhuinews.com/zhuyeguanli/system/2011/01/01/003625796.shtml.

"课气"：如何更旺盛、畅达

——刘兆刚《壶口瀑布》教学实录研习

刘兆刚

　　全国优秀教师，江苏省语文特级教师，正高级教师，江苏省"333高层次人才培养工程"培养对象，江苏省教科研先进教师，徐州市拔尖人才，徐州市优秀教育工作者，徐州市学科带头人。曾获江苏省课堂教学大赛一等奖，所带班级获徐州市先进学生集体。主持江苏省重点课题"初中语文阅读教学言意转换的实践研究"，获江苏省教学成果奖二等奖。主持江苏省教育科学"十三五"规划课题"叶圣陶语文言意关系本体论教学思想研究"。出版专著《语文之路》，在《语文学习》《中学语文教学》等重要学术期刊发表论文30多篇。

一、有格修辞

（一）朗读、整体感知

1.默读，今天我们学习梁衡的《壶口瀑布》。

投影：

壶口瀑布是世界上最大的黄色瀑布。黄河奔流至此，河口忽然收束，在不到五百米的距离内，河面宽度从数百米急剧收窄为二三十米，河水流速陡增，势若万马奔腾；同时，河水从二十多米的高处，飞速跌落至直径五十余米的大石潭中，声如洪钟巨雷，形成罕见的奇观。

2. 领读。世界上最大的黄色瀑布，这荣誉了得！

投影：

河水从五百米宽的河道上排排涌来，其势如千军万马，互相挤着、撞着，推推搡搡，前呼后拥，撞向石壁，排排黄浪霎时碎成堆堆白雪。山是青冷的灰，天是寂寂的蓝，宇宙间仿佛只有这水的存在。

3. 分任务读。梁衡说："散文既是一种艺术，其美是有层次的。我认为可以分为三层。第一个层次是描写的美。第二个层次是意境的美。第三个层次是哲理的美。"像这样美的作品，如何学？生杂然答"朗读"，师让学生勾画出"所至""所见""所感"文字，分任务朗读：师读"所至"（游踪）、男生齐读"所见"（风貌）、女生齐读"所感"（感想）。

（二）"比喻"切入雨季壶口瀑布

师：本文是按照什么顺序来写雨季的瀑布的？主要用了什么手法？

生：作者按照从远到近、从高到低的顺序来写。

生：从声音到画面的顺序。

师：写声音和画面都运用了怎样的修辞方法？

生：比喻，"车还在半山腰就听见涛声隐隐如雷……""那河就像一锅正沸着的水"。

师：你来说说他读得怎么样？

生：他的语气很平淡，没有读出"涛声隐隐如雷"所表现的水势浩大、流速很快的样子。

生：也没读出浪花翻滚、汹涌奔腾、水汽腾腾的状态。

师：你试着给大家读一下？

（生读）

师：听出他读得语速快，"雷"字读出了重读。老师感觉"正"字后面也要稍微停顿一下，"沸"字也要重读。下面找一位同学再来读一读。

（生读）

师：读得真好！写瀑布，按理应重点写雨季的瀑布，此文为什么写雨季瀑布的文字反而这么少呢？

生："正是雨季，那沟已被灌得浪沫横溢""水浸沟岸"，瀑布已经被浩大的水势吞没了，看不到了，于是就急慌慌地扫了几眼，匆匆逃离了。这样是为了留出笔墨，重点写枯水期的瀑布。

师：虽是寥寥几笔，可写得怎样？

生：有声有色，极为骇人，让读者跟着作者"心还在不住地跳"。

（三）"拟人"通向枯水期壶口瀑布

1.寻读第3、4自然段，完成表格。

所至（立足点）	所 见	景物特点
河心俯视"河中河"	龙槽"壶口"	奇
依河心大石仰视上游	滚滚而来的黄河水	雄
视线随河水由上至下	跌入深沟，碎为水雾	险
平视龙槽两边	千姿百态的河水、水雾、彩虹	多姿多彩
视角转到脚下立足点	被河水冲刷侵蚀的河底巨石	震撼人心

2.赏读拟人修辞格句。

师：第3、4自然段写了枯水期的壶口瀑布，这是本文的重点。请大家默读这两部分内容，看看作者总共运用了多少次拟人手法？为什么这样运用？对表达这篇文章的主旨有何作用？

生：太多了，数不清啊！

师：看看有几处集中运用拟人手法的地方就行了。

生：写滚滚而来的黄河水，用了拟人的动词：排排涌来、挤、撞、推推搡搡、前呼后拥、霎时碎成。

师：大家齐读，体会拟人写法的效果。

生：河水从五百米宽的河道挤进壶口，只有用这些拟人的动词才能表现出那种惊心动魄的情景。

师：你再读一读，要读出惊心动魄的感觉。

（生读）

生：大量的河水突然跌入只有四十米宽的壶口，"来不及想一想、一齐跌、更闹、更挤、更急、飞转"，用这些拟人的动词写水流的声音、横向宽度、纵向流速等，都十分准确、全面。

生：第4自然段继续写壶口，五次"跌"，三次"碎"，细致而生动地写出瀑布飞流直下的动态，强化了瀑布流水的力度，具有独特的色彩和音节效果。

师：阅读和体会龙槽两边的水、水雾、彩虹的拟人描写，说说作者"陷入沉思"之后议论的好处。

生：龙槽两边的水的拟人描写，更加多种多样，让我们更加感叹作者高妙的艺术手法。"陷入沉思"后的议论，也是抒情，为最终揭示黄河水显现的人的精神奠定了基础。

师：写了瀑布之后，为什么还要写脚下的石呢？又是怎么写的？有什么深意吗？

生：写脚下静态的石，是为了表现动态的水。

生：石的"窟窟窍窍"，千奇百怪，形成龙槽大坑，都是由于水"被压迫"。这里仍然用了拟人手法，如"怒不可遏""毫无软弱""以力相较""奋力抗争""切""剁"等，既是写水，也是写人，结合得天衣无缝，十分巧妙。

（生鼓掌）

师：你说得太精彩了！课文最后一段的抒情就水到渠成了，请齐读并体会其佳妙之处。

生：作者情不自禁，高度赞美黄河水的"个性"，从而完成全篇文章之意的升华。

师：是啊，《壶口瀑布》这篇精美的游记散文，用精美遒劲的语言，描写壶口奔腾不息、气势磅礴的黄河水，点明意味深长的哲理——中华民族历尽艰难始终不屈不挠的伟大品质。让我们总结文章拟人手法的巧妙之处。

投影：

> 角度新颖，虚实相生，引发联想想象。
> 拟人新奇，景物写活，不重复旧套子。
> 多次拟人，贯穿全文，交织反复排比。

二、无格修辞

投影：

著名语言学家吕叔湘认为，那种认为修辞主要是讲修辞格的想法，恐怕是不妥的。修辞好比穿衣服，人体有高矮肥瘦，衣服要衬身，季节有春夏秋冬，衣服要当令，男女老少衣服的材料花色，不尽相同，总之是各有所宜，修辞就是讲究这个各有所宜。至于修辞格，是好比在做领子或袖口上，滚一道花边，或在胸前别个纪念章什么的，是锦上添花的性质，要是不管什么场合都要想方设法按上几个格，那是小生的玩意儿，会写文章的人是不这么写的。

师：刚才我们分析了拟人、比喻等修辞格，那么没有修辞格的地方，就没有修辞现象了吗？你们前后三人一组，可以从词语选择、句式选择、结构选择、风格选择四者中任选一个角度讨论，合作时各小组互相交流每一个同学写出的内容。

投影：

可以关注一个词语，分析一个句子，理解一种结构，品味一种风格。

（一）词语选择

师："词语选择"组同学挑选一个自觉最好的遣词，分析它为什么能特别好地表达作者的思想感情。

生："三跌""四跌"中的"三""四"能看出壶口瀑布特殊的构成，也写出水与石搏击过程中的艰难与困苦。

生："更闹""更挤""更急"中的"更"字用得好，突出"闹""挤""急"的程度，展现河水急坠的画面。

师：你能说说是怎样的画面吗？

生："闹"说明声音特别响；"挤"是说水拥挤在一起，壶口很窄才觉得拥挤。"急"是写水一股劲地冲进去。

师：一般说到生动，大家都会选形容词和动词，但是这两位同学选的是数词和副词，那么动词和名词呢？

投影：

排排黄浪霎时碎成堆堆白雪（白水）。

沟底飞转（翻滚）着一个个漩涡……

生："白雪"表现了河水在黄色与白色的交融中所表现的视觉冲击，给人震撼。

生："白雪"体现排山倒海的气势，有画面感，"白水"没有写出水冲撞之后的变化。

生："飞转"写出河水从高处跌落之后不停打旋的状态。

生："翻滚"的程度就轻一些，没有准确表现水跌落之后的速度。

师：以词语作为砖，文章就好比房子，所谓修辞，就是我们用砖如何来建造房子：用哪块砖，不用哪块砖，这叫遣词；怎么把这些砖排列起来，让它们形成一定的形体，这是造句。我们不仅要关注惯常使用的动词、形容词，而且不要忽视名词、数词和副词。事实上，无论实词、虚词，都具有丰富的修辞功能。叶圣陶指出："思想是有一条路的，一句一句、一段一段都是有路的，好文章的作者是绝不乱走的……作品的各要素（它的一个层次或阶段）或它的特殊结构因素发挥着各种功能，它们一起揭示艺术作品的'观念'。"这里的"观念"就是从"壶口"之景、"壶口"之情到"壶口"之理的潜在意义揭示的言语主体深层的意蕴。所以，我们千万不要小看那一个个词语，用对了地方，它的作用就大得不可想象！

投影：

很难替代，独具色彩——词意与哲思就在这里。

（二）句式选择

师：下面请"句式选择"组的同学发言。

生："我突然陷入沉思，眼前这个小小的壶口，怎么一下子集纳了海、河、瀑、泉、雾所有水的形态，兼容了喜、怒、哀、怨、愁，人的各种感情。造物者难道是要在这壶口中浓缩一个世界吗？"这样的句子比陈述句感情更加强烈和饱满。

师：壶口瀑布兼有水的形态，兼具人的各种感情，象征各种人性。作者以此抒发自己的赞美之情，使文章主旨得以升华。下面大家再来看看老师改写的句子怎么样？

投影：

原文：河水从五百米宽的河道上排排涌来，其势如千军万马，互相挤着、撞着，推推搡搡，前呼后拥，撞向石壁，排排黄浪霎时碎成堆堆白雪。

改文：河水从五百米宽的河道上涌来，其势如千军万马，互相挤撞推搡，前呼后拥，撞向石壁，黄浪霎时碎成堆堆白雪。

生："互相挤着、撞着"之间的顿号就表明水冲撞时的短促气势。"推推搡搡""前呼后拥""撞向石壁"四字排列，与前面"互相挤着""撞着"构成"四—四—四—四—二"的句式结构，这样不仅展现出水流遇到石壁时飞泻而下的状态，而且错落有致、音韵和谐、美不胜收。改为"挤撞推搡"，就感觉不到水流动的状态了。

生：叠词"推推搡搡"读出拖音，水前进的姿态就会由听觉诉诸视觉，更富有立体感，增加文章的音韵美，而且突出河水排山倒海、湍急汹涌的气势。

师：你给大家读读。

（生读）

师：真好！你不仅注意了语言形式的变化，更注意了内容的变化。老师一开始只是希望你们发现句子骈散结合的妙处，但是你们发现了简单的语言要比复杂摇曳的句子更加促发人的想象。

生：我还觉得，删掉叠词"排排"，就无法体现后面作者所说的仰观河面，浊浪奔涌，"宇宙间仿佛只有这水的存在"的奇险，修饰词"排排"还有一种阳刚、崇高之美。

师：你们理解得太深刻了！我国著名的美学家朱光潜说："文章中每一个意思或字句就是一个兵，你在调用之前，须加一番检阅，不能作战的，须一律淘汰，只留下精锐，让他们各站各的岗位，各发挥各的效能。排定岗位就是摆阵势，在文章上叫作'布局'。在调兵布阵时，步、骑、炮、工、辎须有联络照顾，将、校、尉、士、卒须按部就班，全战线的中坚与侧翼、前锋与后备，尤须有条不紊。虽是精锐，如果摆布不周密，纪律不严明，那也就成为乌合之众，打不来胜仗。文章的布局也就是一种阵势，每一段就是一个队伍，摆在最得力的地位才可以发生最大的效用。"同学们，写文章就好比排兵布阵，指挥士兵要有智慧和眼光，我们一定要当有能力、有智慧、有眼光的指挥员啊！（生笑）

投影：

巧设骈散，故意长短。变化句式，独具色彩——句式变与不变，哲思就在这里。

（三）结构选择

师：下面来看"结构选择"组，你们谁发现了这篇文章结构上的某个特色？

生：文章雨季瀑布的简略描写与枯水期瀑布较为详细的描写，详略得当。

生：为了让读者认识到黄河"博大宽厚、柔中有刚"的个性，进而引申到"历经磨难，方显个性"的哲理。

师：全文具有详有略的结构特点，还有吗？

生：我发现全文是按照总分总的顺序描写的，第一段总写，以下分写了两次到壶口，最后总结点明主旨。

生：贯穿全文的线索是"壶口"。开篇扣题点"壶口"；中间写壶口瀑布之水、之石；最后由实写到虚写，写出壶口之"神"。

师：我国南北朝时期的文学理论家刘勰在《文心雕龙·附会》篇中说结构是"总文理，统首尾。定与夺，合涯际，弥纶一篇，使杂而不越者也。若筑室之须基构，裁衣之待缝缉矣"，阐明了文章重视谋篇布局、组织结构的重要作用。本文作者略写雨季瀑布，详写枯水期瀑布，全文用"壶口"意象贯穿，最终把文章组织为一个严密的整体，使各部分的组合井然有序，我们一定要学习作家这种构体成篇的写作艺术。

投影：

主次分明的结构，自然而然的线索——主要与次要，意脉彰显，哲思就在这里。

（四）风格选择

师：最后来听听"风格选择"组的发言。这一组是老师给定的讨论题：评论家何西评析《壶口瀑布》的语言是"畅达、清丽，比较考究"，你们感觉如何呢？

生："畅达"表现在文章对枯水季壶口瀑布的描写，采用定点换景的写法，立足点是"河心"，先写水，后写石，视角反复转换。作者先俯视龙槽，明"壶口"之来历；再仰观河面，看巨瀑之源头；然后视线随河水由上至下，"跌入"龙槽，继而又随水雾由下而上，直抵青山；接下来平视龙槽两边，细写千姿百态的河水；最后，视角转换，收回脚下，描写长年被黄河冲刷侵蚀的河底巨石。

生：我觉得是"清丽"。"排排黄浪霎时碎成堆堆白雪""山是青冷的灰，天是寂寂的蓝""亮晶晶的如丝如缕""都隐在湿漉漉的水雾中，罩在七色彩虹中，像一曲交响乐，一幅写意画"，这些句子尽显"世界上最大的黄色瀑布"清丽的特点。

师：那么，梁衡的文章为什么是"比较考究"的呢？

生：结尾的哲理阐发是作者由景及情进而升华黄河的象征意义，让人联想到中华民族历尽艰难始终不屈不挠的伟大品质。

师：是的，"通俗、好懂又有哲理"是梁衡对语言形式的一大追求。梁衡极为看重文章的语言美、形式美，他认为美的形式可以强化文章内容的思想性。正如朱光潜说的："在表面上重视用字的推敲，在骨子里仍是重视思想的谨严。唯有谨严，思想情感才能正确地凝定于语文，人格才能正确地流露于风格。"句子的长短，叠词的运用，拟人、比喻、反问辞格等就像花草的香味和色泽，自然而然地放射出语言的深层意味。

投影：

字字清丽，句句畅达，考究多多——形美与神美，哲思就在这里。

师：孩子们，你们感受到了吗？这不是壶口的问题，而是从"有格修辞"到"无格修辞"铸成的——壶口瀑布的伟大精神（板书），祝愿孩子们永远拥有壶口瀑布的伟大精神！

总 评

这里说的"课气"是与古人所说的"文气"相对而言的。

"气"是中国古代哲学中的一个重要概念。早在先秦时期，人们便认为"气生万物"，所谓"通天下一气耳"（《庄子·知北游》）。人生天地间，自然与气相关，不但人的生理与气有关——比如一口气憋不住，能举起来的杠铃也举不动，精神也与气相关，如孟子的"知言养气"说，王充以"天气""仁气""勇气"解释人之品性。再后来，又有"文气"之说，如曹丕的"文以气为主"，韩愈的"气盛言宜"，其间的内涵衍生清晰可辨。

文气玄虚而切实，这只需比较毛泽东的《沁园春·长沙》与戴望舒的《雨巷》便不难发现——前者文气充沛、劲拔，后者缠绵、柔弱。只是，平时的语文教学中，很少有人注意对文气的鉴赏罢了。

不鉴赏并非意味着文气不存在，更非意味着文气鉴赏不必要。事实上，如果对文气有独到的鉴赏，无论是阅读还是写作，都会有令人惊喜的收获。

这方面，夏丏尊先生的《所谓文气》可谓开风气之先。在文中，他重点谈了如何旺盛文气的写法：以一词统帅多句；叠用相同的句子，注意必要时善于变化——"有席卷天下，包举宇内，囊括四海之意，并吞八荒之心"即是；三是多用接续词，把文句尽可能地上下关联。[①] 这种旺盛文气的写作智慧对旺盛、畅达我们语文教学中的"课气"不无启发。

刘兆刚老师的《壶口瀑布》教学实录恰在这一点上极具学理阐释的价值。

一、课眼、课脉、细节的统一

通观整篇教学实录，刘老师的课气是比较充沛的，这集中表现在课眼、课脉、细节的统一上。

表面上看，课眼是"修辞"，有格修辞（比喻、拟人）—无格修辞（词语选择—句式选择—结构选择—风格选择）构成一条课脉；从内质上看，课眼是"伟大"，基本上按"水之形神—人之个性—民族性格"的课脉一以贯之。内外交融，文气整体上较为顺畅，尽管预设的成分较多。

特别是修辞视角的切入，卒章显志智慧的启悟，使文本鉴赏始终立足文本的言语形式，且不忘与言语内容的相谐——感悟黄河象征的中华民族历尽艰难始终不屈不挠的伟大品质，既有力地捍卫了语文体性，也开掘了散文的哲理品格。形式与内容主次关系的把握，教学节奏与文本节奏的暗合，使得课气连贯到高潮戛然而止，余韵悠长。

不管是"修辞"这一形式课眼的择定，还是"伟大"这一内质课眼的统摄，均有相关细节支撑。支撑前者的是吕叔湘、叶圣陶、朱光潜、刘勰等人关于修辞内涵、修辞之美的论述——尽管这方面的引用偏于繁冗，对学生来说恐怕吃不消，但是课眼统率各个环节，叠用修辞理论而又善为变化造成的旺盛课气还是显示出来了。支撑后者的是，所有对壶口瀑布力、势的审美感悟，均是为感悟黄河的"伟大性格"而蓄势，这便使课眼、课脉、细节基本上达到了统一。

---

① 夏丏尊，叶圣陶.文章讲话 [M].北京：中华书局，2007：75-78.

美中不足的是，尽管刘老师很看重朗读，但是"惊慌—惊喜—惊叹"这一条情脉并未以读的方式凸显出来——惊慌、惊喜都是为衬托惊叹之情服务的，抽去任何一种情感，都会造成文脉的残废，也有损文章的曲折之美，更无法突出审智散文以情染理的特征。这恰恰是可以通过艺术还原让学生感悟到的。

二、文体辨识，确保逼近核心

为什么说注意辨识文体，遵体而教，也可以畅达课气呢？

很简单，大凡优秀作家，都会遵体而作，这便在形式上确保了文气的畅通。一旦悖体，文气很可能被斫伤。杨朔遵诗体写散文，郭沫若遵散文体写诗，留下荒唐的笑柄就是如此。

教学亦然。

刘老师将文本定位为"游记散文"，所以很自然地在整体感知时将着力点落在"所至""所见""所感"文字的区分上。寻读第3、4自然段时，再次强化这一体征——让学生按"所至（立足点）""所见""景物特点"检索课文内容。

这本可以畅达课气的，但本篇散文游记是"表"，审智才是"里"。按孙绍振的理论，偏向于哲理阐发的审智散文是相对于抒情的审美散文，状写丑陋意象、表达冷漠情感的审丑散文，或注重谐趣表达的亚审丑散文而言的[①]。

结合文本来看，"视点—所见—所思"这一课脉并非由审智散文的情志脉化身而来，"惊慌—惊喜—惊叹"这条情脉才是，"水之形神—人之个性—民族性格"这条意脉才是——刘老师虽然也涉及了这条意脉，但不是很自觉，所以才会出现上述用力点不精准的现象，导致课气有些梗、有些拧。

因为文体辨识不够深入，所以局部的教学中也露出了阿克琉斯之踵。比如，导入时用普通的说明性文字引出梁衡的个性化抒情文字，意在让学生从描写的美（物境之美）、意境的美、哲理的美三个层次立体地感受壶口瀑布

---

① 孙绍振.孙绍振解读经典散文 [M].北京：中华书局，2015：174-176.

之美，但因为缺少对两种性质不同文字的审美甄别，直接抛出美的三个层次，使得默读、领读、分任务读三个环节的课气显得不是特别流畅。理想的做法是：学生预习或上课伊始的审美中感受了物境之美、意境之美，再亮出梁衡的"三美"之说，强化并刷新学生的审美认知，课气便会自然、畅达得多。

因为文体辨识不够深入，刘老师对作者的跨体写作也忽视了。词语赏析时，刘老师和学生一起聚焦到"排排黄浪霎时碎成堆堆白雪"，殊不知其中的"白雪"恰恰是感知变异、情感极化所致——鄂教版第十一册课文《壶口瀑布》一文中明确写道："水底悬流激荡，这雾，这云，这烟，全部是黄色……"倘若教学中抓住这一有意味的失真，学生对破体写作的秘妙该会体悟得多么深刻！

三、审美增润，让篇性更鲜明

这便涉及篇性的审美开掘。基于文眼、意脉的篇性开掘，课气一定是更加饱满、酣畅的。

这方面，刘老师的教学自有出色之处——

赏析描写雨季壶口瀑布的文字时，故意设问："按理应重点写雨季的瀑布，此文为什么写雨季瀑布的文字反而这么少呢？"此问非常精彩，因为触及了文本层层递进的文势——雨季瀑布的力和势是衬托枯水期瀑布的力和势的，这两者形成的表现之势又是为黄河伟大的性格张本的。刘老师让学生读出惊心动魄的感觉，更是强化课气、课势乃至课美的智慧之举。

讲到词语"一起揭示艺术作品的观念时"，教者点染：这里的"观念"就是从"壶口"之景、"壶口"之情到"壶口"之理的潜在意义所揭示的言语主体深层的意蕴。虽然说得有些佶屈聱牙，但是因为揭示了文脉，依然给人以浑然有力、耳目一新之感。

句式赏析部分，由于涉及了标点、叠词、句式错综，且动用了还原比较法，将水之势、语之势、课之势浑然统一了。"互相挤着、撞着"之间的顿号就表明水冲撞的短促气势。"推推搡搡""前呼后拥""撞向石壁"四字排列，与前面"互相挤着""撞着"构成"四—四—四—四—二"的句式结构，这样不仅展现出水流遇到石壁时飞泻而下的状态，而且错落有致、音韵和谐、美不胜收。改为"挤撞推搡"，就感觉不到水流动的状态了。学生这种上乘的审美成果，正是教者顺势而为、顺气而为所致。

无格修辞的赏析，教者叠用相同的句式——

很难替代，独具色彩——词意与哲思就在这里。
变化句式，独具色彩——句式变与不变，哲思就在这里。
主次分明的结构，自然而然的线索——主要与次要，意脉彰显，哲思就在这里。
……

课气因之显得极其旺盛，如同音乐的鼓点，不时拨动学生的心弦，起到很好的启悟作用，神奇地契合审智的文体特征。

不过，篇性的审美开掘，依然有不够尽情之处——

比喻修辞抓"涛声隐隐如雷""那河就像一锅正沸着的水"两句，固然可以引导学生深入感受壶口瀑布的气势，但并未进一步揭示作者修辞雅驯、庄重的风格——为什么不说"涛声如壮汉的呼噜""那河就像一锅烧开的水"？因为雅驯、庄重的风格与黄河伟大的性格更般配。

其实，写雨季壶口瀑布，更能表现其势能的是作者的烘托写法——可怕的警觉：仿佛突然就要出现一个洪峰将我吞没；狼狈的情态：急慌慌地扫了几眼，便匆匆逃离；恐惧的心理：到了岸上回望那团白烟，心还在不住地跳……理智坍塌，更能尽显壶口瀑布的力和势。后文描写的黑猪掉进沟底，浑身的毛被水拔得一根不剩，同样起到烘托的作用。

作者还有意识地写了壶口瀑布温柔、宽厚的一面——那顺壁挂下的，亮晶晶的如丝如缕……这一切都隐在湿漉漉的水雾中，罩在七色彩虹中，像一曲交响乐，一幅写意画……一下子改变了文本描写的急促节奏，也写出了黄河伟大的丰富内涵——不仅仅有刚、勇、强的一面，也有柔、纤、静的一面，后者还是主流，前者只是在"冲过壶口的一刹那才闪现出来"。这种对"伟大人格"立体、浑融的阐释，与简单、平面说理的散文——如杨朔的

《荔枝蜜》，一下子拉开距离，的确独到。如果此处进行审美的逗留，是能让课气更为醇厚、劲道的。可是，刘老师耽溺于比喻修辞格的表面，未能深入作者言语表现的着力之处，有些可惜。

总结拟人手法之妙——

角度新颖，虚实相生，引发联想想象。

拟人新奇，景物写活，不重复旧套子。

多次拟人，贯穿全文，交织反复排比。

看似面面俱到，但因未能深度契合物境之美—意境之美—哲理之美的三维审美结构，还是给人力量没用到地方之感。

至于说梁衡的这篇审智散文与刘白羽的比，更显含蓄；与南帆的比，更为形象——理不及南帆深刻；与余秋雨的比，更为朴实。对此，刘老师完全忽略了，根本原因在于他始终将课文定位在游记散文上。

在物理与精神的双重空间中谋求教学张力

——陈治勇《桃花源记》教学实录研习

> **陈治勇**
>
> 执教于杭州师范大学附属学校,《教师博览》签约作者,浙派语文新星,临海市名师、教学能手,丽水市教坛新秀,"语参杯"全国百佳优秀语文教师,"四方杯"全国优秀语文教学能手和教研能手,教育部关工委首届"中国好老师"获得者,《中学语文教学参考》《中学语文》《教育研究与评论》《教师博览》等刊物封面人物。多篇文章刊载于中文核心期刊或被人大复印报刊资料中心《初中语文教与学》全文转载,辅导学生发表文章 400 余篇。

一、偶遇桃花林——"行"的密码

师:"世外桃源",一个令人神往之地,源自陶渊明笔下的《桃花源记》,今天我们就一起来学习这篇课文。请大家自读课文,疏通文义,不懂之处我们一起交流。

(生自学)

师:这个渔人是干什么的?

生:捕鱼的。

师:他此时在干什么?

生：在捕鱼。

生：在行走。

生："行"是"行船"，应该是在船上，可能是捕鱼，也可能是随意行船。

师：如果是捕鱼，我们可以用"缘溪捕"，那这里的"行船"是为了捕鱼，还是随意地行船？

生：应该是随意行船，因为后面有"忘路之远近"，这个"忘"是"忘我"的意思，渔人沉醉在沿岸的风景里了，所以他不知道此时的船在哪里。

师：我们可以用《与朱元思书》的哪句话来形容渔人此时的心境？

生：从流飘荡，任意东西。

师：所以，第一句话是平淡的叙述，第二句话就有了情感，我们应该以怎样的感觉去读这句话？

生：那是一种悠然闲适的心情，读的时候应该是舒缓的、慢节奏的。

生：就像水波荡漾一样。

师：我们试试。

生：缘（稍上扬，声音延长）溪行（"行"字以平滑的声音拖延，不知不觉消失），忘路（"路"字声音拉长，然后稍顿收音）之远近（稍顿）。

师：此时的渔人是悠然的、闲适的，但"忽逢"二字打破了这一心境。你能读出"忽逢"里的味道吗？

生：这里有一种惊喜，渔人之前是悠然的、闲适的，但此时他就没有那么平静了。面对眼前的桃林美景，他的内心开始澎湃。

师：文章是怎样写桃林的？

生：夹岸数百步，中无杂树，芳草鲜美，落英缤纷。

师：桃林的面积如何？

生："夹岸数百步"，有一眼望不到边际的感觉。

师：有其他树吗？

生：中无杂树。

师：给你的感觉是？

生：有点儿夸张。

师：大家想一想渔人站在船上，他会看到哪些颜色？

生：桃花的粉色，芳草的青色，天空的蓝色。

师：还有吗？

生：还有溪水的碧色，两岸岩石上青苔的青黑斑驳之色。

师：好一派迷人的色彩。刚有人说"忽逢"里体现的是渔人的惊喜，现在请大家关注语言。写桃林美景的语言与之前的语言有何区别？

生：遇见桃林前的语言有点儿散乱随性，但写桃林的语言比较整齐。

师：语言不同的背后透露着什么？

生：应该是人物的内心。一开始渔人的心境是随性的、悠然的，这和文字的错落刚好一致。后面渔人见到桃林美景之后很惊喜，整齐的语言节奏感很强，很有力量，与渔人的惊喜是一致的。

师：文章的语言与人物的心境合二为一。让我们读一读这种"惊喜"，该如何读呢？

生："忽逢"要读出惊喜，速度稍快；"数百步"三字要强调着读，以体现桃林的范围之广；"中无杂树，芳草鲜美，落英缤纷"要以二二的节奏断开，但前后之间要以语气贯连，读得似断实连，语速要稍慢，将一幅幅画面呈现出来，就像放电影一般，以体现渔人此刻的痴迷、沉醉之情。

（生读）

师：接下来渔人的内心感受可以用怎样的词语来形容？

生：兴奋的，急切的。这从"甚异""复""欲穷"三词可见。前面已是惊异，后文用了"甚异"，更进一层，"穷"字则将渔人探寻桃林的愿望推到极点。

师：短短的一段文字，渔人的内心是不断变化的。从"行船"的悠闲，到"忽逢"桃林的惊喜，再到欲探究竟的"穷"的兴奋与急切，情感的变化可谓跌宕起伏。

研　习

　　沿"行"而下，在"忽""甚""穷"这些文字缝隙处，甚至于整散错综的句式中理出情脉，再现意境，深入寻绎人物的内心景致，将抒情上的春秋笔法点染得不露声色，也使语文审美教学中的"增润"达到浑然天成的境地。

不过，桃花林奇景反衬理想社会虚幻的艺术表现功能，渔人惊艳而忘渔的细节中折射的隐逸、游仙的时代风貌，教学中是可以相机开示的。纵览教学全程，教者没有涉及，不知是有意的过滤，还是无意的遗忘。

二、访问桃花源——言语形式的密码

师：现在让我们将目光聚焦到桃花源，从文字出发，以"这是一个怎样的桃花源"为核心，说说你读出的桃花源的印象。

生：这是一个神秘的桃花源。"林尽水源，便得一山，山有小口，仿佛若有光"，好像有光又好像没有，这种似有似无带给人一种神秘感。

师："仿佛"的意思是？

生：好像。

师：课文注解是"隐隐约约"，比较一下，"隐隐约约"与"好像"有区别吗？

生：一个是若隐若现，讲的是事实；一个是个人的感觉。

师：你觉得哪个更好？

生："隐隐约约"更好。它带给人很强烈的神秘感。这和下文的"初极狭""豁然开朗"的变化有着一致性。

师：好的。继续我们的核心话题。

生：我觉得这是一个"山重水复疑无路，柳暗花明又一村"的桃花源。"初极狭，才通人。复行数十步，豁然开朗。""才通人"的"极狭"通道有几十步之长，给人一种恐慌感、神秘感，怀疑前无去路，但之后的"豁然开朗"却给人柳暗花明之感。

生：这是一个美丽富足的桃花源。"平旷"可见视野开阔，"良田"可见土地肥沃，"美池"里可能有莲花，有采莲少女，有蛙鸣阵阵，还有蓝天的倒影、溪流的清澈，"桑竹"则让人想起陶渊明的"桑竹垂馀荫""春蚕收长丝"，与"良田"以及后文的"往来种作"组合在一起，可见此地居民生活的富足。

师："有良田、美池、桑竹之属"之前入选教材的版本是"有良田美池桑竹之属"，哪一种更适合？

生：我觉得有顿号的更符合。加入顿号之后，朗读时在相应处有一个停顿，这个停顿让语速减慢了。

师：语速慢了就好吗？

生：渔人刚进入桃花源时，面对眼前怡人的美景应该是欣赏与陶醉的，他应该是慢慢欣赏的，语速的减慢正符合这种心境。

师：好，标点流露的是渔人欣赏时的心境。

生：这是一个和平安宁的桃花源。"鸡犬相闻"以声写静，突出此地的宁静祥和。

生：这是一个怡然自乐的桃花源，从"黄发垂髫，并怡然自乐"中可以看出。

师：老人在干嘛？

生：和小孩一起玩耍。

师：可以描述一下具体的场景吗？

生：有的老人在晒太阳，有的老人在聊天，还有的老人在给小孩子讲故事。

师：他们不干活吗？

生：前文说"其间往来种作，男女衣着，悉如外人"，说明不需要老人了。

师：老人不是男人？

（生迟疑）

师：我们能否从句子的结构去考虑？"其间往来种作，男女衣着，悉如外人"与"黄发垂髫，并怡然自乐"之间是什么关系？

生：并列。它们之间用了句号，说明作者有意要把"黄发垂髫"与前面的"往来种作"之人区分开来，说明这里的老人是不需要"种作"的。

师：有道理。

师：老人与小孩一起"怡然自乐"，让你想到哪个成语？

生：天伦之乐。

生：这是一个热情好客的桃花源。当渔人回答了村人的问题后，村人是"便要还家，设酒杀鸡做食"，一个"便"字体现了时间之短、速度之快，村人的好客感就出来了。

师：对于"设酒杀鸡做食"这句话的理解能否再深入一点？

生：这里连用了三个动词，画面感很强。

师：可否这样说：设酒、杀鸡、做食？

生：这样动作之间就断开了，没有那么紧凑，好像速度放慢了。与不加标点比起来，似乎热情的程度有点减弱，所以还是不加的好。

师：有道理。让我们以饱满的热情读一下这个句子。（生读）还有能够体现村人热情的句子吗？

生：从"余人各复延至其家，皆出酒食"也可以看出。

师：可以抓住重点字词分析下吗？

生："各复"是"各自又"的意思。你想，每户人家都要邀请渔人，而且"皆出酒食"，渔人要吃到什么时候啊？我们甚至可以想象到村人排队邀请的场面。

生：这是一个热爱安宁的桃花源。这从村人告诉渔人"不足为外人道也"的嘱咐里可以看出，还可以从他们为躲避秦朝战乱，不再从这里出去看出。

生：这是一个与世隔绝的桃花源。它的位置非常神秘："林尽水源，便得一山，山有小口，仿佛若有光。"这不易被人发觉。

师：这个句子让我们想起一个故事的开头："从前有座山，山上有座庙，庙里有个老和尚。"它很像一个传说，但凡传说都具有一点神秘感。刚才我们从内容的角度探讨了桃花源，现在把思维转向"作者是怎样写桃花源的"。

出示幻灯片——

林尽水源，（　　）便得一山，山有小口，仿佛若有光。（　　）便舍船，（　　）从口入。初极狭，才通人。（　　）复行数十步，豁然开朗。

见渔人，乃大惊，问（　　）所从来。（　　）具答之。便要（　　）

还家，设酒杀鸡作食。村中闻有此人，咸来问讯。自云先世避秦时乱，率妻子邑人来此绝境，不复出焉，遂与外人间隔。问（　　）今是何世，乃不知有汉，无论魏晋。此人一一为具言所闻，皆叹惋。余人各复延（　　）至其家，皆出酒食。（　　）停数日，（　　）辞去。此中人语（　　）云："不足为外人道也。"

师：请根据语境思考，括号处应填入什么？

生：应该填入"渔人"。

师：我们在不可以去掉的地方加入"渔人"行不行？

生：加进去后，觉得句子读起来很啰唆。

生：如果加入，句子的美感好像打破了。本来是"林尽水源，便得一山，山有小口"都是四个字的，加入后就乱了。比如"便舍船，从口入。初极狭，才通人"都是三个字的，加进去后节奏感就不强了。

师：从音韵美的角度去思考，很有道理。按照现在的语言表达习惯，加括号的部分可以省略吗？

生：在现代汉语中，加括号的省略部分一般不能省略，不然句子就不通了。

师：这样问题就来了。难道陶渊明写作时仅仅是为了读起来好听吗？

生：古文讲究简洁，省略后可以让语言更简洁，因为省略后我们还是能够读懂的。

师：这个理由可以成立。倘若如此，是否所有的古文都为了追求简洁把人称都略去了呢？这个理由又有点儿不够全面。

（生迟疑）

师：请大家试着在每一个括号里填入"我"字，再读一读有什么感受？

（生读）

生：句子比较通顺。

师：除了通顺之外，还有什么感觉？

（生迟疑）

师：现在请在括号里填入"渔人"或"他"读一读，再比较填入"我"

字，看看两者有何不同。

生：加入"我"字，感觉好像是自己在桃花源里，与那里的人交流着。加入"渔人"，我们没有这种"自我感"。

生：对，加入"我"有一种身临其境之感。

师：简洁的语言里有着丰富的内涵。

出示幻灯片——

以渔人的视角写他的所见所闻，却尽可能省略了渔人的称谓，让读者在读文字呈现的一切时产生自居的幻觉感——"我"和渔人融为一体。

研 习

提供思维支架——这是一个怎样的桃花源，让学生的审美体验得以汩汩而出：神秘—山重水复—美丽富足—和平安宁—怡然自乐—热情好客—热爱安宁—与世隔绝，且能结合文本进行个性化的阐释，实属不易。随机渗透标点使用、动词连用、人称省略的秘妙，更是独具匠心。加上文本间的打通（如由"桑竹之属"想到陶渊明的"桑竹垂馀荫"），师生间的思维博弈，此环节的教学充满审美的理趣。

但是让学生在人称省略处添加"我"，以体验"身临其境之感"，似有不妥，因为这破坏了文本的全知视角。省略"渔人"和"村人"，整体看是为了更好地表现叙述节奏中的"春秋笔法"——集中体现双方"发现"的惊奇，还有村人的爽直、热情、欢愉，渔人的陶醉、贪婪和心机。渔人虽被留白，但是联系他后来的处处志之，还有迫不及待地告密，其贪婪、算计之心呼之欲出，且是在古道热肠的村人热情招待他之际，人性的丑陋令人惊悚，作者的鞭挞含而不露。这与杜甫《石壕吏》对话中人称的省略有异曲同工之妙——后者主要是为了凸显官吏的咄咄逼人、志在必得，老妇人的满腹辛酸和忍痛奉献。

三、离寻桃花源——“遂”中的悲凉与火焰

师：这样一来，谁读了这篇文章感觉自己似乎就是文中的那个渔人，就身处在桃花源中。这个桃花源中的美景真的那么令人向往吗？在我们当下的环境里，这样的地方多不多？

生：挺多的。比如三清山、黄山、杭州西湖等风景名胜都很优美。

师：既然如此，为什么陶渊明要在文章的结尾把它写得那么神秘而不可追？

出示幻灯片：

太守即遣人……寻向所志，遂迷，不复得路。

南阳刘子骥……闻之，欣然规往。未果，寻病终。

生：我想这样的地方在那个年代可能是不存在的。

师：为什么？

生：因为战争实在是太频繁了。

师：文章已经涉及了战争，是哪个句子？

生：自云先世为避秦时乱，率妻子邑人来此绝境，不复出焉。

师：那是很久以前的事情了，陶渊明写作此文的时候还是战乱年代吗？

（生沉思）

师：文章有一个点，看似无足轻重，却有着四两拨千斤的劲道，它点出了时局，你能找出来吗？

生：晋太元中。

师：对，“晋太元中”是一个什么样的时局呢？

出示幻灯片：

太元，东晋孝武帝年号（376—396），共21年。其间，政治极度腐败，统治集团内部生活荒淫、互相倾轧，赋税徭役繁重，战争频发，短短的21年里就爆发了数十场大小战争。

师：战乱让这个世界不得安宁，战争的结果就是——

出示幻灯片：

三男邺城戍，一男附书至，二男新战死，存者且偷生，死者长已矣。
可怜无定河边骨，犹是春闺梦里人。

师：在那个年代，何处有清净地？何处有家园欢？"土地平旷，屋舍俨然，有良田美池桑竹之属。阡陌交通，鸡犬相闻。其中往来种作""黄发垂髫，怡然自乐"只是一个梦想！

所以，陶渊明笔下的桃花源在那时那刻是无法寻求到的，俗世之人难以寻到。

出示幻灯片：

太熟即遣人……寻向所志，遂迷，不复得路。

（请生读）

师：即便"高尚"如刘子骥，也难以追寻到。

南阳刘子骥……闻之，欣然规往。未果，寻病终。

（请生读）

师：先生留给我们的梦是灰色的。

出示幻灯片：

——后遂无问津者。

师：对这个句子，我们该怎样读？
生：后 / 遂无问津者。
师：先生写下此句时他的内心该是怎样的感受？
生：是无奈的。
生：是悲痛的。因为他觉得这样一个美好的世界只是一个理想而已。
师：理想还是有实现的可能的。是理想吗？说什么更好？
生：梦想，或者说痴心妄想。在这里有着凄凉之感：此后，就再也没有寻找桃花源的人了。他是多么想有人再继续追寻啊！但是，再也没有了。

师：请以悲痛、无奈、凄凉的感觉读一下此句。

生：后——，遂无／问津者。

师：现实虽然凄凉，先生的心虽然伤感，但是他内心的火焰依然不息。他在《桃花源诗》里说："愿言蹑清风，高举寻吾契。"

研 习

既然桃花源那么令人神往，为什么作者在结尾还把它写得那么神秘而不可追？这一问触及了篇性的核心部位——游记只是"肉身"，对理想社会愿景的勾勒、憧憬和无望才是"灵魂"。从这个角度说，教者引领学生体味陶渊明悲痛、无奈、凄凉而又理想火焰不灭的内心世界，的确是将陶渊明丰富的内心情致再现出来，也真正上出了陶文"质而实绮，癯而实腴"的特点。

不过，用唐代杜甫、陈陶的诗句印证晋太元中的战乱史实有些轻率。群文教学，即使要纵向会通，也应聚焦相同的议题——晋太元中的史实，呈示该历史时期的相关史料更为妥当。

四、桃源遗梦——精神、文化的寄寓体

师：现在，《桃花源记》呈现的那个和平安宁的世界已然成为现实，可是为什么还有那么多地方依然争着做"桃花源"呢？北方的坞壁说它是桃花源的原型，南方的武陵说自己是桃花源，江西的庐山也说是桃花源。

出示幻灯片：

"桃花源"只是"桃花源"吗？

生：桃花源应该是一个象征。人们看中的不是现实美不美，而是因为它寄寓了自己的向往和追求。

生：比如杭州的断桥，从外观而言并不漂亮，但就是有无数游客慕名而来，因为在它上面有着许仙与白娘子的故事，有着人们对美好爱情的向往。

师：对的。一处风景也好，一篇文章也罢，因为它的身上有着人文的色彩，是人们寄寓的凭借，就显得不一般了。桃花源不只是陶渊明笔下的桃花源，它已然成为人们心中的——

出示幻灯片：

一个文化的标识
一种精神的图腾

师：感谢陶渊明，给了我们这么一个神圣之地，得以延续我们的桃源之梦。

研 习

开掘桃花源的象征意蕴，再度刷新学生的审美认知——《桃花源记》不是一个单纯的"志怪"故事，而是寄寓对理想社会、理想人性思考，对黑暗卑污现实深度拷问的严肃之作、深情之作，与庄子"寓真于诞，寓实于玄"的言语表现追求一脉相承。教者如此设计，堪称文本的知音。此环节中，教者将思维博弈之风一以贯之，又密切联系现实，注意与"传说"的会通，教学充满思辨的张力。

导语说《桃花源记》呈现的那个和平安宁的世界已然成为现实，结语说陶渊明提供的神圣之地，"得以延续我们的桃源之梦"，有自相矛盾之嫌。究其因，前句的定性太满。和平安宁，是就外部战争而言，且隐在前提是中国，但如果就人心的和平安宁来说，尚远未实现。

总 评

一、优秀作品：物理空间与精神空间相统一

大凡优秀的文学作品，物理空间和精神空间是有机统一的。

我国古人诗词创作中追求的意境两浑的境界——另外两种境界分别是境

余于意、意余于境，还有西方人崇尚的古典型艺术类型——理念内容与物象形式的完美统一（另外两种分别是象征型——物象形式压倒理性内容；浪漫型——理念内容压过感性形式），莫不道出这一规律。这与儒家倡导的"中和之美"、西方人对美的内涵的理解（感性和理性的双向互动与渗透便会产生美）高度契合。

基于此，赏析苏轼笔下那个乱石穿空、惊涛拍岸的物理空间，便不能视之为纯然的古赤壁遗存；赏析欧阳修的《蝶恋花·庭院深深深几许》，也不能只将庭院、章台视为男女主人公活动的物理空间，而应将之作为理想、抱负、情感等构筑的一个精神空间，甚至是折射时代面影、社会习俗的文化空间。

所以，审视物理空间和精神空间是否统一，也构成文本解读、语文教学的一个独特视角。在这方面，陈治勇老师的《桃花源记》教学实录为我们带来诸多启示。

二、多元对话：深度洞悉物理空间的特点

要想了解作者或人物形象的精神空间，必先洞悉其活动物理空间的特点，因为物理空间是情感、思想的寄寓体，甚至与精神空间同构。换言之，物理空间的特点，无一不是精神特点的写照或象征。离开对物理空间的审美观照，精神空间的探索便会有凌空蹈虚之感；失去精神空间的观照，物理空间便会成为一个机械、孤立的存在。理想的教学，必须注意二者的相互观照。

《桃花源记》物理空间的特点是什么？以桃花林、太守郡为映衬，桃花源的物理空间呈现出令人目眩的特点：奇异、美丽、宁静、和谐、热情、赤诚……这些特点正是为表现作者的精神空间而蓄势的。陈老师敏锐地抓住这一点，让学生细致体味渔人的悠闲、惊喜、急切，正是为了具象感知桃花林的奇异和美丽。让学生比较"良田美池桑竹之属"中添加顿号后的表现力差异，也是为了更深入地感悟桃源之美。用"这是一个（　　）的桃花源"句式，让学生分享审美体验，将人也纳入景中，使物理空间特点的感知达到高潮，

也使精神空间的特点呼之欲出。

感受桃花源的特点，陈老师本可继续循着情感审美的旧路，引领学生体悟，如桃花源景色描写中的三重惊喜情感——一惊喜于景色之美丽，二惊喜于桃源人之热情，三惊喜于有利可渔的商机，但是他果断地舍弃，应该是为了更纯粹地感受物理空间的特点！

如何把握物理空间的特点，陈老师的做法是：一抓浓墨处——如"设酒、杀鸡、做食"一句，连用三个动词，却不用一个顿号，好在哪里；二抓淡墨处——渔人心情的"忽""甚""穷"都是淡淡着墨，几乎不为人知；三抓另类处——叙事时多处省略人称，有何深意；四抓无意识处——如遇见桃林前的语言有点儿散，写桃林的语言却很均齐，从而在感知物理空间特点的过程中将文本的篇性举重若轻地揭示出来，体现出极高的语文学养。

三、适时点染，实现双重空间的巧妙转换

感受物理空间的目的是深入把握作者精神空间的特点。比如，李清照《醉花阴·薄雾浓云愁永昼》中的金兽、玉枕纱橱、东篱、门帘所体现的物理空间，逼仄的特点反映的是词人思念的压迫感，空间的不断转换则含蓄而逼真地写出思念的无可逃遁。落实到教学中，该如何引导学生由物理空间的感知切换到精神空间的感知呢？

这方面，陈老师的做法是：

一是关键处追问。如由"林尽水源，便得一山，山有小口，仿佛若有光"的句式结构联通"从前有座山，山上有座庙，庙里有个老和尚"的传说，点出神秘感，并在后来的环节中适时追问：为什么陶渊明要在文章的结尾把桃花源写得那么"神秘而不可追"？这就为理想精神空间的美好而虚幻作了深刻的揭示，令学生对物理空间和精神空间的同构性有了更真切的理解。

二是愤悱处引导。比如，桃花源的美丽安宁是桃源人躲避战乱、苦苦寻觅的结果，也是作者鞭挞现实、憧憬理想乐土的写照。这种双重空间的统一性，学生有所感、有所知——自云先世避秦时乱，却不能言，陈老师适时呈现晋太元中政治腐败、战争频仍的史料，便很好地完成两重空间的自

然切换。

三是浅知处点染。从桃花林的神奇出现，到桃花源的神秘消失，再到后遂无问津者，学生感到了作者理想追寻的凄凉之情。陈老师及时跟进：现实虽然凄凉，先生的心虽然伤感，但是他内心的火焰却依然不息，因为《桃花源诗》里说："愿言蹑清风，高举寻吾契。"这便完成精神空间的深度建构。

四、追因溯源，升华精神空间为一种永恒

优秀的作品多散发着寓言的味道，达致独感与共感的统一，从而使个体的事件升华为一种具有普适意义的象征体，给人以无尽的回味。

《桃花源记》也具有这种象征品格。在这一物理空间中，作者完成理想人性的勾勒、理想社会的憧憬——堪称《礼记·礼运》中"大道之行"景象的艺术版，从而将自我的精神空间升华为一种永恒的精神乌托邦、艺术创作取之不尽的文化母题。陈老师向学生追问：桃花源仅是桃花源吗？进而从文化标识、精神图腾的高度来认识，恰恰是瞄准了作者精神空间的象征性。

值得一说的是，桃花源物理空间折射的是作者精神空间坚韧而柔软的一面，并非金刚怒目的一面，这在其寻常景致（土地平旷、屋舍俨然、鸡犬相闻等）的描摹中早已露出端倪——寻常而美丽，寻常而新奇，寻常而珍贵，只因有腐败政治、残酷战争的他证，还有自我本心的烛照，这与其对"榆柳荫后檐，桃李罗堂前"的津津乐道完全一致。后世杜甫觉得"群鸡正乱叫，客至鸡斗争"也是难得的美景，恰恰是一种战争催化的、独有的精神空间特色。不过，这一点似未引起陈老师的关注，或许另有权衡吧！

深度对话：让自我精神生命出场

——蒋兴超《小石潭记》教学实录研习

蒋兴超

任教于南京外国语学校，中学高级教师，江苏省"333高层次人才培养工程"培养对象，南京市优秀青年教师，南京市优秀班主任。第五届"中语杯"全国中青年课堂教学大赛获一等奖（第一名），第十二届"语文报杯"全国中青年教师课堂教学大赛一等奖（第二名），第五届全国初中语文教师教学基本功大赛优秀课例一等奖。《读天下》（中学版）执行主编。《中学语文教学》《教育研究与评论》杂志封面人物。在《语文建设》《中学语文》《中学语文教学》《语文教学通讯》等杂志发表论文80余篇，多篇文章被《人大复印报刊资料》全文转载。著有《洁白的诗行》《寻章问道探迷津》。

一、初步感知

1.齐诵《江雪》，询问作者名，导入新课——学习柳宗元散文名篇《小石潭记》。

2.指名朗读课文，教师评价：声音特别好听，还特别有感情。

3.齐声朗读课文，要求：读准字音，读清句读，声音洪亮。

4.自由朗读课文，将认为比较重要的字及其解释圈画出来。不清楚、不懂处，相互交流。

5. 检测学生自学情况（PPT 出示），生抢答。

（1）从小丘西行百二十步（向西）　　斗折蛇行（像北斗星那样，像蛇那样）。

其岸势犬牙差互（像狗的牙齿那样）　　凄神寒骨（使……凄凉，使……寒冷）。

师：大家掌握得非常好！这些字词和今天现代汉语的意思有很大的不同，学习时要格外注意。

（2）水尤清冽（格外）　　可百许头（大约，表示约数）

日光下澈（穿透）　　以其境过清（因为，凄清）

不可久居（停留）　　乃记之而去（离开）

师：学习文言文，积累文言字词很重要。

6. 再次集体朗读课文，试着感知、理解这篇文章的内容。

7. 师生交流——

师：《小石潭记》中的"记"是什么意思？

生：游记。

师：其实也是记录的意思，记录游览的经历。（板书：游记，记游）

师：作者围绕小石潭记录了哪些经历呢？

生：作者"伐竹取道，下见小潭"，发现了小石潭；接着观赏潭中的景物；然后观赏潭周边的景物；最后被周边凄凉的氛围影响，就离开了。

师：整个过程说得很具体。老师把你的话稍加概括，就是发现小石潭、游览小石潭、离开小石潭。

研 习

会通、朗读、释词这些感性活动，都是为理性梳理叙事脉络服务的，很自然地实现体知与悟知的统一。对"记"字从文体和语境两个层面解释，还有聚焦小石潭的行文脉络梳理，举重若轻，集语文学养与点染艺术于一体，简约、灵动，清新扑面。

不过，教学还可再"天然"一些——检测字词，理解内容，多问问学生学会了什么，还有什么疑难，然后沿着学生的思维亮点或难点，顺势建构自己的教学。

会通《江雪》与《小石潭记》也不应仅停留在作者、作品名称的回忆上，重要的是建立起学习材料间内在的精神联系。从这个角度说，导入可重新设计。

二、赏景悟情

（一）先入乐景

师：小石潭，其实就是一个野外小潭，连名字也没有。可是作者专门为它写了一篇游记，你觉得哪些景物吸引了他？（PPT出示）

生：小石潭中的游鱼。

师：为什么会吸引作者呢？

生：我感觉潭中的鱼处于一种无拘无束的状态，"怡然不动，俶尔远逝，往来翕忽，似与游者相乐"。这是一种很活泼、很无拘无束的状态，像庄子说的逍遥的感觉。

师：无拘无束，自由自在，还逍遥，这是你的概括和感觉。我们要想知道游鱼有多大的吸引力，还是要回到你说的这句话。

大家请看："怡然不动，俶尔远逝，往来翕忽，似与游者相乐。"（PPT出示原句）如果把"怡然不动"和"似与游者相乐"删掉（PPT出示改后的句子），效果有什么不同？

生：只有动景，没有静景。

师：从哪里看出来的？

师："俶尔远逝"的意思是突然远游，是动景；"怡然"的意思是静止不动的样子，是静景。删去了，就只有动景，没有静景了。

师：原句如果不删，给你什么感觉？

生：一动一静，生趣盎然。

师：如果删了"似与游者相乐"呢？

生：就觉得潭中的鱼一直在游来游去，给人一种疲惫的感觉。（学生和听课老师大笑）

师：你说得对，"往来翕忽"，游来游去，给人的感觉是有点儿累。如果把这句话加上去呢？

生：安逸的感觉，能衬托作者游山玩水时的心情。

师：什么心情？

生：快乐。

师：哪个词最能看出来？

生：相乐。

师：相乐，是谁和谁乐？

生：游玩的人和鱼相乐。

师："游玩的人和鱼相乐"，这句话的主语是？

生：游鱼。

师：你刚才的话应该说成？

生：鱼和游者相乐。

师：我们学过的课文里也有这个"相"字，如"狼不敢前，眈眈相向"中的"相"是"相互"的意思吗？

生：不是。

师：那是什么？

生：动作偏指一方。

师：动作偏指狼对屠户，还是屠户对狼？

生：狼对屠户。

师：那"似与游者相乐"的"相"呢？是谁逗谁乐？

生：是鱼逗游者乐。

师：从语法和意思的角度来说，是鱼逗人乐。

师：如果人不快乐，能感受到鱼的快乐吗？

生：不能。"相"可以理解为动作偏指一方，但也可以理解为"相互"，人不快乐，哪里能感受到鱼的快乐呢？

师：相互逗乐，才会乐趣无穷。自由自在的鱼儿，就像作者逍遥自在的心境。

师：除了潭中鱼吸引了作者，还有什么吸引了作者？

生：小石潭附近的景色。

师：什么景色？

生：第一段的"青树翠蔓，蒙络摇缀，参差披拂"。

师：它为什么能够吸引作者？

生：景色很美丽。

师：哪里美丽？

生：是一幅很美的画面。

师：你感觉到了，但没有说清楚美在哪里。那老师把这句话读一下，你来感受，想象一下这是一幅怎样美的画面，可以吗？

生：好。

（师读"青树翠蔓，蒙络摇缀，参差披拂"，语速慢。）

师：你能感觉到画面哪里美了吗？

生：我觉得这是一个生机勃勃的画面。

师：能再具体一点吗？

生：这里的植物生长得都很繁茂，非常有活力，生机勃勃。

师：生机勃勃是通过哪个字看出来的？

生：蒙。

师："蒙"是什么意思？

生：蒙盖。

师：是什么蒙盖在什么上？

生：藤蔓蒙盖在树上。

师：现在能感觉到树木的茂密和生机了吗？

（生点头）

师："络"字是什么意思？

生：缠绕。

师：是什么和什么缠绕？

生：应该是藤蔓和树枝缠绕。

师：藤蔓和树枝缠绕在一起，又是一种怎样的状态？大家能想象出来吗？

（生点头）

师：那"摇"呢？

生："摇"的意思是摇曳，应该是藤蔓在风的吹拂中徐徐摆动。

师：只是藤蔓在摆动吗？

生：树和藤蔓一起摆动。

师：树和藤蔓一起摆动的状态，大家再想象一下。

生：那"缀"呢，注释里怎么说的？

生：连接。

师：树和藤蔓连在一起摇晃，你能想象其中的画面吗？

师："参差披拂"呢？

生：参差不齐，随风飘荡。

师：老师再次朗读这句话，大家可以闭上眼睛，想象一下画面的内容。

（师读"青树翠蔓，蒙络摇缀，参差披拂"，语速很慢，生闭眼想象。）

师：你能把感受到的画面，加上想象，用自己的语言描绘一下吗？

生：青葱的树，翠绿的藤蔓，蒙盖缠绕，摇曳牵连，参差不齐，随风飘拂。

师：基本上是翻译，描绘了一下画面。当然，画面内容基本都出来了。可是，老师觉得这样描绘的景致不足以吸引作者，不妨尝试着加上修饰语，把你刚才想象到的画面描述一下，可以吗？

生：树林茂密，树木青翠，藤蔓翠色欲滴，树枝和藤蔓交错，藤蔓蒙盖在树枝上，藤蔓和树枝缠绕在一起，微风吹来，它们一起摇曳、牵连，参差不齐，随风飘拂。

师：加上了修饰语，融入了自己的想象，好多了，美多了，更吸引人了。

师：除了这里的鱼、树木外，还有什么也吸引了作者？

生：水。

师：为什么？

生：这里的水特别清澈，连潭中的鱼都能看清楚。

师：这是直接写水吗？

生：侧面描写。

师：文中有直接写水吗？

生：水尤清冽。

师：你刚才读的时候，似乎"尤"字特别拖了一点儿音，是不是想强调什么？

生："尤"就是格外的意思，我想强调水不是一般的清澈，而是特别清澈。

师：除了强调水格外清澈外，"尤"字还强调了什么？

师：你能重新把这句话读给大家听吗？

（生读"水尤清冽"，"尤"字拖音。）

师：连着上文一同读呢？

（生读"伐竹取道，下见小潭，水尤清冽"。）

师：感觉"尤"字强调了什么？

（生思考）

师：作者一开始就注意到水清了吗？

生：没有。

师：他注意到了什么？

生：如鸣珮环的水声。

师：先闻其声，伐竹取道后才发现小石潭的水还这么清澈，有一种什么感觉？

生：惊喜。

师：是啊，小石潭的水声那么悦耳动听，没想到水还那么清澈，意外的惊喜啊！

师：写水的清澈，除了这一处直接写之外，别的地方还有吗？

生：第 2 自然段"潭中鱼可百许头，皆若空游无所依"，"空游"写了鱼儿在水中游就像在空气中游动一样，说明这里的水格外清澈。

师："皆若空游无所依"，鱼儿像空中游荡的一样，给你怎样的感觉？

生：如梦幻般的感觉。

师：让人感觉水不存在一般，像幻境。

师：小石潭中还有什么景也吸引了作者？

生：还有石头。

师：石头为何能吸引作者？

生："为坻，为屿，为嵁，为岩"，石头形状各异。

师：坻、屿、嵁、岩，分别是什么意思？

生："坻"是水中的高地，"屿"是水中的小岛，"嵁"是不平的岩石，"岩"也是石头。

师：虽然刚才读了文后的注释，但你真的能清楚它们的样子和状态吗？

（生摇头）

师：说实话，老师也不太清楚（生笑），我认为书上的注释并没有解释得很清楚，但我们能感受到石头的形态各异。"全石以为底"，整个小潭的底部是一块大石头；"卷石底以出"，石头还从下面翻卷上来形成形态各异的岩石，非常特别，很吸引人。

师：小石潭中的水、石、树、鱼都深深地吸引了作者，让作者感受到快乐。

（板书：水，石，树，鱼，乐）

（二）再品忧情

师：可是，作者在小石潭中感受到的仅仅是快乐吗？

生：还有忧伤。（板书：忧）

师：从文中什么地方可以看出来？

生：寂寥无人，凄神寒骨，悄怆幽邃。

师：直接表达了作者的感受。

生：还有写岸势，说"其岸势犬牙差互，不可知其源"。

师：深邃不可知其源，环境使然。

生：不可久居，乃记之而去。

师：说明不愿在此久留，这个地方待不下去。

师：还有吗？

生："从小丘西行百二十步，隔篁竹"，这个地方比较偏远，让人感觉凄冷。

师：文章有句话更能表明小石潭的环境让作者感觉到凄冷，是哪一句？

生：四面竹树环合，寂寥无人，凄神寒骨，悄怆幽邃。

师：是的。可跟作者同去的明明有五个人，他为什么还感觉到凄冷呢？

生：因为这五个人和他的心情不一样，他是从别的地方被贬过来的，这五个人要么是他的兄弟，要么是他的朋友及仆人，他们来这里只是为了游山玩水，而作者是为了解脱苦闷。

师：这位同学说到了作者的处境，书里有吗？

生：注释 1 里说，柳宗元在王叔文改革失败之后被贬。

师：除了注释，哪里还有？

生："预习提示"里也有。

师：刚才的同学还说了同去的人是他的兄弟、朋友和仆人，大家同意他的观点吗？

生：不同意，注释里说"吴武陵是作者的朋友，当时被贬到永州"，被贬的不只有作者。

师：是的。还有哪里说得不对？

生：崔氏二小生，不是他的仆人，而是两个年轻人。

师：准确地说，是他姐姐家的孩子，他的姐夫崔简也经历了流放，可想而知两个外甥的日子也不会好过，跟着舅舅一起出来散心游玩。

师：宗玄是谁？

生：注释中有，作者的堂弟。

师：作者处境如此，他的堂弟能好吗？

（生摇头）

师：永贞革新失败之后，公元 805 年 9 月，柳宗元被贬为邵州刺史。同年 11 月，在赴任途中，柳宗元被加贬为永州司马。直到公元 815 年，柳宗元才离开永州，此时他已在永州整整生活了十年。（PPT 出示）

师：永州又是什么地方呢？

师：它地处湖南、广东和广西的交界，在当时被朝廷视为"偏僻荒凉之处，罪臣流放之地"。（PPT 出示）

师：到此，相信大家都应该明白了，虽然有五个人一同陪着他探山访水，到小石潭来散心游玩，可是他内心深处的感受是怎样的？

生：忧伤。（板书：忧）

（三）回味乐情

师：既然如此，我们现在又该如何理解作者在欣赏小石潭的美景时所感受到的快乐呢？

生：从"隔篁竹，闻水声，如鸣珮环，心乐之"和"似与游者相乐"中可以看出他的内心是快乐的。

师：这种快乐是真快乐吗？

生：不是。

师：不是真快乐，那就是假快乐喽？（生笑）

生：也不是。（生大笑）

师：那怎么讲？

生：作者为了排解被贬多年内心积郁的苦闷，到小石潭游玩，看到眼前美丽的景色，内心感到快乐。

师：看到美景时，所感受到的快乐是真快乐吗？

生：是。

师：什么时候又不是真快乐？

生："坐潭上，四面竹树环合，寂寥无人，凄神寒骨，悄怆幽邃。以其境过清，不可久居，乃记之而去"，周围的环境十分凄清，作者又感到悲伤，说明快乐是暂时的，不是真心的。

师：凄清的环境更让他想到了——

生：自己的处境。

师：因而内心深处还是忧伤的，对吗？

（生点头默许）

师：还有不同的意见吗？

生：我觉得作者一开始心情就非常苦闷，他想把自己的快乐寄托到美景当中，消除内心的苦闷。小石潭的景色很美，他很开心。但时间一长，偏僻的小石潭又让他感到了景的悲凉，心情又重新回到苦闷、悲伤。

师：分析得有道理，这能说明什么？

生：作者的心情随景色而改变。

师：可是他的内心深处呢？

生：始终是悲伤的。

师：柳宗元被贬到永州，内心深处是忧伤的。他探山访水，就是想排解心中的那份忧伤。见到了小石潭的美景，他实在为之高兴，暂时忘却了心中的忧伤。可是小石潭那幽谧的氛围，又勾起他心中深处的那份忧伤，依然挥之不去。（板书：忧）

研 习

体味文中乐哀交织的情感内涵和生化不息的情感流变，既抓住了审美散文的类性，也切中了《小石潭记》的篇性，还原出"苦闷—开心—苦闷"这种一虚二实、虚实相生的情脉特点，更是师生审美鉴赏中的独特创造。

按"鱼—树—水—石"的层次体悟"乐"，按"显在表现（凄神寒骨，悄怆幽邃）—隐在表现（寂寥无人）"的层次体悟"忧"，可谓深入文字的骨髓或血液中去，完美实现生命的融合，上得格外精致、饱满。

不足之处有二。

一是按"鱼—树—水—石"的顺序体悟"乐"，总结时却是"水—石—树—鱼"的顺序。后者大体是作者行文的顺序，但教者并未点出，语言稍欠严谨。

二是欣赏"石头景致"部分，笼而统之地以"形态各异""非常特别"建立石头与欢乐之情的联系，有蜻蜓点水之感。

学生已经解释出"坻"是水中的高地，"屿"是水中的小岛，"嵁"是不平的岩石，"岩"也是石头，教者完全可以追问："岩"如果是指石头，作者岂不是犯了重复的语病，从而洞悉岩的"高峻的山崖"一意。进而继续追问：如此细致地写出近岸冒出水面石头的形态，怎么就是在表现快乐的心情？

这样学生还原作者与各种石头融为一体的新奇、沉迷和欢悦，便会水到渠成。

三、领会特色

师：《小石潭记》是一篇山水游记。古人写山川游记，名篇众多，但明代散文家茅坤却说："夫古之善记山川，莫如柳子厚。"（PPT 出示）就《小石潭记》而言，你觉得柳宗元高明在哪里？

生：他借景抒情，借小石潭的景物写出真实的感情变化。

师：借景抒情，写法高明。

生：这篇文章写得很高明，如果之前没有看过写作背景的话，会觉得它就是一篇写景的文章；但是如果把写作背景连起来看的话，能感觉到他把自己的心也带了进去，从刚开始的"乐"，到后面变成"哀"，能清楚地感受到他的心情变化。这篇文章没有谈情感，但自然而然地流露出情感。

师：初读是普通的游记，读到的是美景，再读就能读到心情，情与景交融在一起。短短一篇小文却把作者的心路历程都写尽了，可作者并没有直接表达情感，而满纸又都是情感。

生：我觉得他的情和景之间的关系很密切。首先，他借小石潭的美景抒发内心的情感，一般人可能会这样写；然后，他看到的景又因为内心的情感而变化，被贬后内心忧伤，所以景也跟着变得凄凉幽深，一般人可能不会这样写。

师：你的意思是，他把自己的心情完全投射到自然景物之中，对吗？

（生点头）

师：短短的一篇《小石潭记》，写了那么多的景，还把景物的特点写得那么鲜明，用柳宗元的话说，就是"牢笼百态"。（板书：牢笼百态）他把自己的感情倾注在景物之间，借景来写自己的情，这就叫"借物写心"。（板书：借物写心）这正是柳宗元高人一等的地方。

师：今天有幸和大家一起学习写山水游记胜人一筹的散文大家，他就是柳宗元，字子厚，"唐诗八大家"之一。

师：请大家阅读柳宗元"永州八记"中的其他篇目，细细地体味他"牢笼百态""借物写心"的特点。（PPT 出示）

借茅坤的评价"夫古之善记山川，莫如柳子厚"，引导学生回归到"怎么写"的审美体悟上，守住了语文体性；点明山水游记，感受情景交融的特点，辨识了文本类性；聚焦牢笼百态、借物写心的笔法，揭示了文本篇性，一石三鸟，妙不可言。

但柳宗元的善记山川，仅仅表现于牢笼百态、借物写心吗？

在第十二届"语文报杯"全国中青年教师课堂教学大赛中，蒋兴超老师凭借此课荣膺一等奖。

研读教学实录，发现蒋老师与学生、文本的深度对话做得颇为出色。无论是结构特色揭秘，还是情感内涵把握，乃至措辞上的个性化体悟，无不给人耳目一新之感。

语文教育中的深度对话主要是伴随素养本位思想的崛起、西方对话理论和深度学习理念的风行，以及教学范式由"授受"向"对话"的转型而愈来愈引起人们的重视的。但重视归重视，现实的语文教学中，浅对话、伪对话以及围绕考点展开的同质化现象很严重的实然对话，依然大行其道。

在这样的语境下，蒋老师能走出一条深度对话新路，使师生的精神生命不断出场，实在是令人感奋。

一、深度：到底应该触及哪些层面

谈及深度对话，人们情不自禁想到的是思维的深度。这从老师们一个劲地强调高阶思维、批判性思维和创新意识，苦心孤诣地挖掘文本思想、文化意蕴，千方百计地拓展等追求中，不难一窥消息。

但这种想法显然是片面的。且不说有的文本根本不是表现什么深文大义，只是表达一种情绪或愿望，如何开掘思想深意。即使是有巨大思想深度的文本，语文教学的着力点也不能全放于此。因为这样做，上成哲学课、文化课、历史课，语文体性沦丧的风险极大。更何况，思想的深度并非凭空产生，而是和情感体验、联想想象、结构创设、修辞打磨等一系列艺术创造工程紧密结合在一起的。至于说更为隐蔽的生活阅历、学术修养、言语人格、文化语境影响等，更是对思想深度具有重要的决定作用。

朱自清说过："'读'这方面，它是包含着了解的程度及欣赏的程度。就像看一张图画，你觉得它确实太好了，但问你好到什么境地，那么得由你自己去体会，从体会的能力，就见出欣赏的深浅。"① 叶圣陶指出："你要了解它（指文本），享受它，必须面对它本身，涵泳得深，体味得切，才有得益。"

可见，深度不仅指思想的深度，也包括涵泳、体验、想象的深度。至于两位学者未提及的对言语表现与创造匠心的敏感度、熟稔度，对言语人格、言语操守等方面的沉浸度、汲取度，更是深度的题中应有之义。落实到语文教学中，这些方面均须牧养。

蒋兴超老师定然深谙此道。

他引导学生从鱼、树、水、石四个层面体悟柳宗元的"乐"；从显意识的"悄怆幽邃"和潜意识的"寂寥无人"体味柳宗元的"忧"；运用添加修饰语的方式，将"青树翠蔓，蒙络摇缀，参差披拂"的情景个性化还原；还有对牢笼百态、借物写心笔法的揭示，体验的深度、想象的深度、思维的深度、言语表现的深度全有了。

尽管对小石潭的象征性（清幽美丽而无人识的小石潭，其实就是作者的自况，也是无数怀才不遇者的命运写真）缺少点染，对"牢笼百态"的体验和概括稍显仓促，缺少进一步的审视——因为牢笼百态的前提是"漱涤万物"（《愚溪诗序》），将自己的情感全部浸润进去，"以适己为用"（《柳公行状》），却又追求节制的含蓄表达——用柳宗元的话说就是，"使之清宁平夷，恒若有余，然后理达而事成"（《零陵三亭记》）。但是在有限的时间、特定的场域，师生对话达到这样的审美深度，已然令人拍案惊奇。

---

① 商金林 . 朱自清教育文存 [M]. 北京：人民教育出版社，2018：350.

这与蒋老师追求体验、想象、思维、言语表现与创造的"综合"深度、"有机"深度，无疑密不可分。

二、深度对话：要在哪些方面蓄势

那么，这些深度对话是如何蓄势而发的呢？

实录中，蒋老师绝不满足于一个层次、一个声音、一个结论，努力让各自的体验之溪、思想之溪汇聚，因此思想彼此触发的景观不断呈现——

《小石潭记》中的"记"是"游记"的意思，其实也是记录的意思，记录游览的经历。"似与游者相乐"，谁和谁相乐？是相互逗乐吗？到底是谁逗谁？如果人不快乐，能感受到鱼的快乐吗？刚才的同学，还说了同去的人是他的兄弟、朋友和仆人，大家同意他的观点吗？

……

可以说，将巴赫金所说的差异性、未完成性、片面性和社会性的确认，悉数做到了。对话中，一如艾青描写日本音乐指挥家小泽征尔那样，"你的耳朵在侦察／你的眼睛在倾听"，蒋老师的感官彻底开放，极力捕捉学生发言的每一句，将其体验、思考、想象引向深入。加之邻家大哥一样自带亲切、幽默——如"似与游者相乐"不是真快乐，那就是假快乐喽，耐心地等待——还有不同意见吗，真诚地"请教"——这能说明什么，以及顺势而化的总结——把自己的感情倾注在景物之间，借景来写自己的情，这就叫"借物写心"，将弗莱雷挚爱、谦逊，对人们创造与再创造力量深信不疑的对话前提也水乳交融地贯彻了。注意利用学生的理解前结构（前有、前见、前设），顺势建构，对此蒋老师更是做得驾轻就熟。

其实，为了深度对话，蒋老师的努力远不止这些。

比如，对朗读、释词、整体把握行文脉络的重视，甚至连"什么蒙盖在什么上""什么和什么缠绕"这样看似琐屑的问题也不放过，体现了他对感性蓄势的重视；对乐在何处，忧在何处，如何看待作者欣赏小石潭美景时感受到的快乐，如何理解柳宗元抒情的高明，则体现了他对理性蓄势的重视；

开掘出虚实相生的情脉特色，还有柳宗元无意识中表露的深入骨髓的忧伤，更是体现了他对美的蓄势的看重。

拥有如许的教学之智、教学之爱，使三种蓄势在课堂教学中交相辉映，彼此渗透，深度对话在课堂上触处生春，也就极为自然了。

三、深度对话该把握哪些教育原则

深入剖析，不难发现，蒋老师的深度对话还很好地把握了下述教学原则。

一是全与粹的统一。蒋老师大体是以"情"为课眼，按"入乐景—品忧情—悟乐情—赏特色（何以抒情高明）"为课脉来经纬教学的，这可以说是教学之全，让教学顿时有了整体感、生命感和美感。落实到每个环节，又能扣住最具统摄性和挑战性的问题，与学生展开探讨——如"入乐景"环节的对话，看似复杂，其实只是围绕三个问题展开：（1）哪些景色吸引了作者？（2）何以见出吸引？（3）作者如何精致地描写吸引？显得十分精粹。

整体把握，体现独特的审美视角和思维高度，具象把握精粹又利于开掘篇性，深度对话因之有了具体的抓手和辽阔的思维空间。这对机械执行四步或六步教学法，泯灭语文科与其他科差异，更无法辨识类性、开掘篇性的乱象，起到很好的根治作用。荀子《劝学》中提到的"君子知夫不全不粹之不足以为美也，故诵数以贯之，思索以通之"，蒋老师做得很是自觉。石涛说的"混沌里放出光明"（《画语录》）的境界，这堂课也达致了。

二是入与出的统一。"入"指的是对言语内容的把握，披文入情，实现主体间的生命融合；"出"指的是对如何写、写得如何的把握，能够忠于自我的体验和思考，或互文性观照，或知人论世，或沿波讨源，揭示文本内蕴的矛盾，对作品的篇性进行理性的审视，并作出判断。只入不出，有感情地一读到底，即使读法再丰富，也难臻理性的深度；只出不入，缺少感性体验的支撑，再高屋建瓴、纵横捭阖的论析，也会化为虚无。在这方面，蒋老师除了在"为坻，为屿，为嵁，为岩"这一情语的分析，还有小石潭象征品格的点染上力道稍显不足，其他方面诸如乐景的体悟、想象，对柳宗元忧伤之情无意识表现的分析等，做得都是极为出色的。

三是显与隐的统一。显在的笔墨分布特点要分析，隐在的更要揭示。面对双声话语、复调情感、线团化情感表现的作品，更要不遗余力地加以开掘。语文阅读教育不仅要触及比较显在的言语内容（道、情、思等）、言语形式（形式表现知识和智慧），而且要深入揭示更为隐在的文化意蕴、笔墨情趣、言语人格等，这样才能促进学生知、情、意素养的有机培育。比如学习《岳阳楼记》，就不能只看到为滕子京进行心灵的疗伤这一层话语，更要看到范仲淹向自我灵魂下达绝对律令这一更深层面的话语。赏析《孔乙己》，不能只抓住文本呈现的两处孔乙己的外貌描写，更要看到两个隐在画面——意气风发的孔乙己形象、凄惨离世的孔乙己形象，这样才会对其生命力遭遇凌迟的"苦人"形象有更多的领悟，对鲁迅关于国民性思考中抨击的无所不在的吃人思想、公共空间灾难，以及对生命中活力元素的寻找、生命力需要养护与尊重的呐喊等多重意蕴，还有文字背后更为深层的忧愤深广的言语人格有更为真切的体悟。

事实上，古人在这方面做得极为自觉。解读不仅触及显在的言、象、意，亦会深入隐在的神、气、韵、美。陆机《文赋》开篇提出"物—意—文"的关系，落实到文字上，则要求"石韫玉而山晖，水怀珠而川媚"。曹丕则明确提出"文以气为主"（《典论·论文》），钟嵘主张"干之以风力，润之以丹彩"（《诗品序》）。可惜的是，当下的语文教师要么觉得这严重超纲，不必谈；要么觉得这很玄虚，对应试毫无帮助，根本无须谈，结果是抓到了"分"，却将"人"连同语文之美悉数丢弃。

蒋老师没有那么多的功利性算计，他更愿意引领学生沉浸到文字所呈现的艺术世界中，体味作者的哀乐，领略时代的精神症候，并和学生兴味盎然地玩绎写景抒情上的个性之美——情脉上的虚实相生，写景上的牢笼百态，"相""尤""寂寥无人"等词语中内蕴的细腻而独特的精神乾坤……反而使深度对话潜滋暗长，也令语文之美如陈年佳酿般不断散逸醇香。

第三辑 ◆ 小说类文本教例研习

小说自读课，到底该怎样上

——黄厚江《台阶》教学实录研习

黄厚江

　　基础教育首批国家教学名师，享受国务院特殊津贴专家，国家教学成果奖获得者，全国中语会理事、学术委员会副主任，江苏省语文特级教师，江苏省首批教授级中学高级教师，国标本苏教版初高中语文教材主要编写者，省基础教育教学指导委员会专家委员，省劳动模范，省五一劳动奖章获得者，江苏省中语会副理事长，苏州大学硕士生导师。

　　对中学语文教学有全面深入研究，形成了鲜明的教学风格、个性化的教学方法和系统的教学主张，倡导的"本色语文"和"语文共生教学"在全国具有广泛影响，获得三项省政府教学成果特等奖。发表论文数百篇，应邀在全国作讲座数百场，执教公开课数百节，全国中语会等机构在各地组织"本色语文·共生教学"研讨会数十场。

　　出版《语文的原点》《语文教学寻真》《看得见成长的课堂》《论语读人》等 20 部专著，长篇小说《红茅草》获第四届叶圣陶教师文学奖提名奖。

一、爬第一级"台阶"：解读"父亲"和"台阶"①

　　师：这篇课文是一篇小说，但和其他小说不一样的是，它有很浓的散文

---

①　便于评析，特根据原教学实录课脉梳理出相关教学环节并命名。

味。会读小说的人，看完《台阶》后可能会过目不忘。请大家说说这篇课文里的哪些句子让你过目不忘？

（略去学生的交流）

师：我们梳理一下，这么多让我们难忘、引起我们思考的细节，都和哪个形象有关？

生：父亲。

师：大家很会读小说，读小说就是要抓住形象。除父亲这个形象以外，还和哪个形象有关？

生：台阶。

师：这篇小说的核心意象有两个：一个是台阶，另一个是父亲。现在提高要求，请根据这篇文章的内容，把父亲和台阶连在一起说一句话。

生：父亲为造高高的台阶付出了一生的辛劳。

师：一句话把小说的内容全部概括出来，多好！

生：父亲渴望家里能有一个高高的台阶。

师：刚才两个同学都是用"父亲"开头的，哪个同学能倒过来用"台阶"开头？

生：台阶是父亲耗尽一生想要追求的目标。

师：很好，还有没有同学说说？

生：高高的台阶造好了，父亲也老了。

师：很好。我们概括一下，台阶是父亲一生的追求，是父亲一生的向往。这篇小说写的是父亲与台阶的故事，通过台阶写出一位性格鲜明的父亲，也写出父亲的一生。同学们，如果你们家有这样一位父亲，你们喜欢不喜欢？喜欢的请举手，（稍等一会儿）不喜欢的请举手。你来说说，你为什么喜欢这位父亲？

生：因为父亲为了后代能过上幸福生活付出自己的一生。

生：我喜欢又不喜欢。我喜欢他的勤劳和执着，不喜欢他的逞强。

师：大部分同学喜欢父亲，但这位同学读得就深了，他还读出了父亲的逞强。这篇小说中，台阶是重要的形象，父亲也是重要的形象，那为什么不用"父亲"作为题目呢？

生：台阶是线索，贯穿全文，还可以刻画父亲的形象。

生：我认为，台阶象征着父亲。

师：这是从台阶的角度来说的，还有从父亲的角度来说的吗？

生：以"父亲"为题目的文章太多，而且太直接了。

师：总结一下，你们的观点是，这篇文章写台阶就是为了写父亲，写的父亲就是这位父亲。有没有同学想过，这篇小说里的父亲是不是作者的父亲呢？

生：不是。我认为这位父亲还象征着有追求的农民。

师：读小说，就是要由一个人读出一类人。父亲是勤劳、执着、有目标的农民的代表。我们来读课文的阅读提示："小说用第一人称叙述了'我'父亲与台阶的故事。"这句话中的"我"加引号是什么意思？

生：小说中的"我"不是作者自己。

师：对的，小说中的"我"不等于作者自己。那么，小说中的父亲是不是作者的父亲？

生：不是。

师：是啊，刚才有位同学说是"象征"，很准确，说明父亲是一类人的代表。那父亲是哪类人的代表？

生：是生活在农村，为自己的梦想、目标而奋斗的一群人的代表。

师：用一个词来概括，就是什么的代表？

生：农民。

师：是的，是富有理想、追求的农民的代表。你能不能根据课文，找到具体内容说明父亲是农民？

生：第 5 段，父亲洗脚，洗出了一盆泥浆，可见他的勤劳。

师：好，我们看看还有哪些描述能体现父亲的农民特点？

生：第 15 段，"冬天，晚稻收仓了，春花也种下地，父亲穿着草鞋去山里砍柴"。

生：第 11 段，"于是，一年中他七个月种田，四个月去山里砍柴，半个月在大溪滩上捡屋基卵石，剩下半个月用来过年、编草鞋"。

生：第 12 段，"父亲挑一担谷子回来"。只有农民才会挑谷子。

师：我们刚刚是从父亲的脚和父亲做的事情中感受到父亲是农民，那能不能从父亲的外貌中看出父亲的农民特点？

生：父亲穿的是草鞋。

师：而且穿破了很多草鞋。我们抓住了不少细节，读出了一个勤劳、辛苦的父亲的形象。看出一个人的外在特征是很容易的，有同学能看出父亲作为农民的内在特征吗？

生：第9段，"父亲老实厚道低眉顺眼累了一辈子，没人说过他有地位，父亲也从没觉得自己有地位"。从这里可看出父亲的老实、厚道。

师：很好！还有吗？

生：第27段，"正好那会儿有人从门口走过，见到父亲就打招呼说：'晌午饭吃过了吗？'父亲回答没吃过。其实他是吃过了，父亲不知怎么就回答错了。第二次他再坐台阶上时就比上次低了一级，他总觉得坐太高了和人打招呼有些不自在"。

师：从这里可看出父亲有什么特点？

生：父亲很谦卑。

师：有道理！大家看"晌午饭"的"晌"是什么偏旁？

生：日字旁。

师：第几声？

生：第三声。

师：这部分不仅写出父亲的谦卑，还写出父亲坐在新台阶上的不自在。还有吗？

生：第28段，"我连忙去抢父亲的担子，他却很粗暴地一把推开我：'不要你凑热闹，我连一担水都挑不——动吗'"，从这里看出父亲是个很要强的人。

师：从哪些词语看出父亲很要强？

生："粗暴""推开我"。

师：大家理解得已经很深刻了，但是还可以有不同的理解。我下面将作者写的一段话读给大家听，看大家能不能有新的理解。他说："在中国乡村，一个父亲的使命也就那么多，或造一间屋，或为子女成家立业，然后他就迅速地衰老，并且再也不被人关注。我只是为他们的最终命运而惋惜，这几乎是乡村农民最为真实的一个结尾。"他们一辈子就是为了干什么？

生：造屋子，为子女成家立业。

研 习

整节课围绕"父亲"这个人物形象的审美展开，触及了形象与细节、形象的个与类、形象的立体性、形象系统的核心、形象与叙事视角等理论命题，深入浅出，紧贴学生的审美认知与体验，上得十分饱满、流畅。

认为《台阶》有"很浓的散文味"，确是很新鲜的解读，可惜未适当展开，后面的教学亦无点染照应。

尽管从本质上说，文学的形象性就是意象性，但就当下的使用惯例来说，还是有所区别的。偏于叙事的文学形象多偏于人物形象，偏于抒情的文学形象则可以包括各种情感意象，即各种具有表情功能的视觉意象和听觉意象以及直接的内部体验描述。[①]如果不加辨析，措辞中一会儿谈形象，一会儿谈意象，很容易令学生不知所措。

另外，学生措辞中将"段"和"自然段"混淆，教者当及时指出。

二、爬第二级"台阶"：解读"我"和"母亲"

师：一辈子，一座房，这就是父亲一生的写照，也应该是农民一生的写照。后面还有个高难度的"台阶"，大家敢不敢"爬"？

生：（齐）敢。

师：我们刚才是通过两个形象来读这篇小说的，除了父亲和台阶外，这篇小说还有一个形象，是什么？

生："我"。

师：对了，小说中还有一个"我"，不能忘掉。除此之外，还有一个形

---

① 杨春时，俞兆平，黄鸣奋.文学概论 [M].北京：人民文学出版社，2002：31.

象，谁？

生：母亲。

师：会读小说的人，不仅会关注人人都关注的形象，还会关注别人不大关注的形象。你们觉得，"我"和母亲这两个形象，哪个更重要？

生："我"。

师：为什么？

生：因为全文的内容都是关于"我"和父亲的。

师：是的，全文内容都是通过"我"来写父亲，通过"我"的眼睛来观察父亲。父亲的这些事，母亲有没有看到？

生：有。

师：母亲有没有像"我"这样去想？

生：没有。

师：我们看看这篇小说为什么要通过"我"来写父亲？先看这篇小说共写了几个台阶？

生：两个。

师：哪两个？

生：一个老台阶，一个新台阶。

师：老台阶几级？

生：三级。

师：新台阶几级？

生：九级。

师：父亲对两个台阶的态度有没有不同？

生：有。

师：有什么不同？先看对老台阶的态度。

生：对老台阶是不满意的。

师：从哪里能看出父亲的不满意？

生：父亲总觉得我们家的台阶低。

师：这句话中哪个字最能体现出父亲的不满意？

生："总"。

师：不错。那么，父亲对新台阶的态度是怎样的？

生：不自然，不习惯。

师：你们是从哪里看出来的？

生：倒数第4段，"一副若有所失的模样"。

师："若有所失"是什么意思？

生：好像失去了什么一样。

师：能不能告诉我，父亲造好了台阶，失去了什么？

生：劳作的乐趣。

师：也就是奋斗的目标、热情。还失去了什么？

生：时间。

生：还失去了坐台阶的那份感觉。

师：如何悟出父亲坐在新台阶上没有感觉、不自在？

生：第27段，"第二次他再坐台阶上时就比上次低了一级……但门槛是母亲的位置"。

师：这段文字告诉我们，父亲造了新台阶以后不习惯、不自在。"若有所失"，他失去的是几十年的时间，失去的是坐台阶的感觉，失去的更是精神的追求和依托。父亲对新台阶不习惯、不自在，那么"我"对台阶是怎样的态度呢？我们先看"我"喜欢不喜欢老台阶？

生：喜欢。

师：说说依据。

生：第4段，"母亲坐在门槛上干活，我就被安置在青石板上……再后来，又跳三级，啪！"

师："父亲总觉得我们家的台阶低"，如果把"父亲"读成重音，大家能体会到什么内涵？

生："我"和母亲并不觉得我们家的台阶低。

师：是的，从中看出"我"很喜欢老台阶，而父亲不满意，这就起到什么作用？

生：对比。

师：以"我"对台阶的态度，更能衬托父亲对台阶的态度。这篇小说中

"我"的作用很重要，通过"我"来写父亲，这就是小说的视角。"我"的母亲在小说中有没有作用？母亲有没有觉得台阶低？

生：没有。

关注到形象系统中背景形象对主体形象的衬托作用，且能发现背景形象"我"与"母亲"的同中之异，审美的触角很是纤敏。引导学生感受"父亲"造新台阶前后心理上的对比——不满意 VS 不习惯、不自在，还有对"若有所失"意蕴的挖掘，移步换景，令人时时处于耳目一新的审美状态。

美中不足的是，对"我"这一审视者、吸纳者、同情者的复合性形象的把握尚不够自觉，对"若有所失"意蕴的挖掘也未真正触及"希望"命题的高度——比如，失去奋斗的目标、热情、乐趣与精神焦虑、不安、衰老之间的关系是什么？为什么是这样的？教者在下一环节触及了，但未掘进。

三、爬第三级"台阶"：解读象征意蕴和叙事视角

师：所以，在一定程度上，母亲也起到衬托父亲形象的作用。还有一级更难的"台阶"，"爬"不"爬"？

生：爬！

师：我们一起读小说的最后三段。

（生读）

师：刚才都是黄老师提问让你们思考，你们能不能提个问题让黄老师思考？

生："怎么了呢，父亲老了"，这个结尾有哪些含义？

生："父亲又像问自己又像是问我"，父亲此时是怎样的心情？

师：你们很会提问题，这两个问题提得很好！先解决第一个问题。你们说，父亲毫无生机，是不是仅仅因为他老了？还有其他原因吗？

生：台阶造好了，父亲也失去了努力的方向。

师：父亲若有所失，充满迷茫，不是因为他老了，而是因为失去了目标。你们看，黄老师也够老了吧，但还是富有生机的。（生笑）一个人的年龄与他有无生机并没有必然的联系。所以，重要的不是实现理想，而是实现理想后不迷茫。还有一个问题，父亲为什么"又像问自己又像是问我"？告诉大家一种思维方式，"又像问自己又像是问我"，言下之意是"既不是问自己也不是问我"，那么是问谁呢？

生：问读者。

师：你真厉害！这是对所有人的发问。这篇小说不是仅仅写一位父亲，也不是仅仅写一个将造一间房子作为理想的农民，而是让读者思考一个问题：实现理想后为何迷茫？能不能在最后一段前加上"我说"，变成"我说：'怎么了呢，父亲老了？'"

生：不能，小说中的这句话不是"我"对父亲说的。

师：对！加了引号，就变成是对"父亲"一个人说的。不加"我说"，是作者对所有人说的，是对所有读者说的，让我们思考：除"父亲老了"外，可能还有很多原因。这里是通过"我"写出小说深刻的主题。能不能把小说的叙述视角改成母亲的视角来写？如果改成母亲的视角，第一句话应该怎样写？

生：老头子总觉得我们家的台阶低。

（生笑）

师：如果改为母亲的视角，最后几段能像现在这样写吗？

生：不能。

研 习

"父亲"的迷惘，也是"我"的迷惘，是经济获得自立、精神价值取向尚未明晰确立时代农民的迷惘，何尝不是"我"所代表的知识分子的迷惘？

从这个角度说，师生否定母亲视角的叙述，还有对"父亲为什么又像问自己又像是问我"的探讨，切中了小说的象征品格，显得意味深长。

四、爬第四级 "台阶"：关于为小说配图的运思

师：这不符合人物身份，也不符合人物关系。这就是小说视角的重要性。还有最后一级 "台阶"，敢不敢 "爬"？

生：敢！

师：这篇课文有没有插图？

生：有。

师：父亲坐在哪个台阶上？

生：看不清。

师：是的，看不清楚。你们说说，父亲会坐在哪个台阶上呢？

生：老台阶。

生：新台阶。

师：说说理由。

生：父亲不习惯新台阶，只能坐在旧台阶上。

生：父亲一生就是要造一个新台阶，只能坐在新台阶上。

师：父亲坐在新台阶上，会坐在哪一级上呢？好的，这是一个有意思的问题，留到大家课后思考交流吧。

研 习

很独特的教学设计！不管是画出 "父亲" 坐最高一级台阶，还是低一级台阶，抑或最后一级台阶，都是心理 "有意味瞬间" 的浮雕。这对学生深入把握人物性格及其文本的象征品格，大有助益。

总 评

小说自读课该如何上，黄厚江老师的 "试水之作" 给了我们三点重要启示。

一、必须上出小说的特性

在确保守住语文体性的前提下，必须充分揭示文类特性——类性，这是语文教师专业性的本然需求。规避文类教学的同质化，也是语文教学内容择定与建构、语文核心素养积淀、言语生命牧养的应然需求。

遗憾的是，这一常识尚未得到普遍的重视。无论观课，还是阅读报刊上的课例，我们还是能经常发现：小说、散文、诗歌、新闻等文类的教学，几乎看不出任何的文类差别。即使有所关注——要么理论陈旧，如用开端、发展、高潮、结局四要素理论解读情节，比亚里士多德的"突转·发现"情节理论、英国作家福斯特的情节因果理论，不知要落后多少倍；要么手法机械，如按照小说的人物、情节、环境三要素进行碎片化的解读，其实也无法看出三要素何以有机地成为小说的类性——有老师讲《诗经·氓》，也分析人物形象了，试问：叙事诗的人物形象塑造与小说的人物形象塑造到底有何不同呢？无，岂非依旧落入同质化教学的窠臼？

在这种语境下，黄老师能紧扣文本，从小说要素切入，引导学生对小说类性进行系统而深刻的体认，难能可贵。他是从人物形象的视角切入审美的，主要抓了三点。

一是形象的系统性。在黄老师的心目中，父亲、台阶、"我"、母亲构成相辅相成、不断变化而又浑然相连的形象系统。在这个形象系统中，父亲是主体性形象，其他三个为背景性形象，辐射与折射的关系清晰可辨。为此，整体教学设计虽然呈现了一个不断累进的台阶式结构，但悉数指向父亲这个主体形象。

1.这么多让我们难忘的细节，都和哪个形象有关？还和哪个形象有关？能否把父亲和台阶连在一起说一句话？

2.台阶是重要的形象，父亲也是重要的形象，为什么不用"父亲"作为题目？

3.小说里的父亲是不是作者的父亲呢？

4.父亲是哪一类人的代表？何处见出？

5.除了父亲和台阶这两个形象外，还有什么形象？

6. "我"和"母亲"这两个形象，哪个形象更重要？

7. 这篇小说为什么要通过"我"来写父亲？

8. 父亲对新台阶不习惯、不自在，那么"我"对台阶是怎样的态度呢？母亲呢？

9. 如果给课文配插图，父亲应该坐在哪一级台阶上？

外在的台阶式教学结构，与文本内蕴的太阳般辐射结构浑然相融。令人惊叹的是，黄老师触及了形象的"异数"——在对待台阶的态度上，母亲、"我"与父亲是不一样的；在对待父亲衰老是否有更深的反思上，"我"和母亲又是不一样的，这便将潜隐的矛盾抖搂出来，拉开形象塑造的层次性，更能引发学生对小说哲理品格的思索。和而不同，形象系统中的表现张力产生了，教学中揭示这一点，审美的魅力也被瞬间释放出来。

二是形象的精微性。优秀的小说，每个细节都在"说话"，都在"表现"，堪称尺水兴波，气象万千，就像苏州园林，处处皆图画。这一点上，黄老师显然谙熟于心。从父亲的脚、做的事情、外貌，还有内在的性格特征，引导学生体味父亲所代表的农民形象，这便将形象塑造的精微性纤毫不遗地揭秘了。尤其是最后一个教学环节，让学生为课文配图，问父亲会坐在新台阶的哪一级上，更是将形象塑造的精微性与开放性和谐统一在教学中，自然实现文与画的会通。

三是形象的典型性。形象塑造的系统性、精微性，其实都是为典型性服务的。没有典型性的引领，小说也会出现"有好句无好章"的败笔。小说教学，倘若没有触及典型性的命题，想上出高度、深度、厚度，无异于痴人说梦。黄老师的不少问题问得很漂亮：写父亲为什么却以台阶作为题目？父亲是作者的父亲吗，他代表的是哪类人？课文阅读提示"小说用第一人称叙述了'我'父亲与台阶的故事"，这句话中的"我"加引号是什么意思？正是因为聚焦了典型性。

不过，黄老师对文本形象塑造的蕴藉性，还有"父亲"形象的发展性、性格的丰富性——集中体现在造台阶前后活力、习惯与心理的对比上，关注度还不够高。虽然触及了"父亲"形象的象征性，但并未指出其时代性——象征哪个时代的农民？对作者显在的创作追求——"从父辈们生存的智慧、憨厚、勤劳甚至狡黠中再度捕捉自我血液中流淌的原生物质"，实现"心灵净化"，还有文本隐在的批判性审视——这样耗尽一生心血的混合着物质和尊严的追求是否值得，没有深入的探索。

二、必须上出这一篇小说的特性

小说教学不仅要揭秘小说的类性，更要揭秘这一篇小说的特性——篇性，这是语文教学专业性的体现。试想，你教鲁迅的小说，教曹雪芹的小说，教莫泊桑的小说，作家小说创造上的个性差异毫无揭示，还能称得上有专业性吗？

与表情说偏于情意特色探究不同的是——朱自清就认为语言文字有达意和表情的作用，前者指的是"字面或话面"，后者指的是"字里行间或话里有话"[①]，我们说的篇性更侧重于情意表现上的特色。

黄老师在《台阶》教学中，是有意识开掘篇性的。比如，对"若有所失"的探讨，失去的是几十年的时间、坐台阶的感觉、精神的追求和依托，这便触及了小说的希望命题、哲理品格。美国艺术史家伯纳德·贝瑞孙在给海明威的信中说过："任何一部真正的艺术品都散发着象征和寓言的意味。"[②]《台阶》也散发着象征的意味，黄老师不仅敏锐地把握到了，还努力带着学生根据小说的结尾读出人生的难题：如何走出理想实现后的"若有所失"带来的迷茫，这是很了不起的。

再如对"我"与"母亲""父亲"形象差异的自觉辨识，这其实触及了小说内蕴的"看—被看"结构。因为有了"我"的自觉看，作品中理想或希望命题思考的重量才会凸显出来，甚至对知识分子自己精神价值的审视才会矗立起来。

然而，黄老师在篇性开掘上没有深入下去，也是事实。

触及了希望命题，但并未引导学生深思：希望、理想消失了，身心立刻

---

① 朱自清.语文零拾[M].扬州：广陵书社，2018：1.
② 余秋雨.艺术创造论[M].上海：上海教育出版社，2005：171.

衰老，为什么会这样？这种希望命题的思考与其他作家有何不同？比如鲁迅的《故乡》："希望是本无所谓有，无所谓无的。这正如地上的路；其实地上本没有路，走的人多了，也便成了路。"又如但丁《神曲》中地狱之门上的铭文："你们走进这里来的，把一切希望都捐弃了吧！"这些都直面了希望命题，差异性何在？有了这样的深度追问，是否更能让学生体味到李森祥小说表现上的蕴藉风格，还有他对希望命题朦胧思考的特点。

触及了父亲形象的象征性，但并未指出象征了什么年代的农民。如是，与臧克家《老马》一诗中的老马有何不同？还有《台阶》中父亲奋斗的欢乐与成功的失落构成的巨大反差结构中内蕴的表现张力，父亲的情感失范、性格异化，为什么被表现得那么浓墨重彩、触目惊心？这些问题，均未在教学中得以开掘。

黄老师坦承："《台阶》是一篇不好理解的文章，文体的归类和文本主旨的解读都有比较大的争议。我不明白教材编者为什么会将它编排在初一教材中，还要将其作为所谓的'自读课文'。"① 质疑很有道理，但教材定位的局限，并不妨碍教师的个性化超越。有时候，恰恰是主流的认知出现问题，反而更能激活教学，使审美的鉴赏与创造成为可能。

从这个角度说，篇性开掘的确任重道远。

三、必须上出小说自读课的特性

上出小说的特性，上出这一篇小说的特性，更要探索出自读课的特性，这体现了黄老师语文教学的学理自觉。

黄老师认为，自读课"就是在学生自读的基础上教，就是要知道学生已经读出了什么，在此基础上引领学生再阅读"。在这样的认知下，他请学生说说"这篇课文里的哪些句子让你过目不忘"；爬第三级思维台阶时，让学生向老师提问，结果学生很精准地锁定小说结尾的象征性描写。可以说，他将自读课的教学理念落到了实处。

---

① 黄厚江.和学生一起登"台阶"[J].中学语文教学参考·初中，2019（9）：16.

值得一提的是，黄老师自读课的观照点远不止于此。

通读课例，不难发现：黄老师将课文的不少"阅读启悟"资源引入教学：如此详写父亲洗脚，是要表现什么？面对生活，执着而坚韧，这就是朴实的中国农民！造好的新台阶为什么会让父亲如此"不自在"？不是排雷般逐个击破，而是纳入形象系统性、独特性审美的过程，这体现了他语文教学的精致化思考。

但是，我们同样发现：黄老师自读课教学理念贯彻得还不够透彻。一堂课二十余问，只有两问是学生发出的。以黄老师的渊深学养和丰富的教学智慧，完全可以放手来问：通过对这篇小说的自读，大家读懂了什么？还有什么不懂？这样一来，最真实的学情才会浮现出来，教者顺势而化、相机而教的魅力才会充分彰显。

即使是教者想抛出自认为有价值，且是学生认知盲点、薄弱点的问题，也应在学生充分谈完之后，这样的教学对话才能真正地"磨脑子""亮眼睛""新耳朵"，教学相长的愿景才可能自然而然地形成。

美国诗人惠特曼说："诗人身份的证据是，他的国家亲爱地吞下他，他也亲爱地吞下他的国家。"[①] 他强调的是诗人只有融入生活、民众、时代、国家，才会真正地坚强、伟大，作品才能"回到大的气派"。对于语文教师来说，何尝不是？只不过，对于小说自读课来说，更要突出小说、自读课、教者、学生、语文课程彼此间的"亲爱地吞下"。

---

① 朱自清.语文零拾[M].扬州：广陵书社，2018：122.

双重审美：这一类与这一篇

——程红兵《我的叔叔于勒》教学实录研习

程红兵

安徽六安人，中学语文特级教师，上海市骨干教师带教导师，上海教育出版社特约编审，华东师大特聘教授，上海市教师学研究会副会长，上海市语文名师培养基地主持人。曾为上海市建平中学校长，现为上海金茂学校校长。

一、梳理意脉，把握主旨

师：我们一起来学习法国 19 世纪批判现实主义作家莫泊桑的短篇小说《我的叔叔于勒》。首先请同学们阅读课文，找出课文中的人物是怎么评价于勒的，包括怎么称呼他、怎么说他的。

生：那时候是全家唯一的希望，在这以前是全家的恐怖，花花公子。

师："花花公子"是对于勒的评价吗？

生：不是。花花公子是说有钱人家的子弟，而于勒家不是，于勒家比较穷。

师：对，请继续找。

生：坏蛋、流氓、无赖。

师：这是直接指于勒吗？

生：不是，这是就一般情况说的，但实际上暗指于勒。还有"分文不值的于勒"，一下子成了"正直的人，有良心的人""好心的于勒""他可真算得上一个有办法的人""这个小子""他是个法国老流氓""这个家伙""这个贼""那个讨饭的""这个流氓"。

师：很好，这个同学找了很多，还有没有？

生：这是我的叔叔，父亲的弟弟，我的亲叔叔。

师：对，这几句话很重要。现在我把同学们找的主要的评价板书在黑板上。

板书：

全家唯一的希望

全家的恐怖（坏蛋、流氓、无赖）

正直的人、有良心的人

好心的于勒、有办法的人

这个家伙、这个贼、这个流氓

我的叔叔，父亲的弟弟，我的亲叔叔

师：请同学们把这些评价分分类，分类的标准是哪些话是在大致相同的情况下说的，并说说是什么情况，他们对于勒采取了什么态度。请按时间顺序说。

生："分文不值的于勒""全家的恐怖"是在同一种情况下说的，因为于勒把自己应得的遗产吃得一干二净之后，还占用了"我"父亲应得的那一部分。

师：对，占了钱。他们对于勒采取什么态度？

生：把他赶走了。

师：你怎么知道是赶走的？

生：课文用"打发"一词，可知是把于勒赶走的。

师：下面依次有哪些话是在同一情况下说的？

生："全家唯一的希望""正直的人，有良心的人"，是在他们接到于勒的两封信以后说的。

师：信中的哪些话导致他们这么说？

生："赔偿我父亲的损失""发了财……一起快活地过日子"。

师：于是，这一家人每到星期日干什么？

生：到海边的栈桥上等于勒回来。

师：这位同学说"等于勒回来"，这个"等"字用得好不好？请说说道理。

生：不好，"等"字不能说明这一家人此时热切盼望于勒回来的心情。

师：你认为应该用什么词？

生：应该用"盼"字。

师：很好，我们一起来讨论这个"盼"字，文章哪些细节体现了"盼"字？

生：父亲总要说那句永不更变的话："唉！如果于勒竟在这只船上，那会叫人多么惊喜呀！"

师：于勒在不在这只船上？

生：不在。

师：你怎么知道？你从哪个词中看出来的？

生："竟"表示意外，父亲希望于勒能出乎意料地来到身边，表现了他急切盼望的心情。

师：说得好。真是望眼欲穿，焦急万分，恨不得立刻相见。还有什么细节体现"盼"？

生：这封信成了我们家里的福音书，有机会就要拿出来念，见人就拿出来给他看。

师：这句话是体现"盼"吗？

生：这句话主要体现这家人高兴、得意，还有几分骄傲的心情，把信给别人看，是为了炫耀。

师：还有什么细节体现"盼"？

生：果然，10年之久，于勒叔叔没再来信。可是父亲的希望却与日俱增。

师：很好，10年时间丝毫没有减少他们的希望，反而增加了。还有吗？

生："对于勒叔叔回国这桩十拿九稳的事，大家还拟定了上千种计划，甚至计划要用这位叔叔的钱置一所别墅。"这笔毫无着落的钱竟然被列入了他们的开支计划，可以看出他们急切盼望于勒回来的心情。

师：这位同学分析得在理。文中还有一个细节充分体现了急切盼望的心情。请同学们认真看。

生：那时候大家简直好像马上就会看见他挥着手帕喊着："喂！菲利普！"

师：他们真的看到了吗？

生：没看到，是他们脑海中出现的幻觉，人到了急切的程度才会出现幻觉。

师：说得好，这个细节很能说明问题。再看其他几句话是在什么情况下说的？

生：最后几句话是在见到于勒时说的。当他们发现于勒是一个穷水手时，菲利普夫妇就大骂于勒是贼、流氓。

师：是当面骂的吗？

生：不是，是背着于勒骂的。

师：为什么要背着？

生：生怕于勒重新拖累他们，也生怕好不容易找到的女婿知道这件事，因为这位女婿是冲着于勒那封发财的信才下决心求婚的。

师：后来，这一家人又怎样了？

生：为了避开于勒，他们改乘另外一条船。

师：我们把情节理一下，请看板书：

赔钱……盼

占钱……赶

有钱……赞

没钱……骂、避

从板书可以看出，小说情节不长却也曲折起伏，特别是后面情节的安排，既在意料之外，又在情理之中。如果我们把课文分成两大部分的话，应该在哪里分？

生：从开头到旅行之前为第一部分，从动身旅行到最后为第二部分。

师：我用一副对联概括两部分的内容——

十年思盼，天涯咫尺，同胞好似摇钱树；一朝相逢，咫尺天涯，骨肉恰如陌路人。

师：这家人盼于勒，盼了十年，希望与日俱增，甚至在脑海中出现了幻觉，明明远在天边，却如近在眼前，把骨肉同胞当成摇钱树，为了用于勒的钱制订了上千种计划。一朝相逢，期望中的富翁变成穷水手于勒，他们失望沮丧，本是同根生，相逢就是不相认，骨肉兄弟如同陌生的路人，前后之间构成鲜明的对比，这一切因为什么？这副对联少了一个横批。请同学们来拟。

生：人不如钱。

师：请解释一下。

生：于勒这个人还不如钱重要，盼于勒是假，盼于勒的钱是真。

师：有道理。还可以从这件事反映的社会问题来考虑。

生："金钱至上"，盼是因为有钱，避是因为没钱，在人们的眼中，金钱是至高无上的。

生："世态炎凉"，开始他们热切盼望于勒，后来发现于勒没钱，就唯恐避之不及，根本没有兄弟亲情。

研 习

梳理情节，不是简单的事件归纳，更不是开端、发展、高潮、结局这种陈旧理论的拉郎配，而是从称呼切入——怎么称呼于勒的，不同的称呼是在什么情况下出现的，从这种称呼的变化中见出什么，这些称呼是谁说的，这种开口很小的教学设计，使课脉显得非常清晰、严谨，便于学生深度关注情节中的情感因果，特别是人物独特的情感因果——如"盼"的多种表现，背地里骂于勒是贼、流氓，从而将细节感悟与情节的整体把握巧妙地融合起来。

四线（称呼线、态度线、情节线、命运线）合一，从情节梳理到主题概括，很好地处理了感性与理性的相谐、熟悉与陌生的相乘，完成新一轮的部分（情节）与整体（主旨）的统一，浑然天成。情节从四分到二分，并与主旨的概括、人性的总体把握结合，是审美的精致化，更是审美的深刻化。用加横批的形式考查学生的审美水平，别具匠心，情味盎然。

值得商榷的是，对联由教者亮出，主旨先行，学生横批的运思便会受到诱引，这一弊病在写作上叫作"限制性立意"——学生充分亮见后，让其撰写对联及横批，成果或许会更显珍贵。

二、形象分析，揭示篇性

师：同学们拟得非常好，跟老师想的一样。家庭是社会的细胞，由家庭这个细胞看出社会整个肌体的情况，以小见大，可见其主题是深刻的。现在，我们再来作第二次分类，看看前面找出的评价分别是谁说的。

生："全家唯一的希望""全家的恐怖""分文不值的于勒""正直的人，有良心的人"，这些都是大家的看法。"好心的于勒""有办法的人""这个流氓""这个贼"是母亲克拉丽丝说的。"这个家伙"是父亲菲利普说的。"我的叔叔，父亲的弟弟，我的亲叔叔"是若瑟夫说的。

师：很好。这么归类以后，你们有什么发现？

生：同一个人前后态度截然不同，母亲克拉丽丝开始极力夸赞于勒，后面又恶意咒骂于勒。

师：由此可以看出人物的什么性格？请谈谈你对克拉丽丝的看法。

生：这个人太无情义，满脑子只有金钱，非常自私、势利，只管自己的得失利害。

师：菲利普夫妇都是小人物，不是十恶不赦的恶棍、坏蛋，但由于他们对待亲兄弟的态度，我们从心底鄙视他俩的人格。还有什么发现？

生：菲利普夫妇有些不同，克拉丽丝骂于勒是贼，是流氓，菲利普只说于勒是这个家伙，说明菲利普是有点儿同情于勒的。

师：这位同学的观察比较细致，但我们看看菲利普是不是同情于勒？为什么？

生：不是，因为菲利普最终没认兄弟，本是同根生，相逢就是不相认，由此看出他也是无情的，也是以金钱为重，菲与克只是程度不同罢了。

师：很好，具体说说。

生：克拉丽丝更泼辣，更冷酷，更有心计，因而她也更令人讨厌。

师：这家人都是一个态度吗？你们看看还有什么发现？

生：若瑟夫和他的父母不同。

师：好，我们齐读文章写小若瑟夫的一段话：从"我看了看他的手"到"我的亲叔叔"。

（生读略）

师：同学们还没有把文中的感情读出来。我们一起来分析，这里共有三句话，前两句写谁？

生：写于勒。

师：是谁的目光在看于勒？

生：若瑟夫的。

师：我读一下，你们看这目光代表了什么？（师读）

生：目光饱含了怜悯之意，对穷困潦倒的于勒充满同情。

师：第三句是在写谁的心理活动？

生：若瑟夫的心理活动。

师："这是我的叔叔，父亲的弟弟，我的亲叔叔"三个短语同指一个对象，何以要反复？"父亲的弟弟"是针对谁说的？"我的亲叔叔"强调什么？

生："父亲的弟弟"是针对父母说的，反映了若瑟夫对父母不认兄弟的困惑和不满，"我的亲叔叔"强调一个"亲"字，表明若瑟夫内心充满侄叔亲情。

师：请同学们再读一遍。

（生读）

师：这一遍读出了感情。若瑟夫与父母形成鲜明的对比，这个对比有何作用？

生：突出双方的性格。

师：对。孩子是纯真的，大人是世故的；孩子是诚实的，大人是虚伪的；孩子是善良的，大人是势利的；孩子是慷慨的，大人是刻薄的。作者为何以"我的叔叔于勒"为题？

生：表明了作者的美好愿望，希望人们能像若瑟夫一样，多一点同情，多一点友爱，多一点善良，他希望社会能更好一点。

师：好。下课。

研 习

言为心声，从称呼切入分析人物形象，翻转出新却又十分自然。分析中，注意母亲形象和父亲形象的对比、父母形象与儿子形象的对比，努力将人物形象独特的"这一个"特征离析出来，确实富有层次而又细腻独到的审美。

将形象分析与以小见大的表现手法、蕴意丰富的命题艺术、作家言语表现的愿景结合起来，看似信马由缰，其实有着高屋建瓴而又心细如丝的考量。因为此三者不仅勾连着小说的类性——形象和环境的特色，而且涉及文本的篇性。

不过，从师生的对话来看，审美仍有提升的空间。

1. 只看到了克拉丽丝自私、势利、冷酷的一面，没有看到她在家庭困境中艰辛操持的苦痛，以及在窘迫中保持精致生活的努力（这些小说有多处细节点染，如周日的海边栈桥散步、筹划许久的哲尔赛岛旅行），很容易导致对人物形象的平面化理解。

2. 否定菲利普对于勒的同情，认为其和克拉丽丝都是无情的，以金钱为重，只是程度稍有差异而已，也等于否定了人物心灵层次的丰富性。事实上，不论是在跟妻子说"就……就是我的弟弟呀"，还是跟船长迂回好一阵才道出的话："您船上有一个卖牡蛎的，那个人倒很有趣。您知道点儿这个家伙的底细吗？"不仅可以见出他对于勒的同情，还能见出他内心的惶恐、懦弱与无奈——他与船长聊天时称于勒"这个家伙"，实属探听虚实的一种策略，谈不上是冷酷心情的写真。

3. 分析若瑟夫形象时，既要看到他对于勒的怜悯，更要看到他对父母、大姐、二姐，包括求婚公务员的悲悯。这个天使般的光明存在，不仅是对市侩人性的救赎，更是对炎凉社会的净化。这种光明形象，在很多作品中有表现，如曹禺《雷雨》中的周冲形象，德国作家托马斯·曼《浮士德博士》中的小男孩内波形象，甚至并不那么纯美的人物形象中也有天使元素的存在，如严歌苓《天浴》中那个驱马百里为心爱女人文秀担水的老金。因此，从悲悯的视角看，若瑟夫身上的天使元素才会更加熠熠生辉，对人性的丑陋、资本主义社会金钱至上的残酷本质，才会有更深切的感受。

总 评

优秀的作品都是注意个与类的统一的。美国符号学美学理论家苏珊·朗格说："艺术家表现的决不是他自己的真情实感，而是他认识到的人类情感。"[①] 虽然她强调的是类情感，但认识到的一定也是属我的，所以表现出来的情感一定是个与类的统一。俄国文学评论家别林斯基说得更为明确："伟大的诗人谈着他自己，谈着我的时候，也就是谈着大家，谈着全人类……人们在他的悲哀里看到了自己的悲哀，在他的心灵里认识到自己的心灵。"[②] 亦即诗人在表现自我情思的同时，也能表现人类的情思，有效实现了独感与共感、个性与共性的统一。优秀的小说家，何尝不是如此？

因此，理想的语文教学，审美时一定要注意这一类与这一篇的统一。这至少包括两方面的内涵：内容上，既要解读出作者独特的命运遭际、生命情思，也要追索其间的人类情思、文化意蕴或哲理品格；形式上，既要注意文类的特征，更要注意单篇的特色，亦即类性与篇性的统一。

问题是如何统一，且是个性化的有机统一？程红兵老师在教学《我的叔叔于勒》时做出了很好的示范。

---

① ［美］苏珊·朗格. 艺术问题 [M]. 滕守尧等，译. 北京：中国社会科学出版社，1983：25.
② ［俄］别林斯基. 别林斯基论文学 [M]. 梁真，译. 北京：新文艺出版社，1958：41.

一、类性为基，着力于篇性的揭示

对于小说教学，老师们一般围绕形象、情节、环境展开，如围绕"赌性"分析《范进中举》中的人物形象；按"花盛—花衰—花落"这条草蛇灰线感受爸爸生命之花的盛衰，以及父爱之花在女儿心中盎然盛开的辩证；聚焦"笑"字，感受《孔乙己》生存的无爱的人间。有的是从一个要素切入，深挖下去，带动对其他要素的感知；有的则是抓住主要矛盾或缝隙，进行全覆盖式的赏析。

程老师的教学表面上是全覆盖式的——形象，分析了克拉丽丝、菲利普、若瑟夫；情节，"赔钱……盼—占钱……赶—有钱……赞—没钱……骂、避"的复合线理出来了；环境，让学生写横批时揭示了——金钱至上、世态炎凉，分析三个人物形象时也有所涉及。可以说，完全、充分地上出小说的类性。

但是与平均用力、按图索骥、毫无个性化创设的分裂教学不同，程老师的教学是从课眼"称呼"切入，按"怎么称呼于勒的—不同的称呼是在什么情况下出现的—从这种称呼的变化中见出什么—这些称呼是谁说的—从他们的称呼中你们有什么发现"这条课脉创生教学的，将情节梳理、社会环境的点睛、人物形象的分析不露痕迹地编织在一起，又以人物形象分析、作家言语理想的揭示（"希望人们能像若瑟夫一样，多一点同情，多一点友爱，多一点善良，他希望社会能更好一点"）作为重点。因此，精致的设计与多元的创生浑然天成。

说其精致、浑成，是因为程老师无论是课眼的选择，还是课脉的设计，对具体细节的讨论，都瞄准了篇性，所以触处生春的教学奇景就产生了。比如，"花花公子""坏蛋、流氓、无赖"并非若瑟夫的叙述视角，而是隐蔽的公众叙述视角（也是社会环境的暗点）；全家盼于勒竟然出现了幻觉，这便将后来痴情与绝情的冲突推向极致，对人物沦为物欲奴隶后形成的翻云覆雨的个性，以及冷漠残酷世风的鞭挞就更为强劲；对于勒的称呼，不胜枚举，为什么以"我的叔叔于勒"为题？

上述篇性，无一不被程老师开掘出来，引导学生参与深度的讨论，所以整个教学有一种审美不断翻转的新鲜感、流动感、饱满感。虽然缺失了于勒形象的分析，对课文删减的呼应式结构"拿一个五法郎的银币给要饭的"——把少年的同情心保留到成年，这是"由对于勒叔叔一人之爱扩大到所有穷人，也就是由亲情之爱扩展、上升到了对所有不幸者的爱，这才是真正的人道主义之爱"[①]，也没有向学生交代，但以类性为基，着力于篇性揭示的教学追求已经生气淋漓了。

二、比照追问，让类性篇性更突出

类性、篇性无法自显，必须通过互文性的比照，方能灿然现于学生眼前。比如，诗歌极化情感的类性，如果不和散文的平实情感类性比照，便不会自行突出。哪怕是相同文类，一经比照，也能照出微殊来。将中国寓言和西方 Fable 比，便会发现：Fable 喜欢以大人物为主人公，寓言喜欢以小人物为主人公；Fable 喜欢传递众意，寓言喜欢传递己意。同是中国寓言，先秦诸子的寓言和唐代的寓言也不同。前者表现手法比较漫画化，后者则比较平实；前者寓意单维，后者则是多维的。

程老师显然深谙此道。他引导学生比照克拉丽丝与菲利普对待于勒的态度，进而比照菲利普夫妇与若瑟夫对待于勒的不同态度，一下子就将作者形象塑造的多元性、层次感给揭示出来了。"这是我的叔叔，父亲的弟弟，我的亲叔叔"，三个短语同指一个对象，何以要反复？这是对同一个人物语言之间的比照，照出矛盾，照出人物的无限深情、困惑或不满，更是为重点感受若瑟夫形象、揭秘作家的言语表现理想蓄势。不过，程老师并未上升到天使元素、光明性存在的高度，实现更为开阔的打通。对文本间性的比照打通，也有所欠缺——用"称呼"贯穿全文，揭示情感、态度变化，命运起伏的匠心，在很多优秀作品中出现过，如《诗经·氓》、吴敬梓的《范进中举》、归有光的《项脊轩志》，完全可以趁势点睛，激发学生课后阅读的兴趣，注意言语表现智慧的适时会通，将学生的审美引向更广袤的艺术天地。

---

① 钱理群，孙绍振，王富仁.解读语文 [M].福州：福建人民出版社，2010：416.

让类性、篇性自显，程老师用了还原法。一位学生在梳理情节过程中说到"等于勒回来"，程老师马上启发学生"等"字用得好不好，从而让学生自主还原出"盼"来，一下子将情脉梳理、形象体悟有机结合起来，更能体会作者的创作匠心。"文学是文本交织的或者叫自我折射的建构"[①]，也就是说一个文本中会回荡着其他文本的声音。这种将学生的"现实文本"与作者的"经典文本"、教学中的"显在文本"与"隐在文本"相互还原的做法，使教学变得十分灵动而又朴实、渊深。

当然，程老师的追问法用得更为娴熟、地道。"那时候大家简直好像马上就会看见他挥着手帕喊……"他们真的看到了吗？菲利普夫妇是当面骂于勒的吗？作者为何以"我的叔叔于勒"为题，都是基于类性，向篇性钻探的绝妙追问，一下子延宕了审美时长，让类性、篇性在文本中矗立起来。

三、生命融通，积蓄言语生命势能

巧妙的比照、还原与追问，必然促进不同主体生命的融通。

在程老师的教学中，生命融通表现为两种形式。

一是与人物形象生命的融通。如抓住"这是我的叔叔，父亲的弟弟，我的亲叔叔"这句话，追问学生何以同意复指，并让学生深情朗读，实现与若瑟夫生命的融通——体味菲利普夫妇态度、性格的同中之异，异中之同，让学生辨识形象之丑（教者说不是十恶不赦，区分了美与善的范畴，不易），是别样的生命融通，或者说是融通后对丑陋形象的自觉识别与隔离。

二是与作者的言语生命融通。这集中表现在引领学生对作家创作匠心和言语表现理想的感悟上，如启悟学生为何以"我的叔叔于勒"为题，让他们明白：这是表达作者的美好愿望，希望人们能像若瑟夫一样，多一点同情，多一点友爱，多一点善良，他希望社会能更好一点。

两相比照，前者为手段，后者为目的；前者为过程，后者为指向。也就是说，在处理言语内容和言语形式的关系时，突出言语形式；在处理类性与

---

① 南帆，刘小新，练暑生．文学理论 [M]．北京：北京大学出版社，2008：7．

篇性的关系时，突出篇性；在处理形象生命与作家的言语生命关系时，突出言语生命，从而将语文教育引向言语智慧的体悟、言语人格的牧养、言语理想的追求和言语生命的牧养上。

不过，在处理形象生命与作家的言语生命时，程老师的教学火候把握得并不是很到位。他虽然敏锐地感到若瑟夫形象的艺术价值，但是并未作更深、更高层次的开掘。俄国著名哲学家别尔嘉耶夫说过："只有在人与上帝的关系上才能理解人，不能从比人低的东西出发理解人。要理解人，只能从比人高的地方出发。"① 因此，就不能从比人低的事物出发理解若瑟夫形象——母亲为生活所逼，实际上已经成了金钱的奴隶、附属物；用恶毒的语言攻击于勒时，则与暴怒的野兽无异。父亲胆小懦弱，毫无主见，十足的可怜虫。从他们的视角理解，儿子本应心硬、圆滑、少花钱、不花钱，最好快点儿长大能捞钱才好。

如从"大观"的眼睛，或者用《金刚经》所说的天眼、佛眼、慧眼去打量若瑟夫，这样会有更独特的发现：于勒落魄，他毫不嫌弃，充满悲悯；于勒发财，他没有欣喜若狂、想入非非，大有"不以物喜，不以己悲"的味道。虽然是个孩子，但是他对一切都洞若观火，比如那位公务员上门向二姐求婚，他感觉到这个人不是看上二姐本人，而是看上了于勒信中蕴含的财富。面对公务员的上门求婚，全家人是赶忙答应了他的请求，并且决定在举行婚礼之后全家到泽西岛游玩一次，只有他在静观默照。于是，人物的算计、挣扎、伶俐、担心、提防，全都显示出可怜、可笑、荒诞、虚空的色彩。

可是洞穿本相之后，若瑟夫并没有失却爱，看着父亲面对母亲隐晦恶毒的责备一言不发，他会感到心酸；看着满脸愁容、狼狈不堪的于勒，他会感到心痛。即使面对刻薄的母亲、投机的公务员、冷漠而市侩的船长，若瑟夫也表现出了厌恶、愤怒。洗尽人世诸多负面的、毒性的情感，他内心的爱显得那样纯净、充盈、坚韧、有力。

这样引导学生鉴赏，庶几更能贴近作家言语表现理想的核心。

---

① ［俄］别尔嘉耶夫. 论人的使命［M］. 张百春，译. 上海：学林出版社，2000：63-64.

第四辑 ◆ 论述类文本教例研习

如何步出"化约思维"的困境

——郑桂华《爱莲说》教学设计研习

郑桂华

教育学博士，上海师范大学中文系教授，教育部第二届基础教育课程与教材专家委员，普通高中语文课程标准修订组成员，义务教育语文教科书审查委员，教育部"国培"——国家级教师培训计划授课教师，上海教育考试院语文学科专家组成员，上海二期课改高中语文教材副主编。1990 年毕业于华东师范大学中文系，曾任教于华东师范大学第二附属中学、华东师范大学中文系。主要著作:《语文教学的反思与建构》《语文有效教学：观念·策略·设计》《听郑桂华老师讲课》《初中语文教师专业能力必修》《高中语文教师专业能力必修》等。

教学目标 >>>

1.感受文言的节奏之美，背诵全文。

2.在整体感受的基础上体会文言经典之作的精致，如句式的整散、句序的错落、层次的丰富和文气的缜密等。

3.感受君子对自我品性操守的坚守，体会洁身自好、崇尚独立的人格。

研 习

　　三条教学目标，两条关注形式之美，一条关注君子人格之美，体现了形意统一中突出"形"的思想倾向，很好地守住了语文体性。

　　精致，不仅指句式、句序等形式上的精致，也应指情思上的精致——爱莲的情思是如何表现出来的，为什么不直接道出，非要先勾勒一下爱菊、爱牡丹的爱花流变史，再津津有味地谈自己的爱莲之由？爱莲之由谈罢即可结束，为什么又来介绍菊花、牡丹、莲花的象征义，还顺带对三种爱花现象品头论足？这种不厌其烦的类比、烘托，就是为了让"自然莲—君子莲—我之莲"的审美复合体更精致、蕴藉地表现自我的情思。

　　之所以不纯粹地说"思"，还要加上"情"，是因为《爱莲说》含了先秦"游说"的影子，有"喻巧而理至"的特点，与韩愈《师说》撇开譬喻说理，直接切入思想病根的阐析相比，完全是两种不同的表现路数。

　　教者认为《爱莲说》是表现坚守自我、崇尚独立的君子品性，似乎是对比德传统的回应。可通观全文，周敦颐在强调君子品性的同时，更是为了突出我之品性——"予独爱……""同予者何人"，便是不断强化的标识。没注意到这一点，文本挖掘的深度是不够的，教学目标和教学内容的择定则可能偏颇。

教学过程 》》》

活动一：朗读中初步理解文意

　　1. 读文章，看看文章写了点什么。不懂的字词参看注释或查阅字典解决。

　　朗读活动安排：学生自由朗读课文，部分学生朗读片段或全文，全班齐读课文（读 3～4 遍）。

　　2. 组织交流：文章写了什么？有没有不懂的字词？提醒学生要特别注意注释中的一些字词。

对文章大意，学生能大致讲清楚即可，不必求全责备；也不强调概括的精练，这篇文章本就非常简练。这个环节的活动重在排除阅读障碍，引导学生整体把握文章内容。

学生可能不理解的词语：可爱者、蕃、濯清涟而不妖、中通外直、不蔓不枝、香远益清、亭亭净植、可远观而不可亵玩焉、宜乎众矣；三个"之"：予独爱莲之出淤泥而不染、花之隐逸者也、菊之爱。（教学过程中适当板书要点）

研 习

没有华丽的导语，有的只是字词理解，还提醒学生注意疑难字词，整体把握内容，这种素朴的诊断与关怀更能为深入学习蓄势。

只是理解内容的过程中，为什么在让学生自由读之外安插部分学生片段或全文朗读？这是否会对学生的思维构成干扰？倘若是发现学生读错字音、读错节奏，的确可以重读该句或该片段，可为什么又来齐读全文，还 3 ~ 4 遍？难道是整体把握内容之后的齐读？如是，为什么非要机械地齐读 3 ~ 4 遍？读 1 遍不行吗？

朗读须视具体问题而读，或带着要思考的问题去读。读也不一定非要出声——对难度系数高的问题，默读其实更为有效。如果是担心公开课出现冷场，以读壮声势，那更无必要。我们需要的是应势而读，应需而读，应情而读，这样才会读出效果，读出水平。教者称"每一个环节都有多次朗读，一节课有 20 几遍"，但是"很少有学生自信地举手示意自己能背诵""总体上背诵情况不理想"[①]，或缘于此吧。

活动二：研读中辨体，厘清主旨

1. 文题《爱莲说》中的"说"，大家理解吗？

---

① 郑桂华.《爱莲说》教学设计及反思 [J]. 中学语文教学，2018（1）: 65.

视学情补充资料：（1）说：作者发表对某个问题的见解。（2）吴讷《文章辨体序说》曰："说者，释也，述也，解释义理而以己意述之。""即事即理而为之说。"

2. 题目是《爱莲说》，作者要阐述的是"爱莲"之道，文中哪句话高度概括了"莲"的整体形象？

预设："莲，花之君子者也。"（板书）

3. 齐读"予独爱莲之出淤泥而不染……可远观而不可亵玩焉"，小组合作完成作业单。

序　号	文　句	莲的特点	君子的品格
1	出淤泥而不染	不会被污浊的环境浸染	洁身自好
2	濯清涟而不妖	不会因环境的美好而不自持	洁身自好
3	中通外直	花梗通达笔直	内在通达，外在强直
4	不蔓不枝	不旁逸斜出	单纯、独立
5	香远益清	给周围有意义的影响	有道德感召力
6	亭亭净植	洁净与笔直挺立	洁净、挺拔
7	可远观而不可亵玩焉	凛然不可侵犯	独立

初一学生的概括、提炼等抽象思维能力有限，思考可能会囿于表面信息，对文章内涵不能深入理解，而完成这项活动需要较高阶的思维能力，所以活动推进过程中，学生做多少、做到什么程度应视情况而定，不必苛求。

引导学生概括时需要注意：

（1）作者的视点始终在"莲"上，要主体突出。

（2）第一层不宜概括为"外界环境对莲的影响"，而是"莲"这个主体如何对待好或不好的生长环境，即强调君子对自己道德操守的把持、追求独立的人格。

4. 小组合作任务推进：将这七句话分为几个层次，概括各层的要点。

要点参考：这段文字有三层意思。第一层（前两句）：写莲如何对待所处的生长环境（淤泥、清涟）；第二层（第三到六句）：写莲的物理性状（结

构、外形、气味）；第三层（第七句）：写莲与外界的关系（莲对外界的影响，莲让外界如何对待它）。（教学过程中适当板书要点）

在各小组班级交流时，引导学生思考这段话中语意的丰富、句式与语意的关联等精妙之处。

在朗读、品鉴中引导学生体会文言经典作品的文气。

学习推进问题：在这些语句中，哪一句有综合、统领、概括的作用？

要点参考：

（1）应是末句"可远观而不可亵玩焉"，这句也可以被看成第一段的中心句。

（2）如时间允许，还可以点一下：前两句是对仗，后四句是四言句式，总结句是散句，并在反复朗读中体会之，为下面的背诵打好基础。

（3）莲，花之君子者也。——爱莲，慕君子。（板书）

研 习

本环节是设计的重点，触及文体、主旨（象征内涵）、结构、句式与语意的关联，意在为下一环节感受文气张本。

关注了"说"这一文体的共性——以己意解释义理，但是对其个性（"喻巧而理至"及隐秘的情感表达）重视程度不够。

为什么这么说？

教者关注了"莲"的整体形象、具体形象，还有具体形象中渗透的君子品格、语意的丰富、句式与语意的关联等精妙之处，尤其是表格的呈示，将作者情思的表现层次"生长环境—物理性状—莲与外界的影响"，还有莲与君子品格对应的象征内涵都揭示了，这种揭示固然能逼近文本的篇性，但还未触及核心。比如，写莲的物理性状，教者认为是从结构、外形、气味三个层面描写的，但是周敦颐写莲的形状明显重复了三次（外直、不蔓不枝、亭亭净植），尤其是对"亭亭净植"的描写，是在写味道（香远益清）后再次强调的，为什么不按"结构—外形—气味"这种很中正的次序来描写，非要按另类次序写，且押的是"zhi"这一仄声韵？

写莲的生长环境突出的是"如何对待所处的生长环境",但是这种句式上的对仗、内容上的互文,是否只是在强调洁身自好的自我把持力?两种能力是否毫无区分度?"濯清涟而不妖"对人性的把持力是否要求更高?孙绍振说:"'清'的对立面应当是'浊',和'不妖'并不构成明显的对立。正是因为缺乏对立,所以就不能构成哲理。"[①]你们认同吗?

总之,只有向篇性的更深处漫溯,才能使学生更深切体悟作者的言语表现智慧。

活动三:梳理结构,感受文气的缜密

(顺序与文气、句式与文气、词语与文气)

1.再读课文。如有可能,可以请少数学生尝试背诵课文。

2.感受文气。作者爱莲,与他不同的有爱菊与爱牡丹,文章前后两段三次都写到这个内容,最后一次的顺序有变化,可否用相同的顺序?可以独立思考,或者小组讨论。

第一段的顺序:(1)晋——陶渊明——菊;(2)李唐以来——众人——牡丹;(3)李唐以来——周敦颐——莲。

第二段第1次的顺序:(1)菊——花之隐逸者也;(2)牡丹——花之富贵者也;(3)莲——花之君子者也。第2次的顺序:(1)菊——陶渊明——鲜有闻;(2)莲——周敦颐——同予者何人;(3)牡丹——众人——宜乎众矣。

要点提示:

第一段,陈述几种对花的不同喜好是以时间为序的,紧承第一句话"水陆草木之花,可爱者甚蕃",这里说的是花本身都可爱。

第二段,开头一组句子的顺序(即第一次)与第一段顺序一致,好的文章,前后意脉一定紧密相连,不会有跳脱、断裂之感。

---

① 孙绍振.孙绍振解读经典散文[M].北京:中华书局,2015:156.

第二次的顺序有变化，读者可以从多方面思考。第一，作者将"牡丹之爱"置于文末，作为收束全文的一句，彰显作者对"牡丹之爱，宜乎众矣"这一现象的感慨。第二，陶渊明的菊之爱和周敦颐的莲之爱，似乎都鲜有其他人的共鸣，在大类上是相同的，前后放在一起体现出作者理性的思考。第三，陶渊明的菊之爱，是隐逸者出世的态度，周敦颐和同时代的众人都是入世的态度，同时代、同样入世的人生态度，使得周敦颐与众人的对比更加鲜明。周敦颐这样的君子如同莲一样，只能采取"可远观而不可亵玩焉"式的洁身自好的处世态度了。

研 习

本环节是设计中的难点，也是亮点。说难点，是因为中国现代语文教育史上以文气作为教学切入点或重点的案例非常少；说亮点，是唯其难，教者却用力探究了，而且从顺序、句式、词语三个角度来把握，使羚羊挂角的文气竟然有了一定的可感性，没有渊深的学养、纤敏的审美触角，很难做到这一点——尽管教者对句式与文气、词语与文气关系的阐释语焉不详。

不妨考察一下教者对顺序与文气关系的分析，主要表现为以下三点。

1. 第一次谈爱花用的时间顺序（晋—唐—宋），是为了承接"水陆草木之花，可爱者甚蕃"。

2. 第一、二次谈爱花或话花的象征义顺序一样，是保证了"意脉相连，不会有跳脱、断裂之感"。

3. 第三次谈爱花，将菊之爱与莲之爱并列，是因为两者"似乎都鲜有其他人的共鸣"；将莲之爱与牡丹之爱放在后面，是因为意味着入世态度，与菊之爱象征的出世态度判然有别。将牡丹之爱放在最后，是为了彰显"作者对牡丹之爱现象的感慨"。

这样的解释当然具有说服力。但是教者并未解释：第三次与前两次的表达顺序不一，为什么就不会造成语意的跳脱、断裂？关于这一点，夏丏尊有过精彩的论述："于同调子中故意求变化……使同中有异，反足以助长波澜，叫文气更能生动。句调平板的文章，念诵起来等于宣卷，反足减损义气。"①
也就是说，在相同的句调中略施变化，可以产生更强的表现张力，使文气更
加强劲。如何使文气更加强劲、旺盛，夏丏尊还提到了"以一词句统率多词
句""多用接续词"的智慧。

落实到本文的教学，完全可以聚焦"莲，花之君子者也"这一统摄句，
抓住"独""甚""鲜""何""众"这些语意上或接续或呼应的词，让学生按
"自然莲—君子莲—我之莲"的审美进阶顺序，不断入情入理地朗读，这样
或许更能感受文章旺盛而流畅的文气。

活动四：回顾与反思

1. 反复朗读：学生自由朗读课文，个别同学读，个别学生尝试背诵课
文，全班齐读（齐读放在回顾总结活动之后、布置作业前）。
2. 回顾这节课的学习内容。
（1）用一个词或一句话概括莲花的特点。
（2）用一句话概括作者爱莲的理由。
（3）用一个词或一句话说说《爱莲说》这篇文章的结构特点。
3. 课后作业。
必做任务：诵读课文多遍，背诵课文。
选做任务：
（1）课后自读《陋室铭》，比较刘禹锡与周敦颐对人生态度的思考，哪
个对你更有启发。
（2）教参对"莲之出淤泥而不染……可远观而不可亵玩焉"这段话的分
析如下：

从"莲之出淤泥而不染"至"亭亭净植"几句，在描写中渗透对莲的无
限赞美之情，突出了莲的洁净、单纯、雅致，语言精练而一气呵成。最后一
句"可远观而不可亵玩焉"则高度概括了莲的气质与品格。

---

① 夏丏尊，叶圣陶. 文章讲话 [M]. 北京：中华书局，2007：78.

你认同哪些分析？对于哪些分析，你觉得不够清晰、不够全面？

注重朗读，需以高品质的理解、体悟为基础，否则，读再多遍都是徒然。

三个"回顾题"提得不够精练：（1）莲花的特点，教者总结了 7 个，让学生用一个词或一句话如何总结？（2）文章结构上的特点，设计中呈现的仅是从顺序与文气关系的角度谈的，比较复杂，并未上升到整体结构的一唱三叹（爱花之论的三次回旋）、局部结构的一分为三的高度（生长环境、物理性状、莲与外界的关系），学生很可能被问蒙。

作业设计，群文阅读的思想、批判性思考的意识都孕育其中，且敦促学生自我思想的出场，有化知成智的教学思量，值得称许。

郑桂华老师是语文界的著名学者，杰出的教学能手。她对教学目标的确立、教学内容的择定、教学活动的设计，有着近乎天然的精准、灵动与独到。但是本则教学设计依然存在"化约思维"羁绊所带来的拘谨与被动。

一、化约思维的两种表现

化约思维，简言之就是化复杂为简单的思维。它受西方化约论（reductionism）的影响，认为现实生活中的每一种现象都可看成更低级、更基本现象的集合体或组成物，因而可以用低级运动形式的规律代替高级运动形式的规律。其理念主要根源于一元论哲学（monism），认为万物均可通过分割成部分的途径了解其本质，缺少整体、联系、发展、细密的溯源性分析，有明显的重事实轻事理的实利主义倾向。

郑老师的教学设计在体性坚守（于形意统一中突出"形"）、类性辨识

（关注"说"的文体特征）、篇性开掘（关注到节奏之美，句式、句序、文气等形成的精致之美）等方面均显示了与众不同的追因究理倾向——单觉得这篇文章好是不够的，还必须知道好在哪里，有哪些关键点是学生应该学习又是能够学习的……大多数教学案例中的学习内容主要有：读（或诵读）课文，解字词，明内容，定主旨，析手法（托物言志），也有拓展到"莲"这一文化意象的。这些教学内容似乎是很多文言文、现代文都可以教的，《爱莲说》独有的特点没有充分体现出来①……向细处、深处、独特处挖掘的思维品质触之可及。尤其是将文气缜密的感悟确定为教学重点，以带动其他教学目标的达成，更显匠心独具。

但是化约思维的影子还在，主要表现在两个方面。

一是文本解读未能聚焦潜在的矛盾，进行更深入、更细密、更本质的探究与分析。莲花出淤泥而不染、濯清涟而不妖，皆象征了君子"洁身自好"的品格，这是瞩目了共性，是否还有差别？郑老师其实也注意到了差别：不被污浊的环境浸染与不因环境美好而难以自持。那么，这两种品质是并列关系，还是递进关系？为什么？从这两种形象的描写中，除了可以解读出传统的比德内涵，还能发现别的内容吗，如"允执厥中"的中庸之道？为什么只将这两种形象的描写定位为象征"君子的品格"，而非周敦颐"自我的人格坚守与追求"？

对爱菊、爱莲、爱牡丹三种倾向的叙述与评价，郑老师抓的是语序这个切入点，作出了如下解读：第一次的顺序是"爱菊—爱牡丹—爱莲"，以时间为序，紧承"水陆草木之花，可爱者甚蕃"；第二次的顺序是"菊象征—牡丹象征—莲象征"，与第一次一致，因此前后意脉"紧密相连，不会有跳脱、断裂之感"；第三次是"菊之爱—莲之爱—牡丹之爱"的顺序，将牡丹之爱置于文末，用来收束全文，彰显对"牡丹之爱，宜乎众矣"这一现象的感慨。郑老师这样解读，主要是为了证明《爱莲说》文气的缜密，文言经典之作的精致。

意思紧承、意脉相连固然能体现文气的缜密，但是第三次的慨叹明显与

---

① 郑桂华.《爱莲说》教学设计及反思 [J]. 中学语文教学，2018（1）：64.

前两次的表达顺序不一，为什么也能体现文气缜密？郑老师并未正面回应，而是避重就轻地谈起"收束全文""感叹"这样似是而非的话，导致追因究理的力道中断，这不正是化约思维的体现吗？其实，即使郑老师对文气缜密的分析再有力、再严谨，也还是不够的，因为她将文气流畅、旺盛、劲道的特点不知不觉忽略了，而这是化约思维的表现。

郑老师说的"精致"，不仅指形式的精致——如文气的缜密，也指情思的精致——认为写莲的物理性状是从结构、外形、气味三个层面描写的，写君子品格，是从莲花的七个特征加以解读的，但是她始终没有看到"自然莲—君子莲—我之莲"这一隐在的审美复合体，更没有看到"我之莲"的核心地位。这同样是缺少整体的互文性观照所致。

二是教学设计未能更深入、细致、全面地分析与运筹。虽然理解字词、把握内容、厘清主旨、弄明文体都在为感受文气张本，但是内容、主旨的表现与文气存在怎样的关联，怎样引导学生深切感悟，郑老师并未密切观照。她明确提到要从顺序、句式、词语感受文气，但是设计中对后两者并未具体说明。教学目标中提到的"感受文言节奏之美"，设计中并未凸显；最后的复习问题，与教学内容的契合度也不是很高。

至于朗读，达二十几遍会背者寥寥，到底是出了什么问题？熟读成诵的过程中，该如何及时调整教学策略，应势、应需、应情地引领，以缩短背诵时间成本，郑老师似也未严密地思忖过。只找外部原因——学生课前未背诵，对"临时性"课背诵热情不高，难以令人信服。

二、化约思维的成因溯源

著名语文专家都受到化约思维的困扰，遑论普通语文教师。那么，这种共性的化约思维究竟受到哪些因素的影响？

首先，与传统的思维惯性肯定逃不了干系。有学者指出："古代中国人并不是很善于推究现象之下的深层道理，也并不是非常习惯于用细致的纯粹的逻辑进行分析……以汉族为主的中国人，思维特征之一是经常'化约'，二是多用'譬喻'或'象征''暗示'，三是思路不是'逻辑'或'推理'而常常是'体验'和'类推'。"①孔子不愿追究事实背后的理，更愿意将注意力转向社会道德领域和伦理领域就是鲜明的例证。至于当下语文教师，文本解读浅尝辄止，教学设计靠套路滑行，不质疑、不分析，省略过程，一步得出结论，更是将化约思维推向极致。从这个角度说，郑老师的设计想挖掘出《爱莲说》的独特之好，并进行一系列的努力，说明对化约思维惯性已经有了高度警觉，只是无法彻底摆脱。

其次，西方学说的浸淫。如好课标准的同质化——对任何课都统一标准，没有学科种差的区分度；教学模式的统一化与泛滥化——如赫尔巴特的"明了—联合—系统—方法"，莱茵的"预备—提示—联合—总结—应用"，杜威的"创设情境—确定问题—占有资料—提出假设—检验假设"，一旦"借鉴"，永不变通。当下的"揭题—作者及背景介绍—字词检查—问题探讨—总结—布置作业"何尝不是外国模式的中国化？标准化、模式化固然能揭示学习的某些规律，也便于操作，但对学科、内容、学生特殊性的漠视，岂不加剧化约思维的流行？郑老师力避众多教学设计窠臼，教学中努力寻找学生的"最近发展区"，可以一窥西方学说的积极影响，但在完成作业单时，仅关注莲的特点与君子品格的比附关系，分明又带了西方形式主义的化约色彩。

最后，语文名家名师理念的影响。每个人都生活在关系之中，不受他人，尤其是名家名师的影响是不可能的。但是，不加审视地全盘吸纳，依然会陷入化约。郑老师对所占有的文献是有审视和甄别的，但是对詹丹老师研究成果《理性之爱的展开方式——重读周敦颐〈爱莲说〉》的"完全"移植，则走向另一种化约——《爱莲说》都是在表达"理性之爱"？文气"缜密"的展开方式立得住脚吗？其实，其他老师的研究也并非乏善可陈。比如"托物言志"就可以完全引入教学，只是要进一步深思：周敦颐是如何个性化地"托物"的？所言之"志"又有何特色？

当然，造成郑老师本则教学设计中的思维化约，与其高压力的心理状态恐怕也有着紧密的关联。要在第六届"圣陶杯"全国中青年教师课堂教学大

---

① 葛兆光.古代中国文化讲义 [M].上海：复旦大学出版社，2006：201.

赛中展示，压力可想而知。郑老师坦承：刚开始备课时，对确定目标、设计活动都觉得"有些棘手"，对选择哪些关键知识点进行教学，也不能一下子"梳理清楚"。这绝不是郑老师的真实水平，而是高压力、高焦虑状态下打折了的思维水平，是典型"叶克斯－道森定律"的再现。

三、走出化约思维的困境

故保持一颗闲静、自由的心，去追求教学的极致之美何其重要。

考古学家指出：金字塔不是奴隶建造，而是自由民——自由民有闲心、有闲情，这是建造精细、宏伟建筑的前提。古希腊人也很早认识到，闲暇、自由、惊异是创新的基本条件。设计、教学、研究，何尝不是如此？一旦涉及太多的名誉、实利等考量，内外界的压力交相挤压，想出精品，真的很难。郑老师教后反思，得出一个结论：文言文的教学，关键还是老师的学养。学养的养成，与宁静、自由、新鲜的心态恰恰是紧密关联的。在焦虑、担心的状态下想积淀好学养，无异于痴人说梦。

此外，应该养成探究知识背后原因的自觉。掌握知识是实，探究背后的原因是虚，虚实相生，才会规避思维的化约——简单化、片面化、静止化。比如，单研究语文阅读教什么或怎么教是不行的，还必须关注为何教。即使是研究教什么，也要追问为什么要教这些内容。拿《爱莲说》的教学来说，我们不仅要追问作者为什么爱莲、爱莲的什么，还要追问爱得如何，如何评价他的爱，这样文本的篇性才会跃出纸面。

不是讲周敦颐的爱带有"允执厥中"的特色吗？但是追问下去也不尽然。"爱菊—爱莲—爱牡丹"的句序真的是"中庸"呈现吗？写莲的外形，为何变相重复，且押了"zhi"这一仄声韵？菊之爱，真的是陶后鲜有闻吗？且不说周敦颐去世17年后诞生的著名诗句"荷尽已无擎雨盖，菊残犹有傲霜枝"（苏轼《赠刘景文》），单就他生前便有很多咏菊诗流行，如"还持今岁色，复结后年芳"（唐太宗《赋得残菊》）、"寒花开已尽，菊蕊独盈枝"（杜甫《云安九日》）、"不是花中偏爱菊，此花开尽更无花"（元稹《菊花》）……既然如此，为何听而不闻？

你含蓄地讽刺牡丹的富贵、世人的庸俗，且有针砭现实之意——批判当时"追逐富贵功名的世俗价值观念"，对因封建官场的权力斗争愈演愈烈，导致"许多儒家士子一踏入其中，就常常失去伦理道德"的不良流习也有所批判，可是同样刚直不阿、才识卓荦的唐代大诗人刘禹锡却对牡丹盛情歌唱："唯有牡丹真国色，花开时节动京城。"真正的国色天香、贵族气派，周敦颐为什么要抹黑它呢？

通过这样的追问，文本中潜隐的极化情感，作者的破类写作，自得、自傲、自守的人格形象便会渐趋丰满、立体、生动起来。

最后，还应注意不断厘清知识之间的关系。如果说追问知识背后的原因是培养思维的深度与高度的话，那么不断厘清知识之间的关系则是磨砺思维的广度和厚度。落实到本篇设计中，不仅要关注目标中提到的节奏之美、精致之美、君子品格之间宏观上的关系，还要关注诸如文气缜密、流畅、强劲之间的微观关系，各种体现篇性潜在矛盾间的关系。至于本篇与同类文体作品（如《马说》《师说》《说虎》）的关系，更应在群文阅读的视野中加以密切关注。

整本书阅读中的"对话"问题

——陈超《论语·论学》教学设计研习

陈 超

　　安徽省淮北市第一中学正高级教师，安徽省特级教师，曾获安徽省高中语文优质课比赛一等奖、第二届全国语文教师基本功大赛现场课一等奖。现为淮北市高中语文名师工作室首席名师。以课堂为安身立命之所在，致力于构建以语文为本位的生命课堂、智慧课堂、灵动课堂。

一、教学目的

1. 巩固文言基础，积累论学名句。
2. 了解《论语》中关于"学习"的论述，体会其丰富而深刻的内涵。
3. 学以致用，寻找经典与生活的对接点，引导学生树立正确的学习观。
4. 启发学生借鉴苏东坡的"八面受敌"读书法研读《论语》。

二、教学设想

1. 古为今用，践行"传道、授业、解惑"的传统教学观；多元对话，构建具有开放性、生成性和生活味的课堂情境。
2. 将语义诠释与语言品味、情感熏陶与思维训练融为一体，创设以"本色语文"为前提的生命课堂、智慧课堂、灵动课堂。

研 习

注意"知识面和实践面的平衡"[①]，陈述性知识和程序性知识学习的统一，利于更好地生命融合，建构新知。注意经典与生活的对接，多元对话中的开放性、生成性和生活味，则隐含了学以致用向学以致美、学以致在升华的追求，自有高格。

值得商榷处有五。

1. 从教者的表述看，教学设想与教学目的内涵同构，不应并置。

2. 目的是个上位概念，更抽象，更普遍，更具本体性的决定作用，可以渗透在目标设计、活动过程之中。目标属于下位概念，是目的的进一步细化、明确化，更具体，更个别，故以"教学目标"代替"教学目的"或许更为妥当。

3. 因为教学设想更宏观，更具本体性的决定作用，所以应该置于教学设计的首位，"形而中"的教学目标其次，"形而下"的教学流程居后，这样更能显得逻辑贯通，一气呵成。

4. 教学目标 4 中"启发"的行为主体是"教师"，是否意味着依然存在"教师本位"的思维惯性？

5. 教学设想中提到了"语言品味"，但是教学目标中未能明确呈现，这有可能导致将语文课上成文化课、思政课或国学课。

三、教学流程

（一）导入

之一：一部《论语》，可以说是智者的教诲，仁者的叮咛。《论语》是一本小书，只有一万多字；《论语》又是一本大书，博大精深，包罗万象。

---

① ［日］佐藤学.教育方法学 [M].于莉莉，译.北京：教育科学出版社，2016：25.

这节课我们就选取一个跟大家密切相关的角度一起来探究，那就是《论语·论学》。

之二：从与学生聊学习的苦乐说起，学习对你来说是件苦事还是乐事？多次课堂教学实践证明，学生大多认为学习是件苦事。教师相机引导：学习的本质到底是什么？它一定并且从来就是一件苦事吗？让我们回到两千五百多年前，听听大教育家孔子在《论语》中是怎么说的。

需要指出的是，《论语》中的"学"不只是学知识、学文化，更是学习做人做事的道理。

说明：导入设计两种，相机选择一种——其一，从教学内容选择的角度入手，把本课教学内容放在对整部《论语》的认知中加以观照，突出主题式教学的特点与价值。其二，从当代中学生面临的学习困境入手，引导学生从中国古代文化经典中汲取智慧，探究学习的本质意义。

研 习

从教学环节间的内在逻辑看，第一则导语更具衔接的力量——论学—论学习的方法，自然匹配；"学习做人做事的道理"是无法直接导出学习方法的。如果要在二者间建立一定的逻辑联系，必须引导学生在感受孔子学习方法的过程中体味其人格的魅力。也就是说，后面的教学环节得朝"学习做人做事的道理"这个方面点染。可是，教学设计中并未自觉体现这一点。

不过，相较而言，第二则导语设计更能体现教学的生成性、开放性以及生命会通的自觉，第一则导语则显出整体的外铄色彩。好的导语如作文命题，可以命题、命域，但不能命意。意，得由学生通过学习不断去体悟、发现。从这个角度说，第二则导语的"需要指出"一句，有蛇足之嫌。

想"突出主题式教学的特点与价值"，引导"学生从中国古代文化经典中汲取智慧，探究学习的本质意义"，这当然值得称许。可是，要将这些目的转化为教学生产力，必须注意授知与体知的统一，讲究节奏的艺术，"正如紧口瓶子不能容纳一下子大量流进的液体，却能为慢慢地甚至一滴一滴地灌进的液体所填满一样"①。

（二）温故知新

《论语》中有句名言："温故而知新，可以为师矣。"就让我们从"温故"开始走向"知新"吧。学贵得法，大家想一想，你学过或者知道的《论语》名句中，有哪些是论述学习方法的？

PPT 呈现——

学习方法：

子曰："学而不思则罔，思而不学则殆。"

子曰："举一隅不以三隅反，则不复也。"

子贡曰："诗云:'如切如磋，如琢如磨'，其斯之谓与？"

子曰："学而时习之，不亦说乎？……"

先通过师生、生生交流的形式解释不理解的字词，再要求学生把每一句揭示的学习方法用一个四字短语加以概括：学思结合、举一反三、切磋琢磨、学以致用。最后，教师提醒学生：要善于运用从《论语》中提炼出的学习方法学《论语》。

说明："温故知新"板块意在唤醒学生固有的知识积累，训练他们的思维品质，达到授之以渔的目的。

研 习

用四字短语概括孔子及其弟子论学习方法的名句，已经有了高阶思维的训练。鼓励学生化用这些方法，更是将名著阅读与自我生命赋能有效结合。

不过，还可进行更深入的思维训练：你认同孔子和子贡的观点吗？为什么？还可直击学生的灵魂：是否反思过自己学习成效不彰的原因？甚至让学生按孔子及其弟子的表达模式说一说自己的学习经。

这样生命会通可能会更彻底，存在式学习也会更深入。

① 刘新科，栗洪武．中外教育名著选读 [M]．北京：中国人民大学出版社，2010：326．

（三）合作探究

1.学习目的。

学习首先要有正确的学习目的。接下来请几位同学实话实说，说说自己的学习目的。学生回答，教师PPT呈现孔子是怎么说的：古之学者为己，今之学者为人。

请一位同学翻译，引述另外一位儒家大师荀子的话加以解说："君子之学，以美其身；小人之学，以为禽犊。"

明确：在孔子看来，学习首先是为了丰富自己，充实自己，完善自己。

点拨：就像孔子的学生子夏说的那样："日知其所亡，月无忘其所能，可谓好学也已矣。"每天都学到新知，每月都在进步，享受学习的过程，享受成长的快乐。像孔子那样，把学习当成一种需要而不是负担，抱着这样的心态去学习，而不是被功利的目的捆住手脚，也许你会学得更轻松、更有效。

孔子不是要大家都把自己关在屋子里去"完善自身"，做个两耳不闻窗外事的腐儒，他特别主张学以致用。他说过这样一番话："诵诗三百，授之以政，不达；使于四方，不能专对。虽多，亦奚以为？"（PPT呈现）请一位同学读一读，再说说大意。

2.学习态度。

有了正确的学习目的，还要有端正的学习态度，我们再看看孔子是怎么说的："知之者不如好之者，好之者不如乐之者。"（PPT呈现）

这句话揭示了对待学习的三种态度或者说三种境界，是哪三种？

明确：知之、好之、乐之。学生释义。

教师设问：你现在处在哪种境界中？请同学们推荐达到"好之""乐之"境界的同学来谈谈他们的感受。

教师点拨：孔子可以说是好学且乐之的典范，他本是个非常谦虚的人，却经常以好学自许。他说过："我非生而知之者，好古，敏以求之者也。""十室之邑，必有忠信如丘者焉，不如丘之好学也。"（PPT呈现）而且，孔子的好学到了"发愤忘食，乐以忘忧，不知老之将至"的忘我（忘记吃饭、忘记忧愁、忘记年龄）境界，真可谓"乐之者"矣。我想到蒲松龄的一句名言："性痴则其志凝，故痴于书者书必工，痴于技者技必良。"（《聊斋志异·阿宝》）我要再加一句：痴于学者学必成！

好学，成就了孔子，使之成为伟大的思想家、教育家。"不好学"又会产生怎样的后果呢？且听孔子怎么说："好仁不好学，其蔽也愚；好知不好学，其蔽也荡；好信不好学，其蔽也贼；好直不好学，其蔽也绞；好勇不好学，其蔽也乱；好刚不好学，其蔽也狂。"（PPT呈现）学生齐读，教师请同学说说大意，谈谈感触。

师点拨：即便动机高尚的人，不好学仍然会遗患无穷，更何况普通人呢？

3.学习内容。

教师PPT呈现：

子以四教：文、行、忠、信。

子曰："兴于《诗》，立于礼，成于乐。"

子曰："志于道，据于德，依于仁，游于艺。"

依据以上内容，你能否看出孔子想要培养什么样的人？学生讨论回答。

师点拨：品德高尚，技艺精湛，德才兼备。

说明：合作探究板块旨在启发学生联系自身学习生活的日常经验，以获取对古代文化经典的真切体认并合理吸收，做到学以致用。其中对学习内容的探讨是为接下来的质疑思辨作铺垫。

研 习

教者是从学习方法、学习目的、学习态度、学习内容四个方面引导学生感受孔子论学思想的。如果说上一环节学习方法论的感受算是思维预热，此环节对学习目的、学习态度、学习内容主张的感受，则称得上思维的不断奔跑或跃进。主题集中，探讨开放，力量分配轻重相谐，其间的思维翻转——如对学习上享受与功利、修身与致用的辨正，篇际会通——《论语》与《劝学》《聊斋志异》在学习目的、学习境界议题上的互文性阐释，生命对话——知之、好之、乐之三种学习境界，你现在处在哪种？依据孔子规定的学习内容，你能否看出孔子想要培养什么样的人？着实令人有无边光景时时新之感。

但是整体上审视导语和教学内容的关系，按照"学习目的—学习态度—学习方法—学习内容"的次序组织教学，更符合由"形而上"向"形而下"发展的结构化逻辑。在引导学生思维翻转的过程中应同时点染：孔子的学习目的观不仅注意了虚用和实用、小用和大用、近用和远用、单用和多用的统一，也注意了学以致用和学以致美的统一，如栖居之美——里仁为美，为政之美——譬如北辰，礼仪之美——绘事后素，音乐之美——尽善尽美，君子之美——文质彬彬，这与当代只追求应试成绩的异化致用观天地悬殊。

（四）质疑思辨

孔子在封建时代被誉为"千古一圣"。但圣人毕竟是人，不是神仙，他也有历史的局限性。比如下面这则故事中，孔子的做法就引起了广泛的争议。

PPT 呈现《樊迟请学稼》：

子曰："吾不如老农。"请学为圃。曰："吾不如老圃。"樊迟出，子曰："小人哉，樊须也！上好礼，则民莫敢不敬；上好义，则民莫敢不服；上好信，则民莫敢不用情。夫如是，则四方之民襁负其子而至矣，焉用稼？"

生自读。师生合作分角色朗读，再现情境。要求：把握孔子的语气，想象其神态，揣摩其心态。先了解大意，然后探讨：孔子和学生樊迟在"学什么"的问题上产生了明显的分歧，你站在哪一边？四人一组，切磋交流，说说理由，最好能展开辩论。

学生讨论、回答，教师亦亮见，不形成唯一的结论。

总结：这节课我们就《论语》中有关"论学"的内容做了专题研讨，按苏轼的说法，这叫"八面受敌"读书法。多媒体呈现：读书如用兵，要做到"我专而敌分"。用兵八面受敌时则当集中兵力击其一面，读书过程中亦可集中精力研究某一问题，一意求之，力争深入理解、彻底消化。课下大家可以尝试用这种方法研讨《论语》中的其他内容。

说明：本环节选取"樊迟请学稼"这段极具争议性与开放性的素材，引导学生围绕孔子师徒的是与非展开讨论，目的不在于得出唯一的结论，而是要鼓励学生不迷信经典，不迷信权威，大胆思考，小心求证，辩证分析，个性表达，培养理性思维、异质思维、创新思维的意识和能力。最后的总结意在教给学生一种研读经典的方法。

研 习

这是典型的存在式学习。现场观摩，从学生对孔子教育态度、教育目的、教育艺术等方面的开放性讨论中，能切实感受到学生的课堂所学和平日积淀的学养被成功激活。

"八面受敌"读书法的介绍是点睛之笔，不仅道出教学的匠心，也指引学生整本书阅读的门径。倘若让学生趁势说说如果用"八面受敌"读书法再读《论语》，你特别想从哪个角度切入，或许能再掀头脑风暴。

（五）布置作业（第一题必做，二、三题任选其一）

1. 自选《论语》中的"论学"名句加以背诵，不少于六则。

2. 针对当今中学生在学习问题上存在的现实弊病，写一篇《论语·论学》的学后心得。

3. 借鉴"八面受敌"读书法，梳理《论语》中关于某一主题（如"论仁"）的论述并自主阅读。

总结：人类很晚才来到地球上，却成了地球的主人，关键就在于人有学习的能力和潜力。可以说，学习是一个人乃至整个人类社会可持续发展的内在动力。只有持之以恒地学习，做到好学、乐学、善学，才能与时俱进。希望大家能从《论语·论学》中得到一些有益的启示。最后，用一句话与大家共勉：好好学习，天天向上！

说明："作业布置"设题有梯度，意在体现共同基础与多样选择的统一。

　　作业悉数呼应教学的目标和内容，且有所拓展：针对当下学习弊病，写《论语·论学》的学后心得，这是真正的古今会通，内外会通，我他会通；梳理《论语》中关于某一主题的论述，看似照着说，实际上是为接着说蓄势。因为有这种存在式学习思想的照耀，语文核心素养的牧养得到创造性落实。

　　随着语文课程改革的推进，新的知识观——知识并非一成不变的事物，而是具有某种不确定性，知识的本质在于批判、建构和创造；新的学生观——学生不是被人塑造和控制、供人驱使和利用的工具，而是有其内在价值的独立存在，他们既是具有独特性、自主性的存在，又是关系中的存在；新的语用观——注重语文课程与生活的打通，帮助学生反思、体验、享受生活，并完善、提升生活，已经渐渐深入人心。

　　随之而来的是教学范式的转变——从授受转向建构，还有整个语文教育语境中对话意识的明显增强。语文课程标准强调学生、教师、文本、教材编者等多重主体间的对话，语文课程与教学论专著则开始大幅度引进巴赫金、弗莱雷、佐藤学等人的对话理论，硕博论文中对话理论视域下的语文教育探讨更是不胜枚举。落实到语文教育一线，则是对话质量的重视——不仅关注对话的正误，还关注对话的深度、广度和精致度等。

　　但是，一个不容忽视的事实是：对话到底该指向何方？应该聚焦哪些语文知识？对话的艺术性何在？对话的本质又是什么？……诸如此类的理论问题，依然未能引起比较集中、深入的探讨。

　　缘于此，陈超老师整本书阅读聚焦"多元对话，构建具有开放性、生成性和生活味的课堂情境"的追求，颇有问题研究的样本价值。

一、对话的本质是什么

对于这个问题，很多人是无视的。即使有所意识，也多采取鸵鸟政策。于是，对话中不论是固执己见还是盲目顺从，不论是唇枪舌剑还是茫然失措，都是严重异化的。至于稍微听到一些质疑的声音，便怀恨在心，必欲除之而后快，更是对话中的变态现象。究其因，忘却了本源性的追问。

关于对话的本质，英国物理学家戴维·伯姆根据"对话"一词的希腊词源"dialogos"的词根组合意——"dia"的意思不是"两个"(two)，而是"穿越"(through)；"logos"意即"词"(the word)或"词的意义"(meaning of the word)，进行了颇富诗意而又极其深刻的阐释——对话仿佛是一种流淌于人们之间的意义溪流，它使所有对话者都能参与和分享这一意义之溪，并因此能够在群体中萌生新的理解和共识 ①。

对此，译者王松涛做了进一步的阐发，认为我们平时的三种交谈形式都不是对话：一是以"聊"为目的，没有其他明确目的，不追求结果，只是为说话而说话，或为发泄而说话；二是以"辩"为特征，努力使自我的讨论取胜或占上风；三是以"商"为特点，不论对错，各自做点妥协，最终达成一致。真正的对话是"谈"，关心的是真理所在，绝不对真理做任何的折中和妥协，不在乎谁输谁赢，也不关心是否要达到一个结果，追求的是平等、自由、公正地交流和沟通 ②。

不过，上述对话理论偏于求真，对求美、求善有所忽略也是事实。译者只关注"平等、自由、公正地交流和沟通"，淡化自我思想的出场与确证，也未能真正揭示对话的本质。在我们看来，真正的对话应该是追求真、善、美的过程中，情思、智慧、态度等方面的彼此分享、润泽与和谐生长。

明乎此，陈超老师多元对话，"构建具有开放性、生成性和生活味的课

---

① ［英］戴维·伯姆. 论对话 [M]. 李·尼科编，王松涛，译. 北京：教育科学出版社，2004：6.
② 同上：3-4.

堂情境"的教学价值取向便显得弥足珍贵。有开放性的追求，语文教育无论是审美、审丑，还是审智，都会自觉捍卫共感与独感统一、感性和理性相谐、熟悉和陌生相乘等教育原则，谋求精神空间的不断开辟、精神生命的不断生长，绝不会枯守所谓的参考答案，连富有创建的认知也毫不手软地屠戮。注意开放性，对当下学者关于群文阅读"在单位时间中通过集体建构达成共识的多文本阅读教学过程"的定性，也会持审慎的态度。令人钦敬的是，陈超老师教学实践扎实贯彻了开放性的理念——如何看待"樊迟请学稼"，他现场教学时虽然也亮见了，但并未宣布唯我独尊；指引学生用"八面受敌"读书法，梳理《论语》中关于某一主题的论述并自主阅读，也给学生留下了辽阔的思维空间。

生成性体现的是对话中意义之溪的交汇、壮大，在群体中萌生新的理解，这在陈老师对孔子学习目的观中为己、为人的辨识，功利性和非功利性的辨正，还有自我烛照，写《论语·论学》学后心得的作业布置中，不难一窥消息。生活味的强调，追求的是古今、中西、内外的多方会通，"万象入我摩尼珠"，最终融于当下的生活，因此较好地统一了致用、致美和致在。

二、对话，该指向何方

那么，语文教育中的对话该指向何方呢？

是立德树人？没错，调和身心，成人之美是古今中西所有教育家的共识。但是，树人是所有学科教育的职责，语文科树的是什么样的人？

还是文化传承与发展？语文科肯定要担负这一责任，但是数理化、音体美、史地生、国学，哪一科不担负呢？朱自清早在《论大学国文选目》一文中指出：文化训练就是使学生对于物，对于我，对于今，对于古，更能明达，是深一层的"立本"，这自然不是国文一科目的责任。

从语文学科教学重心的嬗变来看，似乎已经由知识、能力向素养转移，特别是当下语文核心素养概念的提出，是否说明对话要指向这一点呢？如是，我们不禁要问：积淀了素养要干什么？仅是致用或语用？

可是综观语文学科史的发展，从先秦的为修身，到两汉魏晋的为事功（立言），到隋唐宋元明清的为功名，再到废除科举后的为生活，致用难道仅仅停留在应付外在的生活吗？从人的和谐发展的角度来说，既要丰富外在的生活，更要丰富内在的生活，这是人之为人的重要标识。尤其是在物质生活需求得到极大满足的当下，教育应该主动担负起充盈内心生活、不断遇见优秀自我的责任。这正是美国教育家弗洛姆提出从占有式学习走向存在式学习思想的价值所在。

问题是，所有学科都要实现这一质的飞跃，语文科的独特性又在哪里？

关于这一理论问题，潘新和明确指出："语文教育从表层看，是培养'言语表现性和创造性'；从深层看，是培育人的'存在性的言语生命意识'。语文教学就是对人的言语生命潜能的发现与唤醒。"[①] 这确是高屋建瓴之论，语文教育中的对话就应指向言语生命的牧养，不断走向言语表现和创造。无论老师还是学生，都应该有这种高远的追求。无论是单篇阅读、群文阅读、单元整体阅读、整本书阅读、学习任务群的贯彻，这一指向都不能变。有了这种指向，语文核心素养的培育才会得到创造性的落实。

遗憾的是，置身素养本位时代，人们还未对存在本位引起足够的重视：认为阅读是阅读，言语表现是言语表现；谈到言语表现，又重写轻说；谈到写，又重视写作知识的传授、写作技能的训练，完全忽略言语表现智慧的启悟，言语人格、言语信念、言语想象等全方位的牧养更是虚位。

在这种现实语境下，陈超老师不仅能关注到孔子论学思想的内涵，还能关注到其背后的立体人格——注重修身与致用的统一、谦逊与自信的统一、仁爱与独断的统一，并且引导学生走向言语表现——注意自我、现实、历史的观照，写一篇《论语·论学》的学后心得。这种较为自觉的存在式学习意识值得嘉许，尽管他对语录体中蕴藏的言语表现知识和智慧未能予以应有的关注。

---

① 潘新和.存在与变革：穿越时空的语文学[M].济南：山东教育出版社，2012：291.

三、对话，该聚焦什么

指向确定了，整本书阅读中的对话该聚焦什么呢？

有的聚焦内容——如吴欣歆在《整本书阅读的五种策略》一文中提到的"内容重构、捕捉闪回、对照阅读、跨界阅读、经典重读"基本上全部聚焦内容，有的侧重形式——如分别通过"哭""笑""骂"的情节深化对刘备、曹操、诸葛亮三种形象的认识①。除了任务驱动外，分阶段落实任务的时间有长短之别，其他阅读策略与单篇文本的解读并无二致。

这是就文学类整本书阅读来说的。如果涉及学术类书籍或文言文集、散文集，该怎么展开对话呢？对前者，黄剑老师看重思维逻辑的运行规律，如阅读《中国美学十五讲》，他主要将"对话"的力气花在概念内涵、形成原因、具体理论、相关案例揭示和梳理上；对文言文，王荣生看重的是"一体四面"——文言文是中国传统文化的载体，文言、文章、文学、文化是四面，文言文学习主要围绕"四面"展开，"最终落点是文化的传承和反思"②；散文阅读，学者郑家建认为应该关注"所闻、所感、所思"三个层次③。

上述探讨均有一定的学术价值。比如，关注书中文章的类性、篇性，有的老师还注意了言语性——看完《中国美学十五讲》写摘评，策划中国艺术主题展，撰写中国园林解说词，但是对体性则或多或少地轻视——重内容轻形式，肯定会不知不觉淡化乃至丧失语文体性。将阅读或对话最终落在文化的传承和反思上，这样的课与文化课差别何在呢？陈老师虽然学养深厚，但教学中也有淡化体性的倾向。他和学生对话的聚焦点主要是言语内容（孔子的学习方法观、学习目的观、学习态度观、学习内容观）、言语逻辑（如不是只顾完善自我，也看重致用，虽然对修身与致用的关系未能进一步挖掘）、言语人格（思想背后的人格特征）、言语表现（生命融合后的学习心得撰写），唯独对孔子及其弟子论学思想的表达方式缺少应有的

---

① 陈兴才.新课标整本书思辨读写任务设计（高中卷）[M].南京：江苏凤凰文艺出版社，2019：7.
② 王荣生，童志斌.文言文教学教什么[M].上海：华东师范大学出版社，2014：4-6.
③ 郑家建.藏在纸背的眺望[M].福州：海峡文艺出版社，2013：6.

关注，对语录体的文体体征（如对象意识、问题意识、简洁风格等）也有所忽视。

　　至于对话策略，陈老师基本上做到了顺势、入势、克势、造势、生势的统一，令学生能比较轻松地在思想上穿越古今。虽然现场超时不少，但课堂中的思维气场一直存在。加之他语言上自带幽默、亲切，令人不时解颐，所以整节课深刻而不令人疲惫，饱满而又不失灵动。

第五辑 ◆ 其他类文本教例研习

文化融入当应势、应需、应性

——宋凯《周亚夫军细柳》教学实录研习

宋 凯

　　江苏徐州人，任教于获得第二届全国汉字听写大赛总冠军的学校——连云港市新海实验中学，中学语文高级教师，曾获江苏省优质课一等奖、连云港市语文基本功大赛一等奖、教育部首届教学成果三等奖、江苏省教学成果奖一等奖。执教过全国、省级示范课，主持过省重点课题，先后获得"市优秀教育园丁""优秀党务工作者""优秀青年教师"等称号，多篇论文及课例发表在省级以上期刊，有的课例被收录在上海教育出版社出版的《语文教学对话录》、语文出版社出版的《行走在理论与实践断层之间》等书中，主编、参编数十套教辅用书。"字在语文"倡导者，热爱语文，关注汉字，用朝圣之心触摸文本里的每一个汉字，轻抚，细看，慢品，妙悟，积极倡导"有字在，方自在"的理念，让"字在语文"的语文观融入自己的教学实践。

　　语文教学注重优秀传统文化的融入，不仅是塑造个体人格的需要，更是塑造民族性格、民族精神，形成民族凝聚力的需要。对于这一点，语文课程标准说得十分明确——"通过优秀文化的熏陶感染，促进学生和谐发展"；"传承和发展中华文化、增强民族凝聚力和创造力"；"学习中国古代优秀作品，体会其中蕴含的中华民族精神，为形成一定的传统文化底蕴奠定基础"。

对此，很多语文老师也是深度认同的。

但如何融入却是个问题。现实教学中，凑着国学热，将中学语文课上成大学学术研讨课——如不厌其烦地梳理《〈论语〉十则》中"习""学""知"等字的诸种解释，或进行士人人格内涵、形成原因的探讨；将文本当"用件"，抓住一个由头肆意衍生文化特色——如教学《张衡传》，完全撇开人物传记的写法、人物内心风貌的体悟，大讲特讲古代官职变迁的学问；将语文知识甩在一边，在文化介绍中乐不知返——如教学《陈情表》，不引领学生体悟其间钻木取火式的表意结构、含蓄吞吐的风格，一个劲地灌输孝文化……诸如此类，不一而足。另外，以为只有文言文教学可以融入传统文化，现代文教学无能为力；教文言文时，罔顾学生的认知结构、心灵需求，不注意古今会通、中西会通、内外会通，一个劲地进行外铄性灌输，最终使文化融入成为虚空的，也是见怪不怪。

在语文教育的本体性思考上，更是直接将文言文教学的终极目标落在文化的传承与反思上，认为"真正意义上的教育实际上就是一个文化过程"[①]，彻底忽略语文素养的积淀与提升、言语生命的牧养与表现，从而使语文学习始终停留在占有（to have）的层面而未能走向存在（to be）的境界。

基于此，以宋凯老师的《周亚夫军细柳》课堂实录为例，透析一下语文教学中文化融入的指向、原则与方法，便显得很有必要。

问诊案例 》》

《周亚夫军细柳》课堂实录

宋　凯

师：同学们好，现在我们开始上课。请看鲁迅先生说的这句话——"史家之绝唱，无韵之离骚"。它是鲁迅先生评价我国古代文化史上一部巨著的，大家知道是哪部作品吗？

生：（部分）《史记》。

师：你对它了解多少呢？同学们可以来介绍一下。

生：《史记》是二十四史之一，是第一部纪传体史书，直接影响了以后史书的书写体例。

师：《史记》的作者是谁？

生：司马迁，西汉人，伟大的史学家、文学家、思想家。任太史令，因替李陵败降之事辩解而受宫刑，后任中书令。发愤完成《史记》，被后世尊称为太史公。

师：今天我们就通过一篇课文《周亚夫军细柳》（出示课题）的学习，来初步了解这部文学巨著。谁能说下题目是什么意思？

生：周亚夫驻军在细柳。"军"，名词作动词，"驻扎"或"驻军"之义。

师：请一名同学来读课文，其他同学认真听他朗读时的停顿和字音。（生读课文）有没有读音不太准确的？

生："至营，将军亚夫持兵揖曰"中的"揖"，应该读"yī"，他读成了"jī"。

师：你刚刚的朗读节奏很好，停顿也不错，虽有小的失误，但是瑕不掩瑜，非常棒。下面同学们借助书中的注释来了解一下文章大意。有疑问的地方在书上做出标记，待会儿一起讨论。（学生自学课文）有疑问的可以举手，大家一起讨论。

生："既出军门"的"既"是什么意思？

生：应该是"已经"。

生："以备胡"中的"备"是"准备应对"还是"防备"？

生：都差不多，"准备应对"和"防备"都是当心胡人的侵扰，要提高警惕、注意边防的意思。

师：老师把这一段再读一遍，你们来辨别一下是什么意思？

（师朗读第一段）

生：根据老师读的"匈奴大入边"，可以推测"备"是"防备"的意思。

师：这是我们学习文言文疏通文义的一个方法，即——

生：联系上下文来猜词义。

师：攻克词义，还有其他方法吗？

生：借助工具书，比如《古汉语常用字字典》。

生：也可通过偏旁来推断，或者根据含有这个字的词语、成语的意思来推断。

师：很好。了解汉字的字源，对我们学习文言文有很大的帮助。比如"之"，在文中几次出现"之"，意思是什么？

生："之"有时候没有意义，有时候是"的"。

生："之"有代词的作用。

生：有"到、往"的意思。

师：按照你的判断，这个字的哪一种意思产生的最早呢？

（大部分学生摇头）

生：我猜是"到、往"，因为我们在说部首的时候经常说走之底，所以"之"和"走"有密切关系。

（掌声响起）

师：非常棒！老师都没有想到这一点。"之"究竟是怎么来的呢？我们来看一下"之"的演变过程（PPT）：⻊，这是金文，它是从甲骨文变化而来；⻊，这是甲骨文。那么，它又是依据什么得来的呢？再看（PPT）：⻊。古人在脚趾的底下画一道线，表示要从这个地方出发，也就是"到、往"的意思。如果同学们能了解更多汉字本源，对学习文言文是有很大帮助的。下面老师考一考大家（屏显）：⻊·⻊·⻊，这是课文里的哪两个字？（学生们看文章并思考）

生：第一个是"介"字，第二个是"胄"字。

师：你是如何知道的？

生：通过看文下的注释。

师：如果只看投影出来的图，你能不能知道意思呢？

生：第一幅图是铠甲，第二幅图是头盔。

师：是的，这就是"介胄"的原意。所以，了解更多汉字字源，或者叫初文，对我们懂得汉字的意思是大有裨益的。下面请一位同学复述一下课文的内容。

生：后元六年，匈奴入侵，汉文帝让三个官员去三个不同的地方来抵御匈奴。皇帝亲自犒劳军队，霸上和棘门他们都畅通无阻，但到了周亚夫驻军的细柳却受到重重阻挠与约束，最后皇帝却称赞周亚夫是真将军。

师：好，带着对文意的理解，我们把课文齐读一遍。

（生齐读课文）

师：这篇文章的主人公是谁？

生：周亚夫。

（师板书：周亚夫）

师：周亚夫在干什么呢？

生：军细柳。

师：周亚夫是如何军细柳的？假如你是一名跟随汉文帝犒军的先行官，请你把在犒军过程中的见闻说一说。

生：我是汉文帝身边的侍卫，跟随文帝一起去犒军。我先到细柳营去通报，结果却很生气，士兵对我很不敬，我就对他们说："皇帝都要来了，你们怎么能这样呢？"他们说军中只听将军的命令，不听皇帝的命令。后来，我发现他们军纪严明，并非不敬，而是恪守法令，所以回来后我很惭愧，下定决心不要再那么霸道了。（众人笑）

师：这是一种非常有创意的表达形式。这位同学看到了细柳营的军纪是很严明的，那么大家还看到了什么呢？

生：吾乃文帝之先行官，初至细柳营，大惊。已至军营，不得入。曰："尔等胆敢不敬！"对曰："军中闻将军令，不闻天子之诏。"吾大怒，曰："尔等欲反耶？"督尉面不改色，曰："将军之命不敢违。"吾令将军出而见之。将军既出，吾曰："尔等军纪甚严，吾何以不得入？"亚夫乃传言开壁门。军中不得驱驰，吾乃按辔徐行，不悦于心。怒而回，告之于帝。帝笑曰："此乃真将军也！"

（全班鼓掌）

师：这位同学进行了全新的加工与创作。假设这次皇帝没来，就自己去，他遇到了完全相同的情况，然后回来汇报。描述过程中，他用了很多"而"，表明完全出乎自己意料。他想要参将军一状，结果皇帝却说："此乃真将军也！"刚刚两名同学绘声绘色地描述了细柳营的所见所闻，根据他们所讲内容，周亚夫的军纪是——

生：严明的。

（师板书：军纪严明）

师：他们进入军营，先看到了什么呢？

生：看到士兵们穿着铠甲，拿着兵器，张开弓箭。

师：士兵们为什么把箭拉满呢？

生：我觉得是未雨绸缪，他们随时准备战斗。

师：此时他们面临的情形是什么？课文里是怎么说的？

生：匈奴大入边。

师："大"字说明什么？

生：说明情况很危急。

师：所以士兵都应该全副武装（板书）。

师：这是我们看到的细柳营的情况。几次文帝受阻而不得入，当他进入以后，主人公才出场。一般人见到皇帝会怎样？

生：跪下，三呼"万岁"。

师：但是周亚夫怎样呢？大家齐读第二自然段"至营"部分。（生齐读）周亚夫在说话之前有一个细节——

生：持兵揖。

师：作揖，他并没有跪下，而是说了一句——

生：介胄之士不拜，请以军礼见。

师：同学们，在部队有军礼，在国家有国礼。有这样一句古话叫"国容不入军，军容不入国"，因此他采用了军人才用的一种礼。那么，皇帝看到他的举动后有什么表现呢？

生：天子被感动了，"改容式车"。

师："改容式车"是什么意思呢？

生：神态改变，扶着车前横木俯下身子，表示敬意。

师：文帝看到周亚夫的表现后也采用了一种礼，"礼者，天地之序"，在军队中也同样是这样的。在军队里有兵车之容和坐车之容，兵车之容是"介者不拜，兵车不式"，坐车之容是"小礼动，中礼式，大礼下"，文帝行的是什么礼？

生：中礼。

师：是的，中礼中的"式"同"轼"，是车前横木，人扶在车前横木上，身子自然要前倾。同学们再思考一下，皇帝是"改容式车"，试想汉文帝之前多次受阻是什么容？

生：愤怒的，生气的。

师：是的，心里阴影肯定是很大的，当他看到周亚夫行礼后，文帝才想到了军礼。同学们，你们会作揖吗？（学生纷纷尝试）哪只手在上？

（生犹豫不定）

师：其实男女不同，男子行礼是左手在上，女子行礼是右手在上。所以，我国自古被称为礼仪之邦，对每一个动作的描绘都是很具体、细微的。我们也通过一张军礼图让大家看一看。

（屏显：车马出行图）

师：周亚夫的一言一行给你留下了什么印象？

生：他是谨守军纪的人，以身作则。

师：所以他治军很严明，是一个好将军。

（板书：将）

生：不阿谀奉承。他见到皇帝不仅没有跪下，而是全副武装地出现。

师：周亚夫是这样，其他人是这样吗？

生：不这样。

师：周亚夫的表现和其他人不一样，这是什么手法呢？

生：对比手法。

师：这篇文章除了对比外，还有没有其他手法？

生：衬托。

师：从哪里看出来的？

生：军队士兵的表现可以衬托周亚夫的形象。

师：从中可以看出他是一个军纪严明、不阿谀奉承、不卑不亢的人。实际上，文帝的一句话概括得最好，说他是什么？

生：真将军。

师：是的，"真"（板书）字很好地概括了周亚夫作为一名军人、首领所做的一切。

师：在古代，国之大事，在祀与戎。细柳营的故事一直流传至今，乃至后人把它当作军队驻扎的代表来入诗。同学们齐读下面这首诗（PPT）：

咏史诗·细柳营
胡 曾

文帝銮舆劳北征，条侯此地整严兵。辕门不峻将军令，今日争知细柳营。

师：通过这节课的学习，我们感受到一位古代真将军的风采，希望同学们也能向这位将军学习，做一个真人，一个懂礼仪、有修养的人。

（全体学生面对老师行正确的作揖礼）

——此为第二届全国中华优秀传统文化融入语文教学学术研讨会观摩课

诊断意见 >>>

教学实录中，宋凯老师的文化融入主要有三处。

一是疏通文义时，透过了解"之""介""胄"的意思，点染一下造字文化。

二是感知文本内容，把握周亚夫人物形象时，围绕"持兵揖""改容式车"，融入了"礼文化"（主讲军礼文化，国礼文化一带而过）。

三是总结课文时，融入了"细柳营"的文化意义——作为故事一直流传，作为军队驻扎的象征而入诗。

总体来看，宋老师的文化融入体现了以下三个原则。

首先，应势——顺应文本的势。学生对文本"以备胡"中的"备"理解产生分歧时，一学生根据"匈奴大入边"这一语境推测应该是"防备"之义，教者立刻肯定这是"联系上下文法"，然后趁势追问学生还有哪些了解词义的方法，学生于是说出"借助工具书查找""通过偏旁推断""根据熟词、成语中的字类推"三种方法，教者再顺势引出"了解字源以把握意思"也是一种很好的方法，很自然地融入了造字文化。宋老师不是随意而引，而是以文中的"之""介""胄"三字为例加以指点，让学生既理解了字义，又了解了指示、象形的造字法，以点带面、不露声色地让学生接受了我国造字文化的审美熏陶。

融入礼文化时，也是就着文本的内容来展开。由"持兵揖"引出军礼文化，由"改容式车"引出更具体的军礼——小礼动，中礼式，大礼下，既还原了当时的情境，又浸润了当时的文化，还为感知周亚夫严守军纪、不阿谀奉承、不卑不亢的形象而蓄势，起到一石三鸟的作用。总之，应势融入传统文化做到了立足文本，适度开拓，形成"入"与"出"的和谐统一。

当然，教者的文化融入如果在结合文眼"真将军"的基础上再自觉而巧妙地联系意脉"霸气—无奈—起敬—赞叹"，应势则会更紧凑、更艺术，更动人心弦。

其次，应需——顺应学生的需。应该说，三次文化融入都是针对学生的"愤悱处""浅知处"或"无知处"——"式车"属于军礼的中礼，细柳营的象征义，应该是大多数学生认知的盲点，教者及时点拨、拓展、推进，可谓顺应了学生的求知需求，将道家的"入势而化"智慧、儒家的化育精神发挥得淋漓尽致——能尽物之性则可以赞天地之化育，赞天地之化育则可以与天地参矣。[①]

值得说明的是，这种应需而融的思想与古罗马昆体良的俯就思想（正如紧口瓶子不能容纳一下子大量流进的液体，却能为慢慢地甚至一滴一滴地灌进的液体所填满一样，我们必须仔细考察学生的接受能力[②]）、美国学者布劳姆强调的"增润教学"——基于学情的鼓励、充实、提升之义[③]，也是相通的，不仅彰显了教育智慧，而且放射出浓郁的人文关怀的光辉。这启示我们：在融入本民族优秀传统文化的同时，也应注意与其他民族优秀传统文化的会通。

最后，应性——顺应学生言语生命生长之特性。言语性是语文科区别于其他科的种差，语文学习的终极目的就是走向言语人生、诗意人生，所以

---

① 阮元.十三经注疏（第5册）[M].台北：艺文印书馆，2013：895.
② 刘新科，栗洪武.中外教育名著选读[M].北京：中国人民大学出版社，2010：326.
③ 霍秉坤.教学方法与设计[M].香港：商务印书馆，2004：171.

即使是文化融入，也不应仅停留于消化、吸收的层面，还应学会使之灵动外化，以确证自我的精神存在。余秋雨说："文化，是一种由精神价值、生活方式所构成的集体人格。"[①] 这话说对了一半，因为缺少了自然、独特的生命表现的维度。文化融入的本质应该是基于集体人格散逸出来的个性之光。因为有魅力的个体身上，无不萃聚着一个时代的文化精髓，一如柏拉图之于古希腊、莎士比亚之于文艺复兴。更何况，优秀的传统文化还有着神奇的寄植、变形和繁殖的能力，并能灵动地虚化为情感，不断地吸引着各种清奇的目光，诱发一次次动人的灵魂邂逅、生命融合与精神升华，并借之得以绵绵不绝的生长。倘若语文教学中能多多促成并催化这样的灵魂遇合，那该是一件多么幸福的事情！

宋老师的这一课例显然有了这种追求。他引导学生感受周亚夫真将军的风采，希望同学们也能向这位将军学习，做一个真人，一个懂礼仪、有修养的人——这也是为真诚的言语人格牧养蓄势，有了读以致用、读以致美、读以致在的思想萌芽。不过，在处理文化融入与语文体性持守、文本类性辨识以及篇性开掘的关系时，做得可以更自觉、更到位。

专家处方 >>>

一、文化融入以持守语文体性为基

"体性"一词源自刘勰的《文心雕龙》，"体"指文章体貌、风格，"性"指作家的才性。我们将之接引过来主指语文的内容、风貌、风格、本性或本质。所有学科的内容皆可进入语文领域，但萃取出来的一定要专属于语文，而不能"种了别人的田，荒了自家的园"。专属于语文的应该是什么呢？形式表现的知识和智慧。这一点，从夏丏尊强调的语文教学着力点——学习国文所当注重的并不是事情、道理、东西或感情的本身，而应是各种表现方式

---

① 余秋雨.中华文化四十七堂课 [M].长沙：岳麓书社，2011：3.

和法则①，到后来陈启天、徐特立等学者对语文教育主副目标的定位，已经说得十分清楚——徐特立将学习国语的主目的定为"对语言、文字（文章）的理会和对语言、文字（文章）的发表"，副目的为"从语言、文字（文章）获取知识，涵养德行，养成好的情趣"②。简言之，语文教学不仅要让学生知道作者表达了什么，更要让学生知道是如何表达的。在言语形式与言语内容关系的处理上，必须以前者为主。

落实到传统文化的融入，也应作如是观，尽可以八方融入，但一定要以持守语文体性为基。宋老师的三处文化融入：第一处旨在让学生从字源学的角度理解字词意思，一窥造字文化的天光云影；第二处旨在透过军礼文化，感受周亚夫真将军的风采；第三处点明细柳营的象征义，其实也是为进一步强化真将军形象的体悟，当然也有为了解此类用典张本的目的（例子是教者举的，如果让学生举可能会更好内化。只举一例，有点儿孤证的感觉。多举两例，如"忽过新丰市，还归细柳营""万戟森严细柳营，信威独许汉将军"，庶几会将教学推向高潮，更加促人省思），应该说基本持守了语文体性。谈对比、衬托的写法，让学生变换视角叙述内容，也都涉及了言语形式。

但是结合整体教学来看，他的这些努力均指向人格形象的感悟，以及对"真人""懂礼仪、有修养"的教育上，所以凸显了思想性、文化性，但在作者形式表现上的特色反而被淡化。

二、文化融入应注意文本类性辨识

文本类性是指文本的文类特性。辨识类性，缘于适类的写作传统。无论中西，作家们大都有鲜明的文类意识——这是规训写作的一种极好方式。作为特定规范组成的系统，文类也是写作传统或惯例的载体，这本身就是传统文化的一部分。因此，适类写作与辨类阅读是相辅相成、相互促进的。写作离开适类，所写很可能不知所云，接受中也会遭遇自觉或不自觉的抵制。阅

---

① 夏丏尊. 夏丏尊教育名篇 [M]. 北京：教育科学出版社，2007：152.
② 张隆华. 中国语文教育史纲 [M]. 长沙：湖南师范大学出版社，1991：198.

读离开辨类，所读很可能流于肤浅或偏离，影响阅读教学的有效性。

《周亚夫军细柳》属于人物传记，与司马迁通过为人物作传，揭示天人之际、古今之变、历史风貌与规律的写作追求密切相关，所以，实录精神、人物风采、历史风貌的感悟就成了语文教学绕不开的话题。宋老师从"真"字切入，辅之以军礼文化的渗透，对比、衬托写法的审美，引领学生感受周亚夫的人格形象，也是注意了文本类性的辨识。

但是，伟大作家在适类写作的同时，也会注意破类写作，如鲁迅小说中的戏剧性，郁达夫散文中的诗性，叶圣陶说明文字中的文学性。即使是《史记》这样的纪传体史书，也被鲁迅评为"史家之绝唱，无韵之离骚"。"无韵之离骚"即突出了其破类写作的一面。钱钟书说得更为具体："史家追述真人实事，每须遥体人情，悬想事势，设身局中，潜心腔内，忖之度之，以揣以摩，盖与小说、院本臆造人物，虚构境地，不尽同而可相通。"[①] 宋老师尽管也提到了"无韵之离骚"，但教学中并未围绕这一点精致地展开。

比如开头的造势描写，"以……为……"句式错综叠用，宛如急切的交响乐一般，一句"以备胡"又恰似紧急的休止符，将危急情势渲染得无以复加。对汉文帝至细柳劳军不得迎、不得进、不得驰、不得拜的情节层层推进而又写得波澜起伏，出现了高潮中的高潮的奇观。结尾的"嗟乎"一句语短情长，使叙事节奏一下子舒缓下来，给人以余音绕梁之感。至于文本"代言""拟言"的特征，作者情志融入史笔形成的历史性与文学性互渗，实用理性与审美情感交融的言语表现风景，更是"无韵之离骚"的体现。

可是，因为教者耽于军礼文化的大尺度拓展，缺乏对文类细致、深入的辨析，这些更能体现语文味、文化味、审美味的地方，反而被悉数过滤了。

三、文化融入莫忘篇性的审美开掘

文本篇性指文本中体现的作者独特的言语表现个性和智慧，这是在同文类视域下区别不同作者的不同文本，或同一作者的不同文本个性化表现力

---

① 钱钟书 . 管锥篇 [M]. 北京：中华书局，1979：166.

的表征。揭示文本的篇性，是阅读教育的巨大挑战，更是阅读教育的无穷魅力。

事实上，篇性更是文化鲜活、具象、个性化的彰显。比如，将情感渗入措辞、剪裁、结构、白描、冷峻叙事的春秋笔法，谁能说不是传统文化？写传主，本应浓墨重彩，可是正面具体写的只有一句，但全文又给人无处不在写传主的印象，这种烘云托月之法，与书法中的斜中求正、太极图中阴阳两鱼的生化不都异曲同工吗？谁能说不是传统文化？还有汉文帝的三处布防，三次乃见周亚夫，不就是一分为三的写作智慧吗？这与老子说的"道生一，一生二，二生三，三生万物"，《史记·律书》中说的"数始于一，终于十，成于三"，还有儒家的"中庸"、道家的"守中"、佛家的"中道"以及名家提出的"鸡三足""黄马骊牛三"，不都是末异而本同吗？谁能说不是传统文化？

语文教学中，如果注意篇性开掘与文化精髓的深层会通，深度、高度、厚度、新度一应具备的喜人景象便不难出现。甚至通过彼此的烛照，还能不断催生更多的审美创造。拿本篇来说，宋老师重点融入的是礼文化，将之与情景再现、周亚夫形象的体悟结合起来已难能可贵。可是，如果结合篇性开掘，还会有更深层的发现——

周亚夫说的军礼"介胄之士不拜"，与当时君臣之礼的特殊——当其为尸（装扮祖先神受祭拜的人），则弗臣也；当其为师，则弗臣也，这些礼应该是人所共知的，为什么其他两处驻地的将士，汉文帝身边的信使、群臣甚至连汉文帝都没有遵守？周亚夫的坚执军礼其实是给所有人一记响亮的耳光，为什么汉文帝还大受感动？感动到何种程度？周亚夫行了军礼转身离开后，汉文帝还处于感动之中（后文的"使人称谢"说明了这一点），这便将三重衬托、一处留白全盘活了，且有了更血肉丰满的审美体验，而不是只停留在几个抽象概念（军纪严明、不阿谀奉承、不卑不亢）的理解上。

循此前进，还可继续让学生思考：这样严守军礼、战功显赫（逼退匈奴、平定齐国），后来位至丞相的周亚夫为什么最终落得个绝食而亡的悲惨下场？于是，司马迁的互见法，还有对周亚夫军礼至上、不知与国礼融通的叹惋，对其"直言直行，不婉言而取富，不屈行而取位"的君子行径的敬仰，以及司马迁"不虚美，不隐恶"的实录精神，便会浮雕一样矗立在学生的心中，这应该是更切实、更细微、更震撼学生灵魂的文化融入吧。

可是，从文化融入的材料选择、用力分布看，宋老师似乎对制度文化情有独钟，对精神文化有所忽略，对衬托、对比手法的感悟又只在共性的层面滑行，加之对篇性的审美开掘并未形成自觉——学生说汉文帝犒劳军队受到重重阻挠其实是可以趁机揭示文本春秋笔法的。所以，尽管也出现了不少亮点——如赏析到"军士吏被甲，锐兵刃，彀弓弩，持满"，及时与"匈奴大入边"联系起来，就是在点染呼应的写法；变换叙事视角复述文本内容，以及礼文化的融入与感受"真将军"的风采紧密相连，使教学形散神聚，但由于对形意关系的处理不当，对文本适类与破类的辨识欠深入，对文本篇性的深度开掘欠自觉，所以整个教学依然给人隔而不深、融而未通之感，也让应势、应需、应性原则的贯彻留下遗珠之憾。

融创：值得终身以求的教学艺术

——肖培东《皇帝的新装》教学实录研习

肖培东

特级教师，浙江永嘉教师发展中心副主任，永嘉县上塘中学副校长，全国首届"我即语文"教学奖获得者，全国中语会课堂优化策略研究专家指导委员会委员，全国语文学习科学专业委员会浙江省分会理事，"国培计划"教育讲座专家，浙江省首批"名师名校长"导师资源库人选，《语文学习》杂志"镜头"栏目主持人。著有《我就想浅浅地教语文》《教育的美好姿态》《语文教学艺术镜头》等。

一、认识童话

师：你们知道《皇帝的新装》是一篇——

生：（齐）童话。

师：好，问题来了，同学们，以你的读书经验，怎么就判断《皇帝的新装》是一篇童话的？别忙着举手，想想看。

生：因为我觉得散文一般写的都是真实的故事，童话就有一些虚构的色彩。作者写那两个骗子做的衣服愚蠢的人是看不见的，就带有一些虚构色彩和神话色彩，就应该是童话。

师：神话色彩？

生：哦，不，不，就是虚构的，脱离现实。

师：哦，脱离现实，是虚构的故事，所以觉得它是童话。还有没有其他说法？

生：我觉得童话应该就是通过一个故事来讲述一个道理，同时能够讽刺一种生活现象。

师：哦，故事中有道理，所以它是童话。哎，那个男同学，你来说。

生：没有具体的时间。

师：没有具体的时间？你想说，童话都是什么样的？

生：都是虚构的。

师：虚构出来的，好，请坐。还有没有？（"老师，我知道这是一篇童话，是因为——"）你站起来大声喊吧！

生：童话一般都是写很久以前的事，不是"一、二、三、四"的那种。

师：哦，写的不是今天的事儿，都是很久以前的事儿，是这个意思吗？

生：嗯。

师：很遥远。

生：我觉得，是童话的话，整篇文章的写作手法都是富有童真的，每篇故事都会告诉我们富有哲理的小道理。

师：就是说，童话、童话，是用谁的话在说故事啊？

生：（齐）儿童的话。

师：是用儿童的话写出来的。好，还有没有同学再来说说看？

生：因为童话里面那些人物的语言都很浮夸，说得都特别夸张。

师：都很浮夸，说得都特别夸张。也就是说，童话最主要的手法是——

生：夸张。

师：夸张，还有吗？

生：（齐）想象。

师：真棒，同学们，来看看老师给的定义，和你们的是多么相似。我们一起读读看！

PPT：

童话是一种文学体裁，它的特点是通过丰富的想象甚至夸张来塑造人物形象，反映现实生活，潜移默化地对儿童进行思想启蒙教育。

师：你看，你们用自己的语言把文章体裁的特点全说了出来，这就是学习的力量。好，再来说说童话最主要的特征是什么？

生：（齐）丰富的想象和夸张。

研 习

本环节彰显了教者的两大追求：一是紧扣体裁特点，守住语文体性；二是尊重学生的主体地位，实现认知与体知的统一。

不过，也暴露了教学的"阿喀琉斯之踵"。

1. 对话并未深度聚焦体裁特点。想象、夸张、寄寓道理固然是童话的体裁特点，何尝不是寓言的特点？教者虽点到了"儿童语言"这一特点，但并未突出其核心地位，亦未从儿童视角、儿童受众的思想启蒙等方面加以适当拓展。

2. 疲于等待学生发言的自我完善，疏于及时的思维博弈或引领，致使学生思维和语言上枝蔓与舛误较多。比如，时间、地点、人物的虚化，都是虚构的题中应有之义，说时间"遥远"并不适恰，但教者并未点明，导致学生要么重复，要么说得不全——时、地、人的虚化就没有触及，要么一说就错——童话真的"脱离现实"吗？

3. 教者的语言亦缺乏严谨。如单复数的互指——"同学们，以你的读书经验""你看，你们用自己的语言"，用"个"指称同学欠礼貌——"哎，那个男同学"，对学生混淆的"浮夸"和"夸张"，竟盲目认同。

这必然导致教学冗余的积压。不知这节课实际花了多长时间，但从近九千字的原实录来看，按正常语速 150 字 / 每分钟计算，一刻不停对话下来，也需一个小时，所以拖堂恐难以避免。

二、读出《皇帝的新装》最夸张处

师：那么同学们，读完了《皇帝的新装》，大家想一想，这个童话中，你觉得最有夸张力的一个细节是什么？

学生发现下述几处，教师相机指导朗读，读出童话"夸张的味道"。

1. 衣服还有一种奇怪的特性：任何不称职或者愚蠢得不可救药的人，都看不见这衣服。

抓住"都""任何""这"，引导学生纠正读、重音读、拉长音读（朗读"都"时，提醒可稍微拉长一点儿音）、单个读、齐读。

2. 这些衣服轻柔得像蜘蛛网一样，穿的人会觉得好像身上没有什么东西似的——这也正是这些衣服的优点。

生读该句，师说两位同学都找到了衣服夸张的特点。

3. 他每一天每一点钟都要换一套衣服。

点睛：这是突出皇帝穿衣服很夸张，引导学生抓住"每一天""每一点钟"这两个时间词，还有"一套"这个数量词，读出夸张的味道，"一套"重读，稍长。

4. 除非是为了炫耀一下他的新衣服。

学生抓住"炫耀一下""新衣服"并读到位，教师鼓励："真棒！记住啊，好童话是读出来的。"

5. 许多年前，有一位皇帝，他非常喜欢好看的新衣服。为了要穿得漂亮，他不惜把他所有的钱都花掉。

抓住"所有的""都"重读，教师继续鼓励："照这样去给人讲童话就讲得特生动了。"

6. 第 2 自然段——自称是织工，说他们能够织出人类所能想到的最美丽的布。

生：布应该没有最美丽，而应该是更美丽的。

师：这个"最美丽"就是夸张了，你要把这个"最美丽"读好。

7. 第 3 自然段——于是他付了许多现款给这两个骗子，好使他们马上开始工作。

生：一般都是等他织好了我们才付钱，这里一下子就付了许多现款。

师：现款为什么马上要交给他？

生：因为他想快点穿到新衣服。

师："许多现款""马上"，表示他太急切了。还有没有？

8. 第 33 自然段——站在街上和窗子里的人都说："乖乖！皇帝的新装真是美丽！他上衣下面的后裙是多么漂亮！这件衣服真合他的身材！"

抓住"都""乖乖"重读；针对学生读得声音较轻的情况，引导读出"喊"的感觉；抓住"！"，读出夸张的味道。

9. 第 37 自然段——因此他摆出一副更骄傲的神气。他的内臣们跟在他的后面走，手中托着一条并不存在的后裙。

师：皇帝穿着并不存在的后裙，在干吗？

生：（齐）游行。

师：两个字儿——"裸奔"！（生笑）光天化日之下，皇帝在裸游。我们一起来读读，他是怎么换这衣服的。第 123 页，"皇帝把他所有的衣服都脱下来了……"

（生读，"弄"字读得有点儿快）

师："弄"多长时间？"一阵子"！所以，这个"一阵子"不能读得很快就过去了，要让别人感觉真的在穿衣服。再来试试看。

（生抓住"弄了""一阵子"，读出夸张味儿。）

师：再看看皇上最自恋的一个镜头，"皇上在镜子面前"——

生：皇帝在镜子面前转了转身子，扭了扭腰肢。

师：哪些词还需要读出味儿来？

生：（齐）"转""扭"。

师：要想读好这个镜头，我们要注意什么词？

生：（齐）动词。

师：读时是快还是慢？

生：（齐）慢。

师：慢，大家看看"我"穿的衣服，所以这个"转一转""扭一扭"，建议你在读的时候也转一转、扭一扭。"皇上在镜子面前"，预备，起！

（全班齐读，夸张至极。）

师：同学们，感受到了吗？妈妈给你讲这个童话的声音，一定是这样的；爸爸给你讲这个童话的语调，一定也是这样的。

聚焦夸张细节，读出夸张味道，似乎只在肌理层面体知童话体裁特点，但因为沉浸得全面、深透，其实也是在为体悟童话的"神""味""理"蓄势。由夸张视角切入，带动童话虚构特色的体知、人物精神世界的开掘，以及对作者人性拷问和寄寓之理的发现，承上启下，一石多鸟。

批文入境、入情、入势——作者的叙述之势、造型之势，还有隐在的说理之势，教者虽未明确点明，但实际教学已经暗合，这是很令人称奇的。

"最夸张处"只能一处，还是代之以"夸张之处"为妥。

三、谁导演了这场戏

师：同学们，在光天化日之下如此招摇地裸游，在安徒生的童话里，不可思议地如期上演了。接下来，我要问一个问题：是谁导演了这场戏？找出文中的根据，想一想，这个荒唐闹剧成功上演最主要的因素，你认为是什么？

师生讨论，达成下述审美共识。

1.皇帝和大臣。大臣觉得不能让别人发现自己很愚蠢，就欺骗皇帝，说自己看见了很美丽的布，皇帝也担心别人说他很愚蠢，就去欺骗别人。

教师趁势引导学生朗读描写皇帝"不大自然"心理的句子——"我倒很想知道，他们的衣料究竟织得怎样了……不过，当他想起凡是愚蠢或不称职的人就看不见这布的时候，他心里的确感到有些不大自然……"

朗读大臣害怕心理的句子——"我并不愚蠢呀……这也真够滑稽，但是我决不能让人看出来！"朗读官员口是心非的句子——"是的，那真是太美了！"教师要求学生将声音拉得响一点儿，抓住"是的""太美"，将夸张的赞美读出来。

2.两个骗子。臆造了一件奇异的新装——任何不称职或者愚蠢得不可救药的人，都看不见这衣服，以引起皇帝对衣服的好奇。演技高明——摆出两架织布机，装作是在工作的样子，可是他们的织布机上连一点儿东西的影子也没有。

3. 老百姓。谁也不愿意让人知道自己什么也看不见，因为这样就会显出自己不称职，或是太愚蠢。于是口径一致地赞美："乖乖……这件衣服真合他的身材！"教者引导学生读出夸张的感觉。

师：皇帝穿新衣成瘾。骗术高明的骗子又是这场闹剧的幕后推手。官员说了假话，甚至连善良的老百姓也言不由衷。同学们，"皇帝的新装"成功上演最主要的因素，你想怎么概括呢？

生：所有人都不愿意承认自己是愚蠢的。

师：你认为是所有人共同制造了这个骗局，共同上演了这出闹剧。

生：是！（师板书：人）

师：我觉得不该是所有人吧。

（学生一愣，突然举手：是所有的成人。）

师：所有什么人？

生：大人，成人。

师：再重复一遍。

生：大人！

（师在黑板上擦去"人"字，再写一个大大的"人"字。）

师：原来这是一个讲所有大人的故事。这是一个大人世界的故事，是描述大人世界复杂内心的故事。所有的大人共同上演了这出闹剧。社会、土壤、大地，我们可以从更广阔的空间去思考这个问题。

研 习

"谁导演了这场戏"这个问题提得漂亮，不仅将学生的审美引向人物形象的赏析，还触及了作者的创作追求——安徒生明确说过："当我在为孩子们写一篇故事的时候，我永远记得他们的父亲和母亲也会在旁边听。"也就是说，在安徒生那里，童话不仅要完成孩童的精神启蒙和养育，也成了一种引导成人审视自我、净化灵魂的方式，这便是文本的篇性。教者在教学中突出这一点，十分深刻、睿智。

四、探寻大人的内心世界

师：看看这些句子。

PPT：

1. 全城的人都听说这织品有一种多么神奇的力量，所以大家也都渴望借这个机会测验一下……

2. 城里所有的人都在谈论着这美丽的布料。

3. 每人都随声附和着。每人都有说不出的快乐。

4. "一点儿也不错。"所有的骑士都说。

5. "上帝，这衣服多么合身啊！裁得多么好看啊！"大家都说……

6. 那些托后裙的内臣都把手在地上东摸西摸，好像他们正在拾取衣裙似的。

7. 站在街上和窗子里的人都说："乖乖！皇上的新装真是漂亮……"

有感情朗读，启悟：这些句子有何共同点，每句里的"都"字说明了什么问题？师生交流，达成下列共识——

1. 所有的大人，无论是有权力的，还是没权力的，无论是高高在上的，还是贴着地气的善良百姓，都卷入了这场闹剧。

2. 全城的大人都有虚荣心，都不愿意承认自己看不见布料，所以这个闹剧才能顺利进行。

师：那你知道老百姓为什么要有这份虚荣心吗？

生：因为他们不愿意在皇帝面前显示出自己的愚蠢，皇帝如果知道他们看不见，就会认为自己国家的百姓太愚蠢了。

师：在皇帝面前，也就是在权力面前，在生存面前，百姓迫于压力，迫于生存生活的需要说了假话。同学们，这个时候是不是更能发现《皇帝的新装》其实讲的就是成人世界的故事？这样一想，对这件新装，我们就该有更深层的思考。

抓住高频词汇"都"字，揭露成人群体迫于生存需要而说谎背后的恐惧心理，这是对人物形象深层的精神分析，迥异于肤浅的哲理标签万能贴，有一定的启示意义。

但是，教者并未将分析进行到底——皇帝位于权力的巅峰状态，为什么也心存恐惧？老百姓最后都说皇帝"实在没穿什么衣服呀"，难道突然消失了"生存压力"？更未在基督教文化视域下，探寻安徒生人性劣根解剖背后的原罪意识、救赎情怀。

五、走进大人的"心"

师：下一个问题，会更难一点。

PPT：

"皇帝的新装"，对皇帝，对官员，对百姓等，与其说是新装，不如说是——

学生思考后，得出如下结论——"一场闹剧""一个谎言""一块诚信的试金石""大人世界的虚荣心""大人心灵世界的透视镜""一张对诚实的考卷"……

教者PPT呈现了自己的思考：试题、虚荣、私心、面具、功利世故社会里的人性黑洞、世俗世界的习惯与传统……

小结：与其说是皇帝的新装，不如说是大人的"心装"（板书）。再次启悟：世俗世界里的大人，他们的心是怎么样的呢？让我们再认真读一读这些大人的内心活动。

PPT：

1."我的老天爷！"他想，"难道我是愚蠢的吗？我从来没有怀疑过这一点。这一点决不能让任何人知道。难道我是不称职的吗？——不成，我决不能让人知道我看不见布料。”

2. “我并不愚蠢呀！”这位官员想，“这大概是因为我不配有现在这样好的官职吧？这也真够滑稽，但是我决不能让人看出来！”

3. “这是怎么一回事呢？”皇帝心里想，“我什么也没有看见！这可骇人听闻了。难道我是一个愚蠢的人吗？难道我不够资格当一个皇帝吗？这可是我所遇见的一件最可怕的事情。”

4. “上帝，这衣服多么合身啊！裁得多么好看啊！”大家都说，“多么美的花纹！多么美的色彩！这真是一套贵重的衣服！”

5. 站在街上和窗子里的人都说：“乖乖！皇上的新装真是漂亮！他上衣下面的后裙是多么美丽！这件衣服真合他的身材！”

学生依次有感情地读，教师帮助解决“称职”“滑稽”“骇人听闻”等词的读音和理解。

师：在这些真实的心理活动中，我们看到了成人世界的复杂心绪。正是在这种私心复杂的，甚至是无奈的情绪支配下，才有了这件皇帝的新装、这个荒唐的故事。我们也就看到了在那个富丽的华盖下，皇帝开始了游行。

研 习

此环节虽有深化主旨理解、走向言语表现的指向，但与上环节的内容基本上同构——两个标题中的“心”和“内心世界”已充分说明这一点，完全可以融在一起。

六、你的结尾设计——加深对童话的理解

师：同学们，童话充满想象和夸张。想象一下，如果让你从这里开始写安徒生童话的结尾，你会怎么设计？

学生的设计如下——

1. 皇上赤身裸体走在街上，百姓们一下子都呆住了，你看着我，我看

着你。一个人突然大叫道："多么好看的衣服啊，这衣服真适合皇上的身材啊！"街上一下子沸腾了。大家都说这件衣服好看极了。一个童稚的声音响起："你们看，那个人并没有穿衣服啊！"一个大人说："明明你是愚蠢的，皇帝的衣服是多么美丽啊，你不要乱说。"

2. 皇上赤身裸体走在街上，一个小孩说："皇上根本什么衣服也没有穿啊。"群众顿时沸腾了，皇上觉得无地自容，再看看他的那些大臣，也都不敢直视皇帝，皇帝最终在群众的笑声中红着脸走向皇宫。

3. 皇帝就在那个富丽的华盖下游行起来。这时，大家看到都不禁笑起来："皇帝裸奔啦，皇帝裸奔啦！"皇帝顿时在大家的笑声中逃回皇宫。

教者也展示了自己的设计——

PPT：

这样，皇帝就在那个富丽的华盖下游行起来。孩子们看到了都说："乖乖，皇上的新装真是漂亮！他上衣下面的后裙是多么美丽！衣服多么合身！"谁也不愿意让人知道自己看不见什么东西，因为这样就会暴露自己不称职，或是太愚蠢。皇帝所有的衣服从来没有得到这样普遍的称赞。

"可是他什么衣服也没有穿呀！"一个小孩子的爸爸最后叫出声来。

"伙伴们，你听这大人的声音！"那个孩子说。于是，孩子们把这大人讲的话私自低声地传播开来。

"他并没有穿什么衣服！有个大人说他并没有穿什么衣服呀！"

"他实在是没有穿什么衣服呀！"最后，所有的孩子都说。

师：你们发现老师的结尾和课文有什么不同？

生：把大人和孩子换了一换，让大人说出了真话。

师：你认为谁的结尾更好？

生：我赞同安徒生的结尾，因为孩子是天真的，他们心里想什么就会说什么，不会像大人那么虚假。

生：我赞同老师的结尾，因为小孩子经历过一些事情，他也可能在伙伴中装得虚伪，而大人经历了很多事情之后也有可能看穿，他不愿意再装虚伪就说了真话。

师：想想，现在有小孩子会说假话了，他们是怎么学会的呢？

生：（齐）大人把他们带坏的。

师：原来最后还是大人在影响我们，成人世界的心态在污染我们。所以，如果这个世界只剩下一个真诚的声音，它应该首先属于谁？

生：（齐）小孩子。

师：但是，大人曾经也是小孩子，他们却在长大的过程中慢慢学会了说假话。亲爱的同学们，学到这里，今天你能不能对在场的大人说点什么？

生：大人们，以后不要再说假话了！

生：生活再怎么样，也最好不要说假话！

生：请大家不要有虚荣心。

生：别把小孩子教坏了。

师：这样，我们就知道了，原来童话不仅仅是在教育孩子，也是在教育大人。齐读安徒生的这段话。

PPT：

安徒生："我用我的一切感情和思想来写童话，但是同时我也没有忘记成年人，当我在为孩子们写一篇故事的时候，我永远记得他们的父亲和母亲也会在旁边听。"

师：请用你读童话的声音把这个故事讲给你的父亲母亲听，也希望这份纯真能重回并永驻我们的内心。真诚希望大家每一句赞叹都是由衷的，一起来真诚赞一遍："乖乖，你的新装真是漂亮！"

生：（齐）乖乖，你的新装真是漂亮！

（师板书：大人——"心装"。）

研 习

改写结尾，将学生的阅读收获集中绽放，体现了存在式学习之道。由"新装"到"心装"的课脉，与作者的创作追求结合起来，既富有思辨的张力，也让篇性的感悟落到实处。

不过，如若教者的结尾设计不呈现，而是融入学生不同设计的优劣辨正中，或许更能激活学生的思维，也使教学过程更紧凑。现场的告诫"不说假话""不要有虚荣心"，抽取了言说前提，有将在场成人视为说假话者、虚荣者的嫌疑，不妥。

总 评

肖培东老师的这一教例主要围绕下述问题链展开。

1. 这篇文章的文体是什么？凭什么判断它是童话？

2. 这篇童话中最有夸张力的一个细节是什么？

3. 这个荒唐闹剧成功上演最主要的因素是什么？

4. 面对虚无的新装，为什么所有成人都在违心地赞美？

5. 与其说是新装，不如说是？

6. 如果让你写安徒生童话的结尾，你会怎么设计？

问题皆由教者启动，似乎是十足的外铄性教学。但通篇读下来，会发现教者、学生、文本、作者之间的对话十分自然、深入，学生思维、想象洞开，移情或共情的朗读颇为到位，审美中甚至不乏独见，这与肖老师融创一体的教学艺术追求显然密不可分。

一、融：一种理想的语文教学生态

"融"，指的是以文本为主要载体，基于平等对话、深度对话产生的一种生命融合状态。这种状态迥异于"隔"——互为他者，鲜有思想交流、心灵相和的教学生态，也远胜于"嵌"这种硬塞、猛灌，鲜有主动建构、生成的演绎性、专制性教学生态。

融是阅读与创作的理想生态，这已成共识。立普斯的"移情说"，狄尔泰的"生命融合说"，我国古人强调的"情景交融""万象入我摩尼珠"，钱钟书总结的"盖吾人观物，有二结习：一、以无生者作有生看，二、以非人作人看"①，莫不如是。

遗憾的是，语文教学尚缺乏这种共识。虽然语文新课程理念提到了学生中心、主动建构、预设与生成的统一，但一线课堂上，隔或嵌的教学状态依然比比皆是。奉教参为神明，像机器人般执行一成不变的程序，拖着学生跑，偶尔对话纯属装饰，绝不深入辨析的现象夥矣。

在这种语境下，肖老师课堂上出现的"融生态"令人欣喜。

最引人注目的是师生的生命融合。学生亮见，教师也亮见，且一直在学生充分亮见后再亮见。学生亮见时，教者会趁势总结，间或质疑——皇帝的现款为什么马上要交给骗子，或者点睛——我觉得不该是所有人上演这场闹剧，从而将生命融合推向深入。

其次，学生与文本中人物的生命融合。学生对夸张句、夸张词的准确捕捉与朗读表现，对大人谎言背后虚荣心的定位，莫不是主体间生命融合的有力体现。为了达致这一境界，教者还一个劲地提醒"别忙着回答"，给足学生思考、体验的时间，甚至在学生完全掌握了最富夸张力的细节之后，还不怕拖堂，让学生重读表现"大人心"五大经典句，这比忙于秀才思、不顾学情的课，不知要真实、朴实、厚实多少倍！

另外，与作者的生命融合。虽然教学尾声部分让学生真诚朗读"乖乖，你的新装真是漂亮"一句有蛇足之嫌——成人口吻，虚伪立见，硬要真诚读，只会适得其反，但综观对童话文体的认知，对安徒生童话创作追求的感悟，学生与作者的生命融合做得还是颇为出色的。

二、生命融合必须把握的教学原则

生命融合如此令人心驰神往，教学中该把握哪些原则呢？

肖老师教例中体现的至少有——

1. 整体性原则。教学环节可以多，但环节之间必须有内在的逻辑关联；可以自由而深入地对话，但必须有"道"的统摄。否则，真的会像张炎《词源》

---

① 钱钟书. 管锥编（卷四）[M]. 北京：中华书局，1979：1357.

中所说的那样："吴梦窗词，如七宝楼台，眩人眼目，碎拆下来，不成片段。"统摄肖老师教例的道便是对安徒生童话创作追求的把握，对童话文体特征的把握，对成人虚伪言行、虚荣内心的揭示，还有各式各样的朗读，则是为把握这一"道"服务的。"新装—心装"这条内在的课脉更是让教学的整体性得到充分保障。只不过，相较于课眼、课脉、课气统一的设计——如深圳张淼老师以"新装"为课眼，以"新装是美好的期待—新装是虚伪的量表—新装是赤裸的伪装"为课脉的教学设计，肖老师的这种整体性原则贯彻得更为隐蔽罢了。

2. 流动性原则。审美不局限于一隅，而是在整体把握的基础上，注意思维、情感、想象等心理机能的不断流动，从而将思维推向深入，将情感体验推向丰满，将想象彻底洞开。这是深度对话，防止肤浅教学、同质化教学的铁律。肖老师整体设计中的六大问题链便遵循了这一规律，虽然问题还未更多挖掘安徒生童话，特别是《皇帝的新装》言语表现上的独特之处——说真话男孩身上天使元素对灰暗人性的救赎，以及由此带来作品中美丑对立的斜中求正结构，主旨为何多元（"讽刺盲从""讽刺虚荣""讽刺虚伪""揭露骗术""赞美童真""知与不知""真相与伪饰"……）背后的形象典型性与象征性，教者便没有触及；与同类叙述模式故事（如西班牙民间故事《卢卡诺尔伯爵·事例三十二》、美国民间故事《两个老妇人打赌》、印度民间故事《上帝的织工》等）更未打通。但是，语篇学视域下对语义层、语形层、交际层[1]，由浅入深、由表及里分析的思维气场还是呼之欲出。

3. 生成性原则。这一原则主要体现为对话中主体言语生命的不断生长，如思维的深化、情感体验的刷新、言语表现智慧的顿悟等。这在肖老师修正学生措辞，凝练、深化学生思考的点拨中，随处可见。

三、创：在生命融合的基础上展开

但是，生命融合并非语文教育的终极目的。在此基础上，不断走向言语表现与创造，更好地牧养、确证自我的精神生命才是。

---

[1] 贡如云 . 语篇阅读教学论 [M]. 南京：南京大学出版社，2019：184-188.

这方面，肖老师做得极为自觉。

最典型的是两次言语表现分享。一次是提供句式"对皇帝，对官员，对百姓等，与其说是新装，不如说是——"，让学生言说；一次是直接让学生改写《皇帝的新装》的结尾。虽然改写的练习中师生的创造程度尚不够理想——学生写内臣害怕，与塞万提斯的设计相同，但较之安徒生"手中托着一条并不存在的后裙"的设计，显得缺少余味；让皇帝脸红或害怕，与安徒生的内心发抖，却"摆出一副更骄傲的神气"设计比，少了批判的力度；至于群众哄笑的设计，与师生迫于生存压力而说谎的教学认知，更是自相矛盾。教者彰显儿童世故、滑头的设计，新则新矣，然而与安徒生天使救赎的创作主旨却背道而驰。尽管如此，存在式学习的色彩依然特别显豁，因而能给人带来不少启迪。

其次，"活的教学法"（胡适语，指质疑、辩论、演讲等确证自我的教学法）的灵活化用。表面来看，肖老师格外注重朗读，甚至不惜拖堂也要让学生读好，但别忘了他朗读指导中的思维设坎、对话或博弈——神话色彩？读"转""扭"时，是快还是慢？这些句子里面的"都"说明了什么问题？这是花里胡哨地引导朗读，结果对学生的审美认知毫无推进。

还有，对篇性的开掘——赏析最富夸张力的细节，就触及了文本思想的"直觉造型"；探究谁参与荒诞闹剧的制造，便命中了文本内在的"共犯结构"；对言语人格的牧养——揭示安徒生童话创作对成人受众的教育，则涉及作家博爱的言语人格或者说更神圣的写作抱负，均是为言语表现蓄势，为言语生命的确证而努力。这种融创一体的努力，与单纯开掘文本篇性、为理解而理解的占有式阅读判然有别，也将那些把阅读课上成单调的写作技能训练课者甩出十八条街。

　　拙作《中学语文名师教例评析》问世后，本欲投入《语文解读与教学转化》《语文课程与教学新论》《中外教育名著选读》等书稿的整理与写作之中，但不时有读者朋友提议："可否再出分学段评析的系列著作，这样既有针对性，便于深耕，又方便有志者进行中小学语文教学的整体打通？"

　　这让我不免犹豫。上述书稿，"料"早已备好，只待"烹制"，且都是我很乐意写作的。出版社的编辑朋友对这几个选题亦兴味盎然，已敦促了好几次。但经不住朋友们一而再再而三地"点染"，我终是悬置了原先的写作计划，重启了语文名师教例研习之旅——他们的建议着实打动了我，更何况，全是清一色细读、深读了我很多文字的朋友！喧哗与骚动的年代，能静下心来，为一个人消耗那么多时光，这该是怎样的信任与褒奖！

　　但因为对文字有着比较严重的洁癖，极不愿意重复自我——那简直是赤裸裸宣告自我的低能和精神生命的衰亡，又该如何突破呢？

　　首先想到的是放低自己。以虚室生白的心态，彻底沉浸、融合、吸纳，全方位地体悟语文名师的教学匠心和观念创新，让自我的精神生命不断拔节。这是我一改"评析"之名，代之以"研习"的主要原因。在我看来，评析还是略带了居高临下的味道，缺少深度的代入感、自我审视与批判的自觉，不能尽表我心。研习则不然，以"习"打底，以"研"引领，感官彻底开放，迎接思维、情感、意志、想象的八面来风。这样，和每一篇教例对话，都会化为一场愉悦的思想之旅。

其次，在保持原有理论思考向度不变的前提下，得设法使内涵有所丰富，品质有所优化，境界有所提升。这方面，我吸纳导师潘新和先生"言语生命动力学"表现存在论、美国教育家弗洛姆存在式学习思想所写就的《语文阅读教育的四重境界》一文庶几可为代表。研习语文名师教例，大体以之为道，一以贯之。

宏观上，高度关注"言语性"的统摄。能否让学生积淀的语文素养得以激活和外化，积极走向"言语表现与创造"，实现语文学习从"占有"到"存在"的飞跃，不断丰盈并确证自我的精神生命，是我考察教例的一个重要向度。因为这是语文性的最高呈现、语文教育的至高境界，也是对学生言语生命切实而长远的关怀。

萨特说："人，不外是由自己造成的东西，这就是存在主义的第一原理。"如何"造成"？不就是积淀、生成、表现自我吗？且表现的是独特的自我。明乎此，语文教育才能真正实现致用、致美、致在的相乘。遗憾的是，这一常识尚未引起广大语文教师的足够重视。

中观上，我很注意体性、类性、篇性的考察。是否守住了语文体性，不致将语文课上成思品课、文化课、历史课、自然课或其他？是否辨识了文类（或文体）的特性，而不是将各种文类一锅煮？对作家天才的破类写作是否敏感，对学养不够造成的悖类写作能否引起警觉？对文类的时代性、跨域性能否进行更细致入微的区分？尤其是对彰显作家独特言语个性和智慧的篇性，是否将之作为教学的重点来攻坚，牵一发而动全身？语文解读成果的教学转化是否灵妙多姿，也展现了属我的特色？

缘于此，对五重视野融合的审视，也极为自觉。

历史视野，主要指基于语文教育史的言说——即使研习中没有明显结合相关史料，也会让语文教育史化为一种背景性的存在，绝不做斩断语文教育史血脉，凭所谓的才气进行无根的研习，此之谓纵向的会通。

国际视野，主要指研习中探讨的论题、现象、规律或做法，尽可能地关联到国外母语教育思想，形成一种可以彼此烛照、对话、确证的辽阔思维空间，而非闭目塞听、孤芳自赏地浅研、狭研、乱研，此之谓横向的会通。

现实视野，主要指既立足于语文名师教例的个体剖析，又能上升到当下语文教育现象类的观照，教育之道、之理、之法的总结，此之谓个与类的会通。

课程视野是指语文课程思想指导下的研习，即让语文课程理念融化在每一堂课的教学之中，此之谓道与体的会通。比如，创新精神和探究能力如何体现？有没有被某名师持之以恒地贯彻？其他名师是否也贯彻了这一理念，从而努力使语文课程的"在地化""个性化"落到实处？

美学视野则指对化知成智，积淀语文学养，走向言语表现与创造过程的美学观照。一堂课，不仅要实现知识的结构化、动态化，还要实现教学的审美化，让师生共同感到学习之旅不仅充满理趣、情趣，也充满美趣，还能感受到自我言语生命不断拔节的天籁，此之谓我与他，真、善与美的会通。

微观上，我很注意课眼、课脉、课气是否统一的估衡。

理想的语文课一定有一个统摄全篇教学的课眼，就像精美的文章有文眼、市场经济背后有价值规律统摄一般——课眼是文眼的外化也罢，重构也罢，显性也罢，隐性也罢，总之必须有。

课脉是课眼的逻辑延伸，类似于文章的情志脉。预设也罢，生成也罢，课脉必须贯穿始终，这是实现语文知识结构化最有力的保证，也属于美国学者加涅意识到的"智慧技能的结构"，代表了"最大学习效率的途径"。

不过，课脉绝非赫尔巴特的四步教学法"明了—联想—系统—方法"、杜威的五步教学法"从情景中发现疑难—从疑难中提出问题—提出解决问题的假设—根据收集到的资料，推断哪一个假设能解决问题—通过实践、实验等验证与修改假设"——这些方法可以应用于各科，却无法彰显语文学科结构化的独特属性，亦非钱梦龙老师的"三主四式导读法"、余映潮老师的"板块式教学法"、魏书生老师的"定向—自学—讨论—答题—自测—小结"六步教学法，甚或"揭题—背景介绍—学习生字新词—阅读研讨—总结—布置作业"这种机械的"后红领巾"教学法。这些模式倒是有了一些语文特征，但不是太宏观、太机械，就是未能适应每一篇的个性、学生已有的认知生态，还有基于其上的师生独具匠心的审美建构。

课气的畅达得益于夏丏尊先生关于强旺文气的思考。

1. 一词句统率许多词句。

2. 在一串文句中叠用相同的词句，于必要时善为变化。

3. 多用接续词，把文句尽可能地上下关联。

事实上，课眼就是统率一堂课所有教学知识的"一词句"；课脉使环节与环节、知识与知识之间产生严密的关联，绝对起到"接续词"的作用——思维的接续、情感的接续更是水到渠成；教学中不断用语言点击课眼、课脉，在某种程度上也会发挥"叠用相同词句"的功能。于永正先生教学《我的伯父鲁迅先生》，引导学生每学完文中的一件事（谈《水浒》、谈碰壁、救助车夫、关心女佣），就深情朗读"我呆呆地望着来来往往吊唁的人……泪珠就一滴一滴地掉下来"这组句子，使整堂课教学产生一唱三叹的效果，课气非常流畅、旺盛，化用的正是这一艺术。

当然，好课的表征是言说不尽的。

比如，精彩的细节——燃烧着主体心灵的创造火焰，可以彼此取暖，彼此点燃，彼此照亮。细节当然不是谢灵运山水诗般的有好句无好章，而是苏州园林般的处处皆图画与广袤的空间——教学中生成的思维空间、想象空间、审美空间等。还有跨越时空的多重主体的心灵对话，更广泛、深入地进行生命融合与自我建构，而非拘于一文、一人（作者）、一己（教者）逼仄空间中的单调对话、浅层对话。再如留白艺术，主指教者能克制自我的表现欲，精致、准确、艺术地点染、总结、引领，多俯就学生的能力，给他们以更多的言语表现契机和舞台，从而形成一种导授相谐、虚实相生的教学美境。

研习固然不能面面俱到，但整体的观照一定要有。落实到具体的个案研究，不管怎样进行具体而微、视角各异的学理阐发，上述理念必须与之水乳交融。或像空气，让每一个语词都呼吸到；或像阳光，让每一个语词都沐浴到。

最后，必须重新择定教例篇目并涉及新的领域，如群文阅读、整本书阅读等，努力从不同的视角进行教例的深度研习和语文教学理论的全新建构，形成与《中学语文名师教例评析》相互辉映、彼此触发的态势。

这是我的理想追求，虽不能至，心向往之，勉力求之。质量如何，留待读者诸君评量和指正吧！

致谢

研习语文名师教例，不知不觉已有三年多的光景。

朋友们欣羡我"精力强旺""成果井喷"，殊不知背后也有不绝如缕的紧张、焦虑，甚至惶恐。

不止一次地问过自己：与一流高手对话，你的学养匹配吗？忠于自我思考不难，可是如果率尔而答，不小心挫伤了名师的热情和信心，又该如何是好？更为致命的是，随着教例研习数量的增加，如何能保证源源不断催生新的思想能量？如无，为文造"思"——陈旧的思，空洞的思，岂不是对信赖自己的读者朋友一种公然的冒犯和亵渎？诸如此类的问题，每每念及，诚惶诚恐，真的有过"汗未尝不发背沾衣"的体验。不怕笑话，在没有新的发见，交稿又日益迫近的日子里，已不止一次在梦中被惊醒。

这确实有煞风景，但都是我真切的经历。

好在，研习中的精神充盈与生长始终是主流。

最令人幸福的是，通过教例研习，弟子们眼界大开，能力跃升，外出比赛或应聘显示出无与伦比的优势，而且我提出的一系列理论范畴正被越来越多的老师接纳和化用——致用、致美、致在、体性、类性、篇性、课眼、课脉、课气……这些范畴甫一诞生，便给了我强大的思想引擎，刷新了不少语文同道的目光。这该是对我心心念念所生的紧张、惶恐的最好报答吧！这也让我更坚信：语文教育虽然诟病多多，但总体上看，兼收并蓄，陶铸创新的时代氛围正日渐生成！让人对海德格尔所说的为"存在"命名，使"存在"出场，使世界以新的面貌出现，还有潘新和先生倡导的"言语生命能的释放和言语个性的表现"，有了更多的憧憬和奋斗的动力。

很感念黄伟、荣维东、张心科、唐子江、谭晓云、邹花香、杨云萍、黄真金、汤振纲、赵新华、黄志军、冯直康、黄福艳、郭治锋、李涛、莫先武、胡海舟、孔凡成、甘建民、褚治明、陈斐、张卫红、杨国华、刘菊华、刘川江、赵海宝、俞向军、时遂营、朱红华、方东流等一大批学者朋友的温煦赞誉，还有李仁甫、袁爱国、王夫成、徐志伟、孙立权、王君、倪岗、余党绪、张华、郭跃辉、张宝华、刘云英、葛福安、向浩、张翔、张英飞、陈治勇、张华中、刘胜洁、邱海林、王兴伟、陈冬梅、于保东、李斌、周成等无数语文名师的积极呼应。有些朋友则在真诚而笃定地践行——比如，我提出的"体性、类性、篇性"理论，天津师大楚爱华、宝鸡文理学院高杰杰、厦门湖里教师进修学校陈冬梅等朋友就将之运用到文本解读实践之中；我提出的"课眼、课脉、课气"理论，广东省深圳文汇学校张淼、深圳市官田学校付冬薇、深圳市龙岗区外国语学校曾崇州等一大批老师也在运用，且都形诸文章，在一些知名期刊发表了。至于硕博论文中的引用、阐析，更是不胜枚举。是你们，让我对会通古今、中西、内外有了更坚定的追求，对虚室生白，生长自家体验和思考，有了更执着的坚守。

四川省教育科学研究院的段增勇先生给我留言："阅读您的诸多文字，感觉有很多借鉴性的再生理论以及源于您自身觉悟和开拓性的原创理论，对于一线教学很有指导和引领的推进作用，甚喜！"

天津师大楚爱华教授以颁奖词的形式送来她的阅读感动："一个寻求深刻和优美的灵魂，感激却不凝滞，陶醉却不沉溺。世界于他而言，是发现和托举。他一路向前，风是他的翅膀。"

大理弥渡一中自永军、福建惠安一中张家鸿、河南长葛十二中刘飞等老师还发来他们的批注照片，简直细读到了每一个词句。长葛八七中学宋艳丽老师甚至在医院照顾生病父亲的间隙，还逐篇阅读我的教例研习文字。网友雪绿敬亭坦言："将汲老师的教例评析，与王荣生老师的书结合起来看，收获良多。"……这些缤纷的暖心细节经常像熟透的果子，不时地落入寻常生活的每一天，给我平添了无限的惊喜与感动。

尤其是湖南师大、广西师大、江西师大、牡丹江师范学院等十多所师范院校的告知：已将《中学语文名师教例评析》作为汉语言文学专业本科生或学科教学（语文）专业研究生的教材，还有数十家语文名师工作室给我的反馈：《中学语文名师教例评析》已成为每一位成员的必读书目。

何其温煦的肯定，何其淋漓的支持！

因书而成的思想共同体不断扩大的事实表明：语文名师教例研习已然不是我与某位名师的"微型对话""单调对话"，而是围绕语文之道、问题、方法、学理等展开的多元主体间的"大型对话""复调对话"。原来，先前付出的所有辛劳都会化作生长的玉液琼浆，多么令人幸福的事业！

当然，也很感谢名师们的认同与宽宥。因为发扬了苏格拉底的"马虻精神"，对每一篇教例我都是有所批判的，甚至可以说是"鸡蛋里挑骨头"，但评析文字出来后没有一位名师觉得这是与他/她"过不去"，甚至要对我严加挞伐，反而一个劲地送来真诚有加的赞誉。

清华附中王君："读过您的很多课例研究文字，佩服！您是才华横溢的专注的专业研究者，崇敬！"

南京外国语学校蒋兴超："汲老师对语文教学有诸多灼见，对教学环节的透辟解析，让我受益，颇有同感。您的点评既点在了痛处，又高屋建瓴，让人有拨云见日之感。"

杭州师大附属学校陈治勇："读着评点的文字，我的身心在经受着洗礼，为他的博学，为他的智慧，为他的悉心，为他的爱心。读着他的文字，我似乎在聆听天籁。真的，我的双目更明了，双耳更聪了，心更亮了……"

……

更加令我意想不到的是，还有不少名师不惧批判，主动将自己的教例发给我评析，这怎能不让我"心中有太阳，口中有歌声"呢？

研习文字当然没有老师们说得那么完美，这一点我心知肚明。不过，他们的别样赞许却激发了我更大的信心、更深的热情、更坚的笃定，一定要勤勤恳恳、孜孜矻矻，将这项工作推向纵深与开阔，使教例研习发挥出更大、更多的引领和促进价值，使更多语文朋友的教学能顺利地从稳境、醇境步入化境、至境。

得以成书，万分感激聂进兄无底洞般的包容。三年多的专栏写作，五十余篇评析文字，几乎不更一字。除一次弱弱地问我："九千字左右的文稿，读者读起来是否会有些吃力？"被我不知天高地厚地作答："不接近这个量，有些理论问题恐很难说清楚。"便再也不提任何要求。因为每天疲于奔命，有几次忘了及时交稿，他则会执着地发来可爱的"戳戳"，提醒我"该交稿了"。这让我感动而又不安，愈发精心对待每一个字。

还有永通兄一如既往的青睐。这是一位现代版的狷介之士，也是一位心细如发的诗意暖男。与他交往，时有思想触发的欣悦，更多的是不懈进取的紧迫——生怕一不留神荒废自己，失却与他思想相和的资格。唯其如此，格外珍惜他的每一次肯定。

书稿出来后，我的研究生弟子郑利鸿、冯家真、张贝贝、刘芳芳、张艺各领一部分文字，展开了字斟句酌的校对，让我有了分身的神奇。那种心有灵犀的补充和完善，令我沉醉。

因为如许的殷殷助力、依依嘉勉，语文名师教例研习之路上，我能自觉摒弃外在的浮华，向着理想的致用、致美、致在之境不断前进，还有什么比这更幸福的事情呢？

汲安庆

图书在版编目（CIP）数据

好课之道：初中语文名师教例研习 / 汲安庆著 . —上海：华东师范大学出版社，2021

ISBN 978 - 7 - 5760 - 1901 - 8

Ⅰ.①好 ... Ⅱ.①汲 ... Ⅲ.①中学语文课—教学研究—初中 Ⅳ.① G633.302

中国版本图书馆 CIP 数据核字（2021）第 120578 号

大夏书系·语文之道

好课之道——初中语文名师教例研习

著　　者	汲安庆	
策划编辑	朱永通	
责任编辑	万丽丽	
责任校对	杨　坤	
封面设计	奇文云海·设计顾问	

出版发行　华东师范大学出版社
社　　址　上海市中山北路 3663 号　邮编　200062
网　　址　www.ecnupress.com.cn
电　　话　021 - 60821666　行政传真　021 - 62572105
客服电话　021 - 62865537
邮购电话　021 - 62869887　地址　上海市中山北路 3663 号华东师范大学校内先锋路口
网　　店　http://hdsdcbs.tmall.com

印 刷 者　北京密兴印刷有限公司
开　　本　700×1000　16 开
插　　页　1
印　　张　16.5
字　　数　253 千字
版　　次　2021 年 8 月第一版
印　　次　2021 年 8 月第一次
印　　数　6 100
书　　号　ISBN 978 - 7 - 5760 - 1901 - 8
定　　价　55.00 元

出 版 人　王　焰